MOUHUA FAZHAN GUIHUA WEILAI

谋划发展 规划未来

教育部直属高校发展规划工作探索与实践

教育部直属高校工作办公室 编

图书在版编目(CIP)数据

谋划未来 规划发展:教育部直属高校规划工作探索与实践/教育部直属高校工作办公室编. —厦门:厦门大学出版社,2003.12

ISBN 7-5615-2151-0

Ⅰ.谋… Ⅱ.教… Ⅲ.高等学校-规划-中国-文集 Ⅳ.G649.2—53

中国版本图书馆 CIP 数据核字(2003)第 120693 号

厦门大学出版社出版发行

(地址:厦门大学 邮编:361005)

http://www.xmupress.com

xmup @ public.xm.fj.cn

厦门市新嘉莹彩色印刷有限公司

(地址:厦门市岭兜新村工业园 邮编:361009)

2003 年 12 月第 1 版 2003 年 12 月第 1 次印刷

开本:787×960 1/16 印张:15 插页:2

字数:208 千字

定价:25.00 元

序

中国有句古话:“凡事预则立,不预则废。”它告诉我们做任何事情都要加强预测和规划。众所周知,随着科技和经济的发展,大学日益从社会的边缘走向社会的中心,高等教育承担的社会职能越来越丰富,越来越重要。在全面建设小康社会的奋斗进程中,我国高等学校不仅将迎来难得的发展机遇期,也将承担更重大的社会责任,在改革和发展方面都将面临很多新的课题,所以更需要认真谋划发展,科学规划未来,做好规划工作。

教育部党组高度重视高校的规划工作。周济同志多次要求各个学校进一步加强宏观思考和战略研究,认真思考“两个问题”,精心制定“三个规划”。即,认真思考“建设一个什么样的大学”和“怎样建设这样的大学”这样两个问题,精心制定学校的“发展战略规划、学校建设规划和队伍建设规划、校园建设规划”这三个规划。为推动各直属高校认真扎实地做好规划，教育部直属办先后于2003年7月在厦门、2003年8月在长春、2003年9月在杨凌召开过三次直属高校发展战略规划工作研讨交流会，邀请学校领导、规划部门的负责人及研究单位的专家就高校如何开展规划工作进行了广泛的交流和咨询，部分同志还在研讨交流会上提交了论文。2003年11月，教育部直属办邀请部分高校资深领导、高教研究专家成立直属高校发展规划咨询专家组，就如何开展规划咨询工作进行了协商。从12月份开始，受邀请的战略专家和工作专家将分赴直属高校进行考察咨询。根据高校规划工作的实践和探索，以及根据有关专家开展专题研究的成果，我们拟制订《直属高校规划工作指南或指导意见》，以进一步推动高校的规划工作。

从总体来看，各直属高校对规划工作越来越重视，都能认真地落实部党组关于制定“三个规划”的要求，按期完成“三个规划”的制定工作。这些规划总体来说都不错，总结了各自依法自主办学的经验，确定了发展目标，设计了实施路线。但从制定规划的方式、方法及规划文本的内容、格式等方面看，都有需要进一步规范、提高和完善的地方。我们认为，一个科学合理的规划应具备这样几个方面的特点：一是充分发扬民主，发挥多方面的积极性。规划的制定过程既可以是“自上而下”的，也可是“自下而上”的，或是上下交替反复的过程。在制定过程中要特别注重发挥广大师生的主动性、积极性和创造性，要把规划变成全校师生共同的理想、追求和目标；二是规划要立足校情，体现特色和优势。学校的规划要立足于自身的办学条件，进行认真的校情分析，找出自身的优势与劣势，从而确定本校的个性与特色；三是规划要具有前瞻性和可操作性。规划是对未来的规划，因此，应适当超前，但也要从实际出发，具有可操作性；四是规划应具有稳定性，并能得到认真的执行。规划是全体师生员工意志的集中体现，是经过严格程序制定的，因此应具有权威性和稳定性，不能因学校领导人的改变而改变，不能因学校领导人兴奋点的改变而改变。规划不应当束之高阁，应当付诸实施，因此，它应得到认真的执行。

直属办策划将关于规划工作的领导讲话、专家咨询报告和研讨文章等集结成册，我认为这非常好，对当前规划工作的进一步深入推进有参考价值。高校的规划工作对于高等教育的发展具有重要意义，但目前还处于探索阶段，大家都希望相互交流，以加深对规划的理解和认识。我相信，此书的出版，将有利于各校进一步做好规划工作，促进学校的跨越式和可持续发展。

教育部副部长

吴启迪

2003 年 12 月 24 日

目　录

序 …………………………………………………………………………… 吴启迪

谋划发展　规划未来 ……………………………………………… 周　济(1)

树立科学发展观　确保高等教育持续健康发展 ………………………………… 张保庆(18)

紧紧围绕学校定位与目标，再学习、再思考、再谋划 ………………………………… 高文兵(34)

战略规划:高校改革与发展的顶层设计 ……………………… 陈德敏(48)

加快研究型大学建设,积极推动高等教育与科技创新的紧密结合 ………………………… 陈冬生(56)

国家发展规划与高校规划工作 ……………………………… 陈德敏(66)

大众化阶段的精英教育…………………………………………… 潘懋元(70)

大学发展战略与规划的思考与实践 ……………………… 李震彪(81)

美英高校规划工作概况及文献资料简介 ………………… 刘念才(89)

战略思维、战略时空与战略规划………………………………… 章仁彪(96)

教育创新与北京大学创建世界一流大学 …………… 北京大学(112)
建设世界一流大学的战略思考与实践 ………………… 清华大学(120)
高等院校战略规划制定的方法与取向问题 ………… 南开大学(129)
创新思路 集成特色 谋划未来 ……………………… 东北大学(137)
做好规划与咨询工作,促进一流大学建设 ……… 上海交通大学(143)
和衷共济、追求卓越,自强不息、止于至善 …………… 同济大学(149)
关于我国研究型大学发展规划的战略思考 ………… 南京大学(159)
围绕提升核心竞争力,科学编制战略规划,
推进高水平研究型大学建设…………………………… 厦门大学(169)
抓好发展战略规划,推进我校跨越式发展 ………… 武汉大学(180)
我国高等农业院校发展定位的若干问题 ………… 华中农业大学(190)
高等学校发展规划的战略思考………………… 中南财经政法大学(198)
制定战略发展规划的几点做法和认识 ………………… 中山大学(208)
抓住机遇,谋划未来,走跨越式发展之路 ……………… 重庆大学(211)

英国高等学校战略规划指南 ………………………… 刘念才 编译(222)

谋划发展　规划未来

教育部部长　周济

一、一心一意谋发展，认真扎实订规划

当前，全国高等教育战线已经掀起学习和贯彻十六大精神，全面贯彻“三个代表”重要思想的热潮。这次学习要广泛发动群众，密切联系实际，重在谋划发展，重在规划未来。要以“三个代表”重要思想为指导，在认真学习、深刻领会、准确把握十六大精神的基础上，把贯彻落实十六大精神与每一个学校的未来发展紧密结合起来，与每一位师生员工的未来发展紧密结合起来。

新世纪头20年，是我们国家、我们民族发展的一个重要战略机遇期，也是我们高等学校发展的重要战略机遇期。我们必须树立强烈的机遇意识，抢抓这个千载难逢的历史机遇，实现学校的跨越式发展。要想在这个机遇期实现更快更好的发展，必须“聚精会神搞建设，一心一意谋发展”。我们一定要在“谋”字上大做文章，做好文章，很好地谋划发展、规划未来。

教育部党组目前正在着手研究制定《2003—2007年教育振兴行动计划》。过去五年，我国教育工作取得了巨大成就，其经验之一就是制定了一份很好的《面向21世纪教育振兴行动计划》。今后我们要坚持这一做法，每五年制定这样一个计划，既作为上一个“行动计

划”的延续和发展，又使我们的工作能够在新一届政府开始的时候更好地贯彻落实党的代表大会所提出的方针政策。部党组对这项工作非常重视，组织了各方面力量，全力以赴地进行调研编制工作，以便在新一届政府成立后不久就能开始新一轮“行动计划”。希望各个高校积极参与和支持“行动计划”的调研制定工作，同时，结合本校实际，制定好学校的发展规划，把贯彻十六大精神的工作落到实处。

各校一般都已经有了一个“十五”发展规划，这次学习贯彻十六大精神，要求各学校进一步加强宏观思考和战略研究，再学习，再思考，再谋划，进一步充实、修订和完善学校的发展蓝图，认真思考“两个问题”，精心制定“三个规划”。即，认真思考“建设一个什么样的大学”和“怎样建设这样的大学”这样两个问题，精心制定学校的“发展战略规划、学科建设和队伍建设规划、校园建设规划”。

“凡事预则立，不预则废”。只有站得高，看得远，高瞻远瞩，深思熟虑，规划得好，落实得好，我们的工作才能快速健康持续地发展。“下棋要看三步”，切忌“脚踩西瓜皮，滑到哪里算哪里”。以工程设计为例，设计，一般只占到工程成本的5%～15%，却决定着工程价值的80%以上，但我们很多同志一般不重视总体设计，“可行性报告”经常是“可批性报告”，项目一旦批下来之后，又急急忙忙施工，往往造成极大浪费。有的学校，小的问题倒也讨论计划，反而是一些重大问题的决策，缺乏规划，往往是某个领导人或某几个领导人头脑一热就决定下来。有时候，表面上、短时期或局部上看起来是一个成功的项目，从整体或长期来说则是一个败笔，甚至是一个破坏，可能蕴藏着很大的隐患，留下无穷的遗憾。

以史为鉴，回顾一下世界一流大学的发展历史，从牛津大学、剑桥大学，到洪堡大学、莫斯科大学，到哈佛大学、MIT、斯坦福大学、加州伯克利大学等等，都可以清楚地看出，关键时刻办学思路的创新决定着这些学校历史上具有重大意义的跨越式发展。办学的思想、宏观的战略，从来都是决定性的，决定着前进的方向，决定着学校的发展。

作为学校的主要领导，主要工作有三条，一是出主意，二是用干部，三是抓好工作的关键点，以点带面，全面推进。其中，首要的任务就是要加强宏观思考和战略研究，总揽全局，把握方向，精心谋划学校改革与发展的未来。“高等学校的书记、校长要成为社会主义的政治家、教育家”，要有宽广视野和战略思维，善于观察世界大势，正确把握时代要求，坚持坚定正确的方向，始终走在时代前列。我国近现代高等教育史上的许多事例充分说明，校长的远见卓识对大学的发展起着至关重要的作用，如解放前的蔡元培、梅贻琦、张伯苓等，解放后的蒋南翔、匡亚明、朱九思等。几年前，我向朱九思老先生请教当校长的经验，九思同志认为，他当校长时创造性的工作主要是两件半事情：一是提出了发展的新思路：“走综合化道路”和“科研要走在教学的前头”；二是采取超常规的办法广揽了一大批人才；半件事情是植树造林。正好对应着我们现在要做的三个规划。正是由于朱九思同志的深谋远虑和他所领导的全校师生员工的大讨论，使华中科技大学在20世纪80年代初期抢抓机遇，实现了一次超常规的发展，对学校后来的发展产生了深远影响。我们现在的书记校长，如今又面临一次重大的发展机遇，“天将降大任于斯人也”，大家要勇敢地承担起历史重任，一心一意谋发展，认真扎实订规划，以超常规的谋划赢得超常规的发展。

要广泛发动群众，充分调动广大干部、教师和职工的积极性，把大家的智慧和能量都引导到谋划发展和规划未来中来。学习贯彻十六大精神是当前和今后一个时期首要的政治任务，学习十六大精神要少讲“官话”、“套话”，不要走过场，而是要进行一次大学习、大讨论。思考、研究、制定发展规划的本身就是动员群众，组织群众，统一思想，统一意志的过程，要用我们发展的美好未来，把大家的人心凝聚起来，使大家的精神振奋起来。

要从体制和机制上保证规划的严肃性和有效性。规划初稿形成后，要提交党政领导班子、基层党组织和教职工代表大会进行深入讨论，形成正式的决议，把规划以某种法定的形式固定下来，作为纲领性文件，规范学校今后一段时间的建设和发展。当然，时势在不断变化，规划也要与时俱进、不断跟进，但战略思路必须保持相当的稳定性，一旦确定，不能轻易改变。

二、思考“两个问题”，制定“三个规划”

1. 关于“发展战略规划”

战略是指重大的带全局性的方略，学校发展战略规划就是要在科学分析我国现代化建设大局、准确把握时代发展潮流的基础上，结合学校自身的实际情况，对关系学校改革与发展的重大问题作出系统的策划，全面阐释经过认真思考的“两个问题”的总体解决方案。战略规划包括学校的战略目标、战略思想、战略举措等战略性的内容。战略目标是战略规划的核心，它集中体现了学校在一个规划期所追求的事业发展的奋斗目标；战略思想是战略规划的灵魂，它系统概括了学校的办学理念和发展思路；战略举措是实施规划的重要保障，它全面提出了为实现战略目标而必须采取的根本性的政策和策略。概括起来，“建设一个什么样的大学？”也就是战略目标和发展理念的问题；“怎样建设这样的大学？”也就是创新思路和战略举措的问题。

制定发展战略规划首先需要正确分析和把握时代背景、社会环境和高等教育的发展趋势。邓小平同志提出的“教育要面向现代化、面向世界、面向未来”，对于我们研究制定发展战略规划具有重要的指导意义。“面向现代化”：今后20年我国要全面建设小康社会，到本世纪中叶，中华民族将实现伟大复兴。我们国家现代化建设的伟大事业是我们高等教育事业发展最为重要的时代背景。“面向世界”：“科学技术突飞猛进，知识经济已见端倪，国力竞争日趋激烈”，江泽民同志的这段话从科技、经济、政治三个层面上科学地分析了当今世界的大局和形势，确立了我们发展的国际背景。“面向未来”：宝贵的机遇和严峻的挑战并存，谋划发展，既要着眼于当前，更要着眼于长远。要认真研究今后3～5年的“近期”发展规划，今后20年的“中期”发展规划和今后50年的“长期”发展规划。

制定发展战略规划，最为重要的关键点是什么？是“特色”。特色就是战斗力，特色就是竞争力，要“异峰突起，出奇制胜”，要在

“异”和“奇”上做文章，要在“峰”和“突”上做文章。这就要求学校要发挥优势，特色取胜。怎样才能形成“特色”？关键在于实事求是，因校制宜，具体情况具体分析。千万不能人云亦云，随波逐流。当前各校办学思路的致命弱点是缺乏个性，模式趋同，定位不够准确。学校科学准确定位是最为基础的战略思考，既要考虑必要性，符合事业发展的需要，又要考虑可能性，体现出学校的特色。

十六大给我国教育战线提出的重要任务之一就是构建中国特色社会主义现代化教育体系，形成全民学习、终身学习的学习型社会。作为我国现代化教育体系重要组成部分的高等教育体系应当包括两个系列、三个层次，第一个层次是研究生教育，第二个层次是本科生教育，第三个层次是高等职业教育。两个系列是全日制教育系列和继续教育系列，它们相互联系、相辅相成，都由三个层次的教育所组成，都是我国高等教育体系的重要组成部分。这样，我们的高等学校基本上可分为三大类，一是研究型和教学研究型大学，二是以本科教育为主的大学，三是高等职业学院。每所高校都要找准自己在国家高等教育体系中的位置，根据定位确定发展目标和思路。我国各种类型和层次的高等教育在过去一段时间都取得了很大成绩，为国家的建设作出了重要贡献，现在需要进行科学规范和准确定位。目前很多地方有这样一种倾向，中职学校要升高职，高职院校要升本科，本科院校要上硕士点，有硕士点的院校要上博士点，等等。要克服这种倾向，首先必须搞清楚什么叫“一流”。我们所说的一流，不是办学层次越高越好，而是指在各自所处的类型中把学校办得最好，办成一流。举个例子，有的高等职业学院经过多年的努力，已经办出了自己的特色，发展的势头非常好。但他们总是不安分，总是将学校的前途寄托在“升格”上，觉得如果不办本科教育，就无法体现一流。结果，全校工作的重点、学校领导的兴奋点都转到办本科上面去了，以面向生产和社会实践第一线为主要特征的职业教育也不再成为学校的主要努力方向了，学校的教学重心转向所谓的基础知识教育，变成了本科的“压缩饼干”。高等职业学院应该突出职业特点，努力办出特色，争创一流，而不是想方设法去当本科院校中的末流学校。

研究型和教学研究型大学的发展是具有共性、具有共同发展规律的，所以许多直属重点高校都提出要“综合性、研究型、开放式”，方向是正确的，关键是如何根据各校的具体情况形成各种不同的战略方案。

由于知识经济“已见端倪”，“综合性”的发展方向无疑是正确的，问题是要辩证地认识“综合”与“特色”之间的关系。对于教育部直属高校来说，主要可分为两种类型，一类是学科门类比较齐全的综合性大学，如北京大学、清华大学、浙江大学等；一类是具有鲜明的学科特色或行业特色的单科性或多科性大学，如中国农业大学、中国海洋大学、中央音乐学院等。只要规划得好，落实得好、经过长期不懈的奋斗，两种类型的学校都应该而且能够办成特色名校，办成世界一流大学或世界知名高水平大学。例如中央音乐学院，国际上已经把它列为世界五大音乐学院之一。再如中国海洋大学是一所海洋特色非常鲜明的学校，他们提出了“强化发展特色，协调发展综合，以特色带动综合，以综合强化特色”，因此在海洋方面确实走在了国内领先的地位，在国际上也取得了较高地位。近年来的高校管理体制改革取得重大成功，通过“调整、共建、合作、合并”，我国形成了一批真正意义上的综合性大学，这是一个了不起的成就，今后这也是我们建设世界一流大学和高水平大学的主攻方向。即使是对于这样的一批综合性大学，也必须形成自己的特色，以鲜明的办学特色和突出的学科特色向建设世界一流大学的目标进军。

我们这批重点大学无疑应该向“研究型”或“教学研究型”大学进军，关键在于把握“教学、科研和社会服务”三大功能之间的“度”。举个例子，就是关于教学和科研的关系，特别是本科教育和科研的关系。按道理说，即使是一流水平的研究型大学，也必须以育人为本，以本科教育为本，但实际处理的时候，可以有各种不同的理解和安排。近来流行一种观点，认为研究型大学的规模不能大，特别要限制本科生的培养规模，其理由是美国的一流大学，如哈佛大学、耶鲁大学、普林斯顿大学为代表的美国“常春藤盟校”以及加州理工学院等，其在校生总数一般都控制在几千人到一万多人，研究生人数与本科生数量相当或者超过本科生人数，而且学校与社会之间的界限清晰，显示出典型的精英教育特色。这些确实是事实，但这里存在一个认识上的误区，即上述学校都是私立大学，而我们国家则是以公立大学为主体的，我们是否应该更多地关注一下美国著名的州立大学呢？以加州伯克利大学（在校生 3.7 万人）、密西根大学（在校本科生 2.4 万人）、加州洛杉矶大学（在校生 3.7 万人）、伊利诺斯（香槟）大学（在校生 3.6 万人），威斯康辛（麦迪逊）大学（在校生 4 万余人）为代表的美国顶尖州立大学，一方面保持了非常高的学术水平，许多学科的水平比一流私立大学还要更胜一筹，另一方面为国民提供了更多的学习机会，为美国高等教育大众化以及经济发展和社会进步作出了重要贡献。事实说明，一流大学和高等教育大众化并不是对立的，完全可以和谐地统为一体，这种经验值得我们借鉴。如果说我国有一些大学由于受定位和办学条件的制约，需要走较小规模的路子，而相当多的学校则应该顺应国家高等教育大众化的历史潮流，顺应广大老百姓希望子女读好大学的强烈愿望。在规模适度增长的过程中提高自己的质量和水平。

由上述思考推而广之，美国的一流大学有各种不同的模式，而英国、德国、法国、日本、俄罗斯等国的一流大学也都具有各自不同的特点，何况中国有自己独特的国情，我们有中国独有的对于高等教育的强烈需求、巨大优势和严重制约，一定要坚持走特色发展之路，这样，我们的发展就能充满生机和活力，形成百花齐放、万马奔腾的大好局面。

2. 关于“学科建设和队伍建设规划”

近年来，我们深切地认识到，发展是硬道理，是第一要务；但发展要靠实力，实力要靠建设。所以，我们要“一心一意谋发展”，更要“聚精会神搞建设”。以往我们也讲建设，更多的是抓校舍、校园等基础设施的建设。近年来，我们已经把建设的重点转移到学科建设和师资队伍建设方面来。

学科水平是高等学校质量和水平的主要标志，建设一流大学的关键就是要建设一流的学科。我们的人才培养、科学研究和为社会服务，都是以学科为基础进行的。因此，在学校的整体建设中要坚持以学科建设为主线，以重点学科建设为核心，抓住了这条主线，抓住了这个核心，就抓住了纲，就可以纲举目张，带动学校其他各方面工作的开展。作为具有先进水平的一流学科，其高标准、高水平的奋斗目标主要体现在两个方面，一是学术成就，二是学科建设水平。一方面，一流的学术成就包含三个主要的内容：培养一流的高素质人才，创造一流的科研成果，提供一流的社会服务；另一方面，一流的学科建设水平也包含三个主要的内容：具有一流的学科方向，拥有一流的学科队伍，建设一流的学科基地。因而，学科建设的根本任务就是凝炼学科方向、汇聚学科队伍、构筑学科基地。

凝炼学科方向。就是要求我们对学科发展的方向进行凝聚和锤炼，使学科结构更加优化，定位更加准确，重点更加突出，特色更加鲜明。在选择学科方向时要考虑三个方面的因素：一是要充分预见到学科发展的趋势，瞄准科学发展前沿和重大生产及社会实践问题，体现前瞻性；二是要切实发挥自身的比较优势，体现可能性；三是要突破原有学科界限，通过大力推进学科的交叉与融合培养新的学科增长点，体现创新性。对于“985 工程”和“211 工程”建设学校，重点建设的学科一定要以国际水平为参照系，集中优势兵力打歼灭战，通过每一期的建设，不断取得有显示度的标志性成果，以此带动全校学科建设的全面推进。我们大家都比较熟悉卡内基梅隆大学的情况。它一直到 20 世纪 60 年代才由两个学院合并成大学，根据自己规模小、资源少的情况，决定将信息技术作为学科建设的重点方向，集中力量实行了重点突破。结果它的计算机学科一直排在美国前三位，在这个方向上有所突破的同时，又用信息技术带动了其他学科的全面发展，如机械学科等。就整体而言，卡内基梅隆大学的机械学科并不是最先进的，但是，它在机械技术与信息技术相结合形成的新的学科方向上，如计算机辅助设计和机器人研究方面则是世界级的高水平。近几年，他们决定顺应潮流，大力发展生命科学和生物技术；此时，他们又有两点发人深省的战略决策：一是继续发挥自己的所长，着力发展与信息交叉的生物工程；二是放弃了建设一个医学院的设想，他们认真进行了测算，决定利用附近匹兹堡大学的医学院，来发展自己的生命学科。由于采用了正确的战略，卡内基梅隆大学成功跻身于一流大学行列。

汇聚学科队伍。人才资源是第一资源。没有一流的教师，就不可能有一流的大学；反之，有了一流的人才，队伍、项目、经费、基地等等都可以创造出来，就可以创造一流的学科。我们和世界一流大学的差距主要体现在教师队伍的水平方面，新时期新阶段，学校之间根本的竞争还是教师队伍的竞争。大家都记得清华大学老校长梅贻琦先生的至理名言：大学者，非乃大楼之谓也，乃大师之谓也。而蔡元培先生海纳百川、兼容并包的人才战略，铸就了北大的一段辉煌历史，更成为我国高等教育发展史上的一个典范。高校领导一定要求贤若渴，爱才如命，倾注超常规的精力，采取超常规的措施，不惜超常规的代价，引进人才，培养人才，用好人才，全力建设好教师队伍。队伍建设主要包括三个方面，一是要有一流的学术大师和学术带头人，他们是学术研究的帅才和将才；二是要有杰出的学术骨干，他们承上启下，是学校的中坚力量；三是要有强大的精锐的创新团队和优秀群体。

现在高校学术和科技工作的一个致命弱点是太分散，单干户、夫妻店、父子兵、小作坊，无法承担大研究项目，自然也就很难提高学科水平。这种状况必须改变。我们要通过学科建设汇聚队伍，组建大团队，构筑大平台、争取大项目，创造大成果。最近，我参观了工大、北航、西工大、北理工等院校的国防重点研究基地，印象极为深刻，特别是北航和西工大的无人机研所，充分体现了我们的社会主义政治优势，走出了汇聚学科队伍的新路子，实现了高校队伍建设的“出奇制胜”。我们现在比较多地在学美国的那一套，一个教师带一帮研究生，这种做法有它的好处，是对德国洪堡思想的突破。中国可以在他们的基础上有新的发展，形成“学科带头人＋创新团队”的新模式，依靠这样一种有中国特色的人才队伍组织模式，实现我们高校在人才问题上的质的突破。

构筑学科基地。学科基地是学科发展的重要支撑条件，在科学技术突飞猛进的时代，能否取得一流的研究成果，在很大程度上取决于是否有一流的研究手段。光靠小米加步枪不可能打赢高科技条件下的现代战争，我们必须改善技术装备，建设一流的实验室、工程中心，包括一流的仪器、设备、制剂、信息、工作空间以及工作氛围，努力为科研人员提供一流的研究平台，创造良好的工作环境。尤其要通过共建、共管等方式实现大型仪器设备等资源的共享，避免重复建设，促进学科的交叉与融合。加强基地的维护和运营管理，努力实现良性循环。国家"211 工程"建设包括了三个公共服务体系项目，即 CERNET、CAILIS、大型仪器设备共享系统。各校在规划本校的学科建设时也要将公共服务体系建设作为重要内容。前不久，科技部、中科院、总后卫生部和教育部联合在北大建立了核磁共振国家实验基地，集中力量建设，供大家开放使用，下决心建成装备、使用和研究都达到世界先进水平的国家级实验基地。我们要在全国重点大学推广这个新思路和新举措。

各校要形成一个全面的、深入的、立体化的学科建设规划，学科建设要贯彻"全体发动，分层建设，重点突破，全面推进"的思路，分三个层面进行规划、建设和管理。第一个层面是学校每一个基层单位乃至每一个课题组，只要它希望在激烈的竞争中生存下去、发展下去，都要制定自己的学科建设规划，经过从下到上、从上到下的反复修订完善，形成全方位的学科建设规划；第二个层面是学校的重点学科建设，这个层面可以适当广泛一些，学校有优势、或有潜力的学科都应该属于这个层次，为将来的发展提高奠定基础；第三个层面是国家重点学科建设项目，这些项目是建立在其他两个层次学科建设基础上的重中之重。要贯彻集中优势兵力打歼灭战的原则，加大对重点建设项目的投入，经过建设，取得有显示度的标志性成果，要求达到国内领先水平，努力实现世界先进水平。有些学校的"211 工程"计划就犯了力量分散的老毛病，就那么一点钱，还撒了芝麻，把芝麻撒到了水里面，连泡都不起一个。相反，在上一期的"211 工程"建设中，有些学校坚持集中重兵建设若干重点学科基地，真正形成了水平，形成了优势，因而在后来的"863 计划"、"973 计划"、"国家攻关计划"中，都能争取到很多的大项目，真正实现了良性循环。同时，这些高水平的重点学科又带动了全校学科建设的全面推进。

3. 关于"校园建设规划"

校园是学校精神、学术和文化的载体，是培养高素质创造性人才的重要基地。校园环境、校园文化和校园氛围的水平直接关系到人才培养的质量，关系到学校战略目标的实现，要高度重视校园建设，努力建设极具品位、环境优美、特色鲜明、适于学生生活和成长的现代化校园。

当前，校园建设正面临着一个重要的历史性机遇，各地政府都将各学校的发展作为本地经济建设和社会发展的宝贵资源和重要财富，对高校的建设发展提供了很多很好的优惠政策和有力措施。高校要充分把握好这个历史机遇，一方面采取非常积极的态度，努力拓展更大的办学空间；另一方面认真制定校园的建设规划，全面研究思考学校发展的整体布局、建设风格、建筑设计、建筑质量，精心设计，精心实施，争取做到几百年之后回顾这次规划，都能被认为是成功之作，成为无愧于时代、无愧于这个伟大历史机遇期的经典之作。

校园建设要突出特色，体现出不同的风格。各个高校校园面积有的较大，有的较小，有的较新，有的较旧，但都需要我们认真对校园建设进行整体规划。校园可以有各种各样的美，既可有磅礴大气之美，亦可有婉约精致之美；既可有丰富多彩之美，亦可有整齐简洁之美；既可有自然旷怡之美，亦可有城市繁华之美……关键是要因地制宜，精心设计，追求“美”的环境，建设“美”的校园。

近年来，随着高等教育的改革与发展，许多学校的校园建设出现了一些新情况。有的由于几所学校合并为一所学校，出现了一校多区；有的为了适应规模扩大的需要，在原有校区之外另建了新的校区。对这个问题，我们再三强调，历史的经验反复证明，单校区是福，要尽量避免多校区的局面。即使不得已有了多校区，也必须集中力量建设一个主校区。这样，有利于学生的成长，有利于学科的融合，有利于学校的管理。

在校园建设的经费方面要认真把账算清楚，不能头脑发热。在经费筹措方面也要创新思路，“不等不靠，积极去要”，但不要抱太大指望；也可积极争取银行贷款，但要保持适当的限度；怎么办？还有待大家创新。浙江、辽宁创造了一条很好的经验，要坚决推行校园置换，有所得，有所失，轻装上阵，快步前进。

三、需要深入思考和研究的若干问题

十三届四中全会以来，尤其是党的十五大以来，我国高等教育战线走过了不平凡的历程，成就辉煌，实现了改革与发展的历史性跨越，在实际工作中积累了宝贵的经验。这些经验对我们思考下一步高等学校的发展目标与战略举措具有重要的指导意义。同时，我们在新的形势下，一定要保持清醒的头脑，形势在发展，改革在深入，我们在谋划发展的时候，必须正视和分析前进道路上的困难和矛盾，深入思考和研究解决若干重要的战略问题。主要有三个问题：一是“谋事”，即怎样争取跨越式发展；二是“谋人”，即怎样建设高水平的队伍；三是“谋钱”，即怎样争取更多的发展资源。

1. 走跨越式发展道路

发展是硬道理，是解决中国所有问题的关键，是我们党执政兴国的第一要务，是我国社会主义现代化建设的本质要求。过去五年，我国高等教育取得了巨大成就，一条重要经验就是抓住了以扩招为重点的发展机遇，促进了各项事业的发展，高校处处呈现出朝气蓬勃、欣欣向荣的大好局面。抓住了发展这个主题，就可以高屋建瓴，势如破竹，前进道路上的许多问题可以迎刃而解。这是我们的深切体会。回顾五年之前，我们可曾计划过这五年中如此巨大的跨越吗？多数同志恐怕连做梦也没想到。但现在跨越已经成为现实，我们就是这个历史性跨越的参与者，这是我们大家的宝贵历史经验。

一方面，科教兴国；另一方面，国兴科教兴。中华民族的伟大复兴，要求同时也必然促进中国高等教育走向世界一流，我们教育的命运是和祖国的发展大业紧紧地联系在一起的。大众化——“形成全民学习、终身学习的学习型社会，促进人的全面发展”；高水平——“为了实现现代化，中国要有若干所具有世界先进水平的一流大学”。这是党中央作出的重大战略决策，也是全国人民群众寄托于我们高等教育的殷切期望。中国高等教育，必须跨越，也一定可以跨越。我们必须进一步解放思想，坚定信心，坚定不移地走跨越式发展的路。还是小平同志的那句话：思想再解放一点，胆子再大一点，步子再快一点。

跨越，对于在座的重点院校来说，主要是质量和水平的跨越。要下定决心，在培养世界一流的人才方面实现跨越，在创造世界一流的科技成果方面实现跨越，在为社会提供一流的服务方面实现跨越。有些关键问题是必须认真思考解决的。比如，如何产生一大批世界级的科学家、文学家和工程大师？如何将我们的博士生培养质量提高到世界水平？如何在原始性科技创新和理论创新方面走向世界前列？如何在关系经济建设和国计民生的重大项目中作出重大贡献？特别是，如何培养有理想、有信念、有激情、有道德、有民族精神的负责任的一代新人？这个题目对于我们教育工作者来说是一个非常沉重而又急切需要解决的问题。对于这些大题目，都要提出目标，更要制定可操作的切实措施，使我们的规划能指导今后的工作和跨越式发展。

2.创新思路以筹措充足的发展资源

创新是高等教育的灵魂，是我们高校发展的不竭动力。江泽民同志在北京师范大学百年校庆上的讲话，号召推进教育创新，观念思路要创新、体制机制要创新、培养模式和教学内容要创新、教学方法要创新、对外开放要创新、教师培养也要创新。李岚清同志再三强调依靠多媒体从根本上改革我们的外语教学，这是教学方法的创新。我们在谋划发展的时候，要认真思考和探讨发展的新思路、改革的新突破、开放的新局面、各项工作的新举措。

发展的速度和投入的力度，始终是一对尖锐的矛盾。我们在谋划发展的时候，一个根本的问题是“钱从哪里来？”刚才我提到，向政府要钱，向银行贷钱，这些都是有限的。我们还得想办法，要创新。无外乎有两条路，一方面是千方百计集成各方面的力量，如这次会议上介绍的部市合作建设，又如争取企业对学校支持等等。无论是向政府要钱，还是向社会筹钱，都要强调服务和贡献。许多学校在与部委、企业和地方政府联系共建的事，我一再建议，少谈要钱的事，多谈为部委、企业和地方政府服务和贡献的事。有为才能有位.

多做事才能多拿钱，这才是顺理成章的。另一方面，根本出路还是自我造血，自我良性循环。世界上的许多著名大学都是在这个问题上取得了重大突破从而实现了跨越式发展。最典型的事例包括美国的斯坦福大学和英国的剑桥大学、沃里克大学等。

斯坦福大学虽然已有100多年的办学历史，但直到二战结束时还只是一所二流学校。20世纪50年代初期，顺应时代潮流，斯坦福及时将学校的办学思想进行了重大调整：要把大学办成研究与科技开发的中心，而不是搞所谓纯学术的象牙塔。作为这一理念的重要体现，它依靠毗邻硅谷的地缘优势，发展了大学科技园，迅速将学校的科技成果转化为现实生产力，创造了有名的“硅谷奇迹”。斯坦福大学的校长指出：没有斯坦福，就不会有硅谷；而没有硅谷的发展，也不会有一流水平的斯坦福。

剑桥大学是一所与牛津大学齐名的老牌大学，但是，它并没有循规蹈矩，固守传统的办学模式，而是与时俱进，伴随科学技术和现代工业的发展，及时调整自己的办学理念。20世纪70年代以来，学校把科研的重点目标锁定在重大高新技术研究方面，同时注重产业化和科技成果转化工作，创办了剑桥科技园，实现了世界知名的“剑桥飞跃”，学校自身也实现了新的跨越，走出了一条与偏重于纯学术研究的牛津大学不同的办学之路。

沃里克(Warwick)大学建校于1965年，在英国这样一个非常讲究等级和传统的国家里，经过短短30年的发展，就跻身于英国大学排行榜的前列，实在是令人钦佩。建校伊始，学校就做出了一个重要的战略选择，走有别于传统模式的大学发展之路，将企业家精神熔铸于办学思想中，提出建立与工商界联系密切的“产学研合作大学”。20世纪80年代初期，针对英国政府削减高等教育经费的计划，学校审时度势，通过制定在全校范围内实行自负盈亏的创收政策，及时引导学校更好地为企业和社会服务，创办了学科公司，扩大了经费来源，使学校在发展过程中形成了良性循环。同时，这样一种办学理念也极大地激发了教师的创新思维，推动了学科专业设置的调整和学术水平的提高，创造了在短时间内实现跨越式发展的奇迹。

这三所学校的共同经验，就是顺应了“知识经济”的时代潮流，坚决将教育与科技及经济结合起来，形成了鲜明的办学特色，实现了“异峰突起，出奇制胜”。它们的经验给了我们很大的启示。十六大提出的中国新型工业化道路为我们高等学校提供了极大的发展空间和极好的发展机遇。由于工业化基础和科技体制方面的原因，我们高校的发展空间比国外同行的大，发展机遇比国外同行的好，中国高校有可能在社会服务和高科技产业化方面走在世界前列。高校还能够依靠人文社会科学方面的优势，为国家的政治文明和精神文明的建设发挥不可替代的巨大作用。我们一定要坚持“以服务求支持，以贡献求发展”的思路，为中国经济建设和社会进步提供更多的服务和更大的贡献，争取社会对学校更多的支持，实现学校更大的发展。

高等学校还要特别重视抓好继续教育。继续教育有巨大的市场需求，也是高等学校为社会服务的一种重要形式。高等学校为社会培养人才，提高民族的素质，是在为社会作出巨大的贡献；同时，也有经济上的回报，属于“君子爱财，取之有道”。可以首先从师范教育做起，大力构建中小学教师的远程与终身教育体系，为全面提高中小学教师的质量作出贡献。

去年我们对远程教育进行了整顿，不是因为远程教育发展太多了，相反，发展得远远不够，今后还要大力发展。不过我们强调，不管发展高新技术产业还是远程教育、二级学院，都必须坚持积极发展，规范管理。发展需要规范，规范为了发展。

3. 以人为本，深化改革

十六大明确提出，必须尊重劳动、尊重知识、尊重人才、尊重创造。要营造鼓励人们干事业，支持人们干成事业的社会氛围。放手让一切劳动、知识、技术、管理和资本的活力竞相迸发，让一切创造社会财富的源泉充分涌流。学校在制定战略举措时一定要坚持以人为本，深化各项改革。要按照十六大的要求，坚决冲破一切妨碍发展的思想观念，坚决改变一切束缚发展的做法和规定，坚决革除一切影响发展的体制弊端。我们要在巩固成果的基础上将改革引向深入，已实施的各项改革都要进一步向深度和广度进军，所谓向深度进军，就是要把改革进一步深化和完善。所谓向广度进军，就是要认真总结改革经验，在更宽的层面上进行推广。

学校必须以育人为本，以学生为本。要从根本上调动学生的学习积极性，激发学生的学习热情，变被动学习为主动学习。要全面推进素质教育，特别是弘扬和培育民族精神，切实加强思想道德建设，培养德智体美全面发展的社会主义建设者和接班人。要全面推进“两课”的改革，努力把政治理论课改造成学生喜欢学、认真学的品牌课程，改造成对学生进行思想政治素质教育的主渠道之一。要在学生中深入开展以党建为核心的思想政治工作，积极稳妥发展学生党员，尽早把支部建在班上。事实证明，这既是加强党的阶级基础、扩大党的群众基础的政治需要，也是对学生进行理想信念教育和思想政治教育的最为有效的手段。要注重学生的人文素质教育和身体素质教育。

“教育大计，教师为本”。办学必须以教师为本。如何最广泛最充分地调动教师的积极性？一靠觉悟，二靠政策，三靠制度。深化改革，一是组织调整，二是制度创新。清华大学正在探索科研教学组织、基层学术组织的改革，这是根本性的改革，关键是要流动，要竞争。进一步改革教师人事制度和分配制度，建立有效的激励机制和约束机制，这方面的潜力还大得很，群众中蕴藏着极大的社会主义积极性。东北师范大学有一项创新举措，为每个教授提供一个办公室，每个教师提供一个办公桌，这个举措意义重大，意义深远。

政治路线确定之后，干部就是决定的因素。要加强学校领导班子的建设。学校工作的关键在于我们领导班子，关键在于党政一把手。各级领导干部都要努力学习，不断提高领导能力和管理水平。这里也有两个体制和机制的问题：一是怎样坚决贯彻党委领导下的校长负责制？这是高等教育体制改革所取得的重大成果，我们要进一步完善它，提高它。还有，如何处理好行政权力和学术权力的问题？有的同志提议：“党委领导，行政管理，教授治学”，可以进一步研究。二是怎样建设一个严密、高效的学校领导组织体系？学校在学术方面应该提倡民主，但在行政管理方面则应该强调集中，强调纪律。各个学校都要努力建设一支素质好、结构好、作风好、团结好、特别能战斗的干部队伍，既要靠得住，令行禁止；又要有本事，负责任而又创造性地做好本职领导工作。

（本文系根据作者于2003年1月5日在教育部直属高校工作咨询委员会第十三次会议上的讲话摘编）

树立科学发展观
确保高等教育持续健康发展

教育部副部长 张保庆

1999年5月，立足于我国现代化建设的全局，结合21世纪初期国家经济与社会发展的需求实际，为进一步拉动内需，缓解就业压力，并参照国际上的一些成功经验，党中央、国务院做出了进一步扩大高等教育阶段招生规模（以下简称高校扩招）的重大决策。

四年来，在党中央、国务院的领导下，经过各地、各部门、各高校的共同努力，整个扩招工作进展平稳、健康，受到了社会各界一致好评，在国际上也产生了积极影响，取得了举世公认的伟大成就。

四年来全国高等教育的
规模发展实现了重大突破

高等教育的宏观规模发生了历史性变化。全国各类高等学校（包括普通、成人、电大、远程教育等）共招生620万人，比1998年增加了350万人；各类高等学校在学生达1600万人，比1998年增加约820万人。其中：普通高校招生由1998年的108万人增加到320万人，在校生由1998年的341万人增加到900多万人。同期研究生招生规模和在学人数也分别由1998年的7万和20万，增加到2002年的20万和50万。

高等教育升学录取率和毛入学率大幅度提高。2002年全国普通高考录取率超过 59%，比 1998 年的 36% 提高了 23 个百分点。高等教育毛入学率每年增加一个百分点，到 2002 年已由 1998 年的 9.8%上升到 15%。我国的高等教育首次初步跨入了国际公认的所谓大众化发展阶段，我国宏观教育结构中高等教育规模偏小的局面开始得到历史性的扭转。

有力地推动了高教领域各项改革的不断深化。高等教育的快速发展，促进了高等学校教育思想、教育观念的进一步转变。高校管理体制、高校后勤社会化、校内人事与分配制度、招生考试制度、毕业生就业制度、高校收费制度等各项重大改革均加快了步伐并不断深化，有的已实现了重大突破。

高校的办学潜力得到充分发挥，办学效益大幅度提高。20 世纪 90 年代以前我国普通高校的校均规模仅 2000 人左右，后来逐步上升到 3000 多人，经过连续几年的扩招，到 2002 年，全国普通高校在校生校均规模已达 6700 人，比 1998 年的 3335 人翻了一番。随着在校生规模的扩大，高校的教室、图书馆、实验室等教学、科研设施得到了充分利用。教师的工作量也得到大幅度提高，现在生师比已经提高到 19∶1，比 1998 年的 11∶1 提高了 60%以上。

促进了民族整体素质的提高。高等教育规模的迅速扩大，大大提高了我国总人口中接受高等教育人员的比例，提高了全民族的整体科学文化素质和思想道德素质，为落实科教兴国战略，全面建设小康社会，加快实现现代化建设第三步战略部署提供了必要的人才和智力准备。同时，扩招还有效地缓解了高等教育对社会长期形成的“供求”矛盾，大大加宽了通向高等教育的“独木桥”，有利于大学各类学校素质教育的落实。

拉动了社会消费，促进了经济的增长。据了解，花钱供子女上大学，已成为我国现在社会上的三大消费之一。目前，一位普通高校在校学生平均年消费在万元左右，其他各类高等教育在学学生的平均年消费也约为 5000 元。据此测算，2002 年 1600 万各类在校学生年消费总额可达 1250 亿元左右，这在一定程度上引导、拉动了社会消费。高校扩招对学生食堂、公寓以及教室、图书馆、实验室等各类设施所形成的旺盛需求，带动并吸引了大量社会资金的投入。

以学生公寓建设为例，三年来拉动社会资金投入 330 亿元。高校扩招还推动了建筑业、餐饮业、金融业、文化用品制造、印刷业等相关产业的发展，为各地经济发展做出了积极贡献。

当前和今后一个时期高等教育规模发展面临的形势及存在的主要问题

在高等教育快速发展的同时也积累了不少问题和矛盾，有些问题还比较突出和严峻。今后一个时期在发展方面仍然面临着巨大的压力。主要表现在：

一、办学指导思想需进一步端正。一些地方存在着盲目追求发展目标的现象。有些地方，不尊重教育规律，忽视客观条件，发展目标定位过高。过分追求数量的发展，或只讲发展，不讲投入，轻视改革，忽略管理。少数高校，不能因校而宜，规模膨胀过快，办学条件跟不上，在一定程度上影响了教育质量。

二、经费投入严重滞后，与规模发展很不适应。1999 年以来，尽管各地、各高校想了很多办法，千方百计多渠道筹措经费，在高等教育的投入总量上有所增加，但还远远跟不上在校生人数的增长。到 2002 年底，全国普通高校在校生规模比 1998 年要净增约 560 万人，按国家规定的生均占地、校舍、图书、仪器设备等基本办学条件的标准测算，每增一生需投入 4.5 万元左右。这样仅基本建设就需投入 2500 多亿元。而同期中央和地方政府在此方面的投入（含社会投入），仅占所需投入的一半。由于条件改善速度滞后，加上历史欠账积累，2002 年全国普通高校仅教学、行政用房缺口就达 6000 多万平方米。实事求是地讲，这几年的扩招，在很大程度上主要是一靠高校后勤社会化改革，二靠收费，三靠学校挖潜完成的。

三、办学条件全面紧张，师资总量不足，结构性短缺较为突出。我国高等学校的办学条件，虽然这些年得到了明显改善，但从总体上看仍然比较落后。几年高校规模的快速发展，使办学条件全面趋紧。对多数学校而言，教学、试验、研究及其他配套设施全面紧张，不敷需要。教师队伍除了整体素质不能完全适应、亟待提高外，教师的数量也急需增加。2002 年全国普通高校生师比达到 19:1，如果按照国家规定的 14:1 的标准测算，专任教师缺口达 22 万。同时，教师结构性短缺现象也十分突出。公共基础课如外语、计算机等专业的教师普遍短缺。一些新设置专业的授课教师更为缺乏。2002 年全国普通高校专任教师中具有研究生以上学历的比例仅为 31%左右，其中本科院校约为 40%。一些新设置或升格的院校，在此方面的问题则更为突出。

四、有些地方、有些高校的改革进展缓慢，影响了发展。这些年来，我国高等教育之所以能实现历史性突破，主要归功于各项相关改革的推进与深化。但目前各地、各高校之间改革进展的深度与广度是不平衡的，认识上也有差异。一些地方和高校对相关重大改革推动不力，进展缓慢。在办学模式、机制的改革、创新方面，大胆探索、实践不够，影响了今后的长远发展。

五、管理工作薄弱，违规办学现象有所抬头。乱办学、乱发文凭、乱收费的问题不断发生，必须认真纠正解决。

六、由于各种原因，高校毕业生就业工作压力加大，困难增多。此外，不同地区、高校之间发展不平衡的现象，也应当引起高度重视。

七、今后高等教育的发展仍面临着巨大的压力。首先，我们党开始实施社会主义现代化建设第三步战略部署的新形势，要求造就数以亿计的高素质劳动者、数以千万计的专门人才和大批拔尖创新人才。不少地区，还希望超前实现第三步发展战略。我们还要赶上和超过别人，实现中华民族的伟大复兴。这一切对高等教育在质和量的两个方面均提出了历史性的要求。第二，社会对接受高等教育的心理预期正在发生变化。随着独生子女大学学习时期的到来，社会各方面对高等教育的发展提出了新的要求。家长不仅想要孩子上大学，而且还希望他们能上更好、更高水平的大学。第三，由于今后一个时期高中阶段学生规模、特别是普通高中规模的快速增加，必然会进一步加大对高等教育规模发展的压力。预计从现在起到 2008 年前后，每年普通高中毕业生将增加 80 万～120 万，普通高考报名人数将增加 100 万～160 万左右。在这种情况下,不但要保持目前全国平均 59%的高考录取率极为困难就是要避免大起大落、尽量少降一些,也需付出艰苦的努力。第四,根据我国人口增长的趋势和我国各级各类教育的现实情况,我国高等教育要步入良性循环轨道,大约还需要 10 年左右的时间。换句话说,在今后的 5 至 10 年内,高等教育尚须"超负荷"运行,还得"爬坡"。第五,我国当前和今后一个时期的经济发展状况,决定了经费投入、条件保障与实际需求的矛盾会长期存在。

树立科学的发展观,认真解决各种困难和问题,确保高等教育持续健康发展

今后几年我国高等教育的发展,在全局上必须坚持"巩固、深化、提高、发展"的原则。一方面要继续解放思想,开拓创新,深化改革,坚持积极发展;另一方面则要把握发展节奏,不断加大投入,抓紧解决、消化现存的问题与矛盾,确保高等教育沿着持续、健康的良性轨道前进。

为实现上述设想,在指导思想和工作思路上,必须进一步树立科学的发展观,认真处理好以下几种关系。

一、在教育外部,要正确处理高等教育发展与经济发展的关系

高等教育发展同经济发展的关系,主要表现在三个方面:一是经济发展是教育存在、发展的基础;二是高等教育发展要为经济发展服务;三是经济发展必须依靠教育和科技。

高等教育对经济发展的服务手段和贡献,主要是提供高级专门人才、提供高水平科研成果、提供与时俱进的先进智力。高等教育与经济发展贴得最紧。要想成为经济强国,必须首先成为高教强国,促进我国从人口大国向人力资源强国的转变。科教必然是经济发展的"基础"和"依靠"因素。正因为如此,小平同志才讲,"忽视教育的领导者,是缺乏远见的,不成熟的领导者,就领导不了现代化建设。"不过这仅仅是问题的一个方面。另一方面,经济发展又是高教

发展的基础。这种基础性作用主要体现在经济发展要为高教发展提供足够的物质条件，经济发展决定了高等教育发展的速度与规模，决定了对高教的需求和容量。换句话说，有什么样的经济基础，就有什么样的高等教育，这是不以人的意志为转移的。现在大家反映较多的高教发展不均衡现象，说到底也主要是源于经济发展的不平衡。一个地方，如果连饭都吃不上，工资也发不出，又如何能奢谈大力发展高等教育呢！我碰到一些地方的领导，他们确实非常重视高等教育，也诚心诚意地想支持高等教育，但因经济发展水平所限，苦于囊中羞涩，巧媳妇难为无米之炊啊！为此，国家确定了一个重要的方针：一保吃饭，二搞建设。何况高等教育对经济发展、社会进步的巨大作用，在不少情况下，是逐步释放的，需要一个过程。这些不争的事实，决定了我们必须从三个层面来思考、处理高教与经济的关系问题：作为一个成熟的、有远见的领导者，应当辩证地看待、处理高教发展与经济发展的关系，统筹规划本地区经济与高教的发展问题，努力促使二者之间协调发展。与此同时，还要站得高、看得远一些，尽可能创造条件推动高教适当超前发展，千方百计把高教搞上去；作为省级教育行政部门的负责同志，要认真分析本地区经济发展与高教发展的实际情况，坚持“有所为”、“有所不为”的原则。制定的高教发展目标、部署的各项高教改革，要立足于我国当前的基本国情，在总体把握上不能超越经济的发展阶段。要向省级领导提供符合本地区情况的好建议，不能出“馊主意”。作为高校的领导，则要努力使学校的各项工作既适应社会主义市场经济的要求，又符合高教自身的办学规律，牢固树立艰苦奋斗、“少花钱、多办事”的精神。有钱未必就能把学校搞好，条件差未必就不会做出好的成果。这里有一个正确处理好精神与物质的关系问题。高校自身改革与发展目标应定得切合实际，对政府投入与条件保障，固然要努力争取，但也不能期望值过高。到手的钱，一定要千方百计用好、花好。

二、在教育战线内部要正确处理高等教育发展与基础教育、成人教育、职业教育发展的关系

高等教育的重要性现在已是人人皆知。但高等教育毕竟也只是我国教育体系中四大类教育的一个组成部分。对国家、对民族、对社会、对人民群众来讲，这四大类教育是相辅相成、缺一不可的。基础教育，是一切教育的基础，也可以说是我国一切工作的基础。没有好的基础教育，就不可能有好的高等教育。我国教育的一个重点是基础教育。基础教育的难点在农村。职业技术教育是支撑我国现代化建设的一个重要支柱，成人教育在构建终身学习体系、提高国民素质中扮演着越来越重要的角色。协调发展是最好的发展。地方的领导，各高校的领导，对此必须要有正确的认识。在处理、思考问题时，在研究经费投入与政策时，对四大类教育应当统筹兼顾；在谋划发展方面，各类教育都要找准自己的位置。高等教育当然是我国教育事业的另一个重点。但从事高等教育工作的同志们，必须先讲全局，后讲本职，不能把高教强调过头。

三、在高等教育内部要正确处理不同类别、层次之间的关系

我国的高等教育，从横向类别来讲，有普通高等教育和各种形式的成人高等教育；在办学机制上，则有公办高等教育和民办高等教育；以纵向层次来分，则有高职（专科）、本科和研究生教育。如果从办学模式上区分，种类就更多了。不同类别、层次的高等教育都是我国高等教育体系的组成部分，这是中国高等教育的一大特色。为此，在指导思想和工作实践方面，要始终注意处理好它们之间的关系。

坚持各类高等教育协调发展。这是由我们的国情和高教资源状况决定的。在今后的一个相当长期间内，绝不能把发展的任务全部压向普通高校。这是一个大的原则，必须坚定不移。从实际情况看，这几年全国高校招生规模有近一半，是由普通高校以外其他各类高等教育结构承担的。根据预测，到 2010 年全国高等教育在学人数要达到 2700 万人左右，届时普通高等教育也只能承担 1700 万人左右。从长远看，坚持并支持非普通高等教育机构的发展，符合我国今后高教改革的方向。成人高等教育、民办高等教育、现代远程教育和自学考试等所具备的许多独有的办学特色，决定了它们在未来高教发展方面的自身优势。同时，构建现代国民教育体系和终身学习体系的最终目标，要求我国今后高等教育必须走各类高校协调发展的道路，必须走多形式、多元化的道路。

坚持本科、高职(专科)、研究生教育协调发展。社会对人才的需求，是讲层次的；高校对人才的培养也是分层次的；我国目前的综合实力和高等教育的现状，决定了满足人民群众对高教的需求，在很长的一个时期内，只能是逐步提高的，也是分层次的，不可能也无必要都去上本科，更谈不上都去读研究生。因此，我们在高校规模发展方面，必须坚持高职(专科)、本科、研究生教育的协调发展，坚决反对不顾条件全部瞄准本科的倾向。研究生教育的规模可以发展得快一些，但也要适当，且须因校因地制宜。

现在有一种现象，就是高职(专科)毕业生不大受欢迎，就业困难。如何看待这一问题？我看，主要是源自以下几个因素：不少高职办得不好，没有办出特色，没有办出质量，自然声誉就发生了问题；用人机制不成熟，不看岗位只看文凭。一些本来完全可以由高职(专科)毕业生担任的岗位，却由本科毕业生、甚至由毕业研究生占用了，加上就业岗位紧缺，形成了用人的扭曲和浪费；轻视职业教育的旧习，没有彻底清除。我坚信，这种现象是暂时的，很快就会扭转。因为从我们国家经济与社会发展的程度看，今后大量需要的肯定是高职(专科)培养出来的人才。现在在我国的许多地方，已经很难找到高级技工和熟练工人了。在中国办企业的外国老板，也有同样感觉。广东省的同志们已看清了这一点，东莞和顺德，就非常重视高职的发展。高职(专科)是大有可为的。从事高职(专科)教育的同志们一方面要充满信心，另一方面则要下大力气，把高职切实办好。

必须坚持以多种机制、多种模式发展高等教育。根据我国的总体经济实力、财力和其他方面的实际情况，今后在巩固、提高公办高等教育的同时，必须大胆进行办学模式的创新，特别要依据《民办教育促进法》，大力支持、鼓励民办高等教育的发展，这是更好更快发展我国高等教育的必由之路。多种经济所有制形式，必然会要求高等教育办学机制的多元化。同时，还应坚持学校教育与非学校教育并举，学历教育与非学历教育并举。只有这样，才能不断增强高等教育的开放性、灵活性和适应性，更好地满足经济发展、社会进步和人民群众对高等教育不断增长的广泛性、多样化的需求。

四、正确处理平衡与不平衡的关系

由于历史、经济、环境等方面的原因，我国各地区之间高等教育发展是不平衡的，各高校之间也存在不少差距，且这种不平衡和差距一下子还消除不了，将会长期存在。对此，各地、各高校都必须保持清醒的认识。正确的态度是承认差距，经过努力，逐步缩小乃至消灭差距。不承认差距，不能客观分析、对待差距是错误的；在差距面前，无所作为，自甘落后，同样也是错误的。消灭差距，需要一个过程，需要付出艰辛的劳动。教育部的态度是，在今后的工作中，要坚持分类指导，加强宏观调控，努力促进高等教育区域间的均衡发展。在年度招生计划安排、经费支持、学位点评审、新增高校资源等方面，注意向高教不太发达的省份倾斜，并以各种形式组织好对高教相对落后的省份的对口支援工作。高等教育暂时相对落后的地区，也要采取各种有效措施加快发展。而高等教育已比较发达、升学率已经较高的地区，对数量的发展要适当减慢，重在巩固成果，保证持续发展。在我国，高考还必须保持一定的竞争性。没有竞争，就不会有好的质量。把升学率搞得过高，不见得就是好事。一些有差距的高校，则要找准自己的发展坐标和位置，抓紧消化矛盾与问题，把质量、水平搞上去。

高等教育是国家的长久事业，需要一代又一代的人坚持不懈地奋斗下去。高等教育的最好发展，是持续、健康地发展。因此，各地对高等教育的发展，必须要有长远考虑，牢固树立持续、健康发展的思想，不能急功近利，急于求成。各高等学校，在学科建设、规模发展、校园建设、奋斗目标等方面，必须有科学规划，既顾眼前，又顾其后，远近结合，统筹兼顾。

五、正确处理内涵发展与外延发展的关系

内涵发展的实质，是讲求数量、质量、规模、结构、效益的统一，是以充分挖潜为基础的。这符合我国的国情，是一种良性机制，也符合高等教育自身的发展规律。今后所有的高校，还必须坚定不移地贯彻这种发展思想。但随着我国高等教育的发展，随着国家和地区对高等教育需求的增长与变化，可能还得需要加上适当外延。也就是说，今后高等教育的发展要走内涵与外延相结合的道路。其主要原因，是因为在全局上我国高等教育资源还相当缺乏，且这种资源由于种种原因在地理分布上又是很不均衡的。为此，今后客观上需要有步骤、审慎地增加一些高等教育资源，进一步满足经济与社会发展的需求，逐步缩小地区间在高等教育资源方面的差距。这几年我国高等教育的发展主要是靠挖潜完成的，在挖潜的同时，必须设法另增新的高等教育资源；同时，随着社会主义市场经济的建立，高等教育的布局方向，也必须由大城市向有条件的地（市）适当下伸，这势必需要增加一批新的高等学校。另外，具体到一所高校来讲，其规模也有一个合理、科学的上限，当达到这个上限时，这所高校在量的发展方面就应该稳定下来。如果全局上规模仍需扩张，那么扩张的任务则应由其他高校或由新建的高教资源去完成。外延的途径，一是通过对现有教育资源（包括社会闲置资源）的优化组合；二是利用各种形式实现现有优质资源的适当外延；三是采用新机制，积极支持民办高等教育的发展。在这种思路指导下，近几年我们新增设了 94 所本科院校、29 所高等专科学校、440 所高等职业技术学院，批准设立了一批民办高等学校。与此同时，不少地方政府也积极为高校扩大校园，通过政府引导、加大投入、银行贷款和社会融资、土地置换、校企合作等多种方式，建设了一批新校区和大学园区，增加了高校办学规模的容量。这些举措既有力地支撑了前几年的扩招工作，也为以后我们更好地处理内涵与外延的发展关系积累了经验，创造了条件。

六、正确处理质量与数量的关系

质和量是一个问题的两个方面。质量以一定的数量为前提，数量以一定的质量为基础。质量和数量都有自身的规定性。量少未必质量就高，质高未必就一定量少。量与质的内涵标准，是相对的，是不断变化的，是有时代特征的。在高等教育发展的全过程中，需要科学把握的，其实就是质与量的关系问题；需要始终注意的，其实就是如何辩证地处理好质与量这一对矛盾。就数量来看，我认为，目前各类高校在学生人数已达到 1600 万，其中普通高校已达到 900 万，这个量，已大致能够满足国家的现实需求。在满足国家需求方面，当前的主要矛盾则是质，即我们高校培养出来的人才质量，还不能很好适应国家现代化建设的需要。但同时，现在这个量却还不能很好满足社会上家长希望自己孩子上大学、上更好更高水平大学的愿望。从这个意义上讲，我国高等教育目前在量的方面的矛盾，主要体现在社会需求方面。如果我们的国力能够同时满足国家和人民群众的两个需求，甚至保持一定的超前度，何乐而不为？问题是，我们无法同时做到这一点。在此情况下，就必须在量与质的方面，找到一个准确的切入点：即在首先满足国家需要的情况下，尽量争取能够较好地满足人民群众的需要。我看这恐怕是我们搞发展规划的同志们的一个最大难题。上述这种观点，我是从宏观角度讲的，是就一般规律而言的。从实际情况看，当前各地、各高校一定要格外注意质量。这是因为，近几年的扩招，大家都比较重视数量，数量上也实现了突破。但对质量，一些地方和少数高校却有所忽视，导致这些地方和高校的办学质量在某种程度上有所下降。按照长远发展的观点，办学质量是每所高校生存的生命线。随着人们对上大学心理预期的变化，随着国家和社会对大学需求的变化，质量无疑将成为每所高校的“立身之本”。今后办得差的高校是不会有出路的，是会遭到无情淘汰的。另外，我们是穷国办高等教育，因此我们必须走质量、数量兼顾、质量优先的路子。何况质量本身就是一种发展，而且是一种更为重要的发展。

现在有一种说法，就是认为我们现在培养的大学生太多了。我的看法是，无论从哪个方面讲，都不能说是“太多了”。大学生究竟是多还是少，要辩证地看，长远地看，要结合我国具体国情看，要站在历史和时代的高度看。21 世纪我们要开始实施社会主义现代化建设第三步战略部署。在前 20 年内，要全面建设小康社会。之后，要再奋斗上几十年，赶上或超过别人，实现中华民族的伟大复兴。要实现这样的宏伟目标，必须进一步落实科教兴国战略，必须加快人才培养。为此，江泽民同志在十六大报告中指出，要“全面推进素质教育，造就数以亿计的高素质劳动者、数以千万计的专门人才和一大批拔尖创新人才”。目前我国各级各类高校的在学生规模，既没有达到十六大提出的指标，更不能说已经很好满足了实现新世纪我国现代化建设的需要。怎么能说大学生太多了呢？就高等教育与经济发展的关系来看，在一般情况下，高等教育至少应做到与经济同步发展。根据十六大提出的奋斗目标，国内生产总值到 2020 年要力争比 2000 年再翻两番。与此相适应，我国的高等教育总规模到 2020 年也应该至少比 2000 年翻两番。照此推算我们的高等教育的发展规模还有相当大的差距。人口整体素质，越来越成为衡量一个国家综合国力的一个重要因素。21 世纪的竞争，实质上就是人才的竞争。从这个角度看，大学生更不算多。目前我国 13 亿人口中只有 1600 万在学的各类高校生，仅占人口的 1%略多一些；我国高等教育的毛入学率 2002 年为 15%，只是进入了国际公认的高等教育大众化的初级阶段；2001 年我国每十万人口中，高等学校的在校生为 931 人；15 岁以上就业人口中平均接受教育的年限为 8 年。上述这些比例和数字，不仅与发达国家相差甚远，甚至还低于一些发展中国家。何况，从促进社会进步和满足社会的需求来讲，高等教育过去长期形成的“供不应求”的矛盾，虽然经过这几年的努力，有了很大的缓解，但并未彻底解决，还远远谈不上进入“良性循环”轨道。从这个意义上讲，高等教育在今后一个时期内还必须保持一定的发展速度。另外，教育工作的一个重要规律，就是人才培养的长周期性，高级人才的培养周期则更长。高级人才培养的长期性，要求高等教育的一些领域必须适应超前发展，对一部分高级人才必须保有一定的储备。否则一旦国家急用人才就难以应对。正因为如此，对高级人才的培养应当允许有一定的余量，不可能做到可钉可铆，一个不多一个也不少，形成一个规模适当的人才蓄水池是必要的。当然，我上面所讲的观点，都是从宏观角度出发的。在实际工作中，我们必须充分考虑中国的国情和国力，要走自己的路，不能机械地去追求一些发展指标，更不能生搬硬套一些国外的做法。

七、正确处理发展与改革的关系

改革是发展的动力。改革可以促发展，发展也会推动改革。这些年高等教育的丰富实践，已雄辩地证明了这一点。

四年多来，我们配合扩招，突出抓了三项改革：一是高校后勤社会化改革；二是高校收费改革；三是高职（专科）管理体制改革，将这类高校设立的审批权和招生计划权下放到省级人民政府。这三项改革有力地保证了高校扩招工作。完全可以这样说，没有这三项改革，就根本谈不上高校扩招。今后各地高等教育能否持续、健康发展，各高等学校能否发展得更好、更快一些，在一定程度上，还是要看能否处理好改革与发展的关系。

改进并加强管理，也属于改革的范畴。管理是科学，而且是一门重要的科学。小平同志讲过，我们搞改革开放有两个目的，一是学习别人的先进技术，二是学习人家的管理经验。现在不少地方和高校，这两条都没有学到。平时高校发生的许多问题，诸如，一些高校发生的火灾、中毒及其他安全事故，一些地方出现的违规办学行为及各种乱收费现象，包括少数高校办学质量下降、校风学风不好等等，细究起来，也多是缘于管理工作。有许多事情，只要管理工作上去了，问题也就解决了。同样的投入，能不能发挥更大的效益，主要看管理；同样的条件，能不能办得比别人更好，主要看管理。我看中国高校与外国一些大学的主要差距之一，就是管理。当前高教领域在管理方面存在的主要问题，一是不敢严格要求，上级不敢严格要求下级，老师不敢严格要求学生；二是事业心、责任心不强。一些教育行政部门和高校领导，精力上、时间上对管理工作投入不够，没有完全负起责任；三是管理思想、管理手段、管理方法落后，适应不了不断变化的形势。应当看到，高等教育事业快速发展的本身，就增加了管理工作的难度；学校师生工作、学习、生活和思想状况的深刻变化，教育外部大环境的巨大变化，加大了管理工作的复杂性。过去，全国也没有几所万人以上的大学。现在到处都可以看到万人乃至几万人的高校。对规模这样大的高校，不下点苦功夫，不具备点真本事，能管好吗？何况高校无小事。小事如果处理不好也会酿成大的事端，影响学校乃至社会的稳定。因此，我们一定要充分认识加强管理的重要性，一定要把加强并改进管理看成是当前和今后一个时期高教领域的一项紧迫任务，一定要牢牢树立从严治教、从严管校的观念，一定要敢于管理，严格管理，善于管理。严师出高徒。育人是需要一个好的氛围的。而好的校风、好的学风是管出来的，是严出来的。只有这样，才能出更多的科研成果和优秀人才，才能从根本上体现国家和人民的利益。各级教育行政部门和各高校的领导，务必要不断克服官僚主义和好人主义，处于公心，切实负起责任，该管的一定要管，决不能手软；要舍得花时间、下功夫，不能三心二意；要减少不必要的应酬，少参加一些不必要的会议，少搞一些意义不大的考察或出访活动，沉下心来，替党和政府把学校管好。同时，还要积极转变管理思想，健全完善管理制度，改进管理方法，尽快实现管理手段的现代化。要切实注意管理工作的针对性、时效性，努力创造出中国特色的高等教育管理体系。

八、正确处理发展与就业的关系

在党中央、国务院的高度重视和关心下，这些年来我国高校毕业生的就业状况，从总体上讲一直是比较好的。但由于种种原因，其中也包括 1999 年以来高校扩招的学生开始陆续毕业的因素，使当前和今后一个时期高校毕业生的就业情况发生了一些变化。据了解，去年和今年，都有少量高校毕业生不能实现就业。而高校毕业生数量在今后的 3～4 年内还将呈持续攀升之势。毕业生就业的压力加大，困难增多，整体形势不容乐观。

要清醒地认识到，普通高校毕业生的就业问题是一个社会问题，也是一个系统工程。做好高校毕业生的就业工作，主要取决于国家经济和社会发展的程度。同时，也取决于毕业生就业观念的转变、就业与用人机制的改革、相关政策的落实和具体工作的力度。各有关方面要高度重视，未雨绸缪，从现在起，即从多方面入手，抓紧研究对策并早作部署。其中最主要的，是各级党委和政府，要进一步加大对高校毕业生就业工作的领导和指导。根据这些年的经验，只要各级党委和政府、特别是党政主要领导，对解决好高校毕业生就业问题的重要性认识到位，采取的措施到位，切实加强了领导和筹划，高校毕业生的就业问题就一定会得到妥善解决。与此同时，要进一步加强对高校毕业生就业工作的正面宣传和教育，引导并促使社会、学生、家长就业观念的进一步转变，不断调整高校毕业生的就业期望值，树立“行行出状元”和大胆自主创业、多元就业的意识，鼓励、支持高校毕业生到基层、到农村、到中西部、到艰苦的地方去就业。要抓紧完善各项相关政策，进一步消除在就业方面的一些政策性障碍；要采取各种措施，加强政府的调控和服务职能，改进并加强高校毕业生的就业指导工作。从事业发展的角度，今后几年要切实把握高等教育规模发展的节奏，坚决克服盲目发展的现象。同时，要加快高校学科专业结构和人才培养结构的调整工作。凡社会需求不旺的专业要限制招生或停止招生。在每年高职（专科）和本科的招生安排上，要逐步加大本科生比例。作为一项调控措施，自 2003 年起，每年招生计划的安排，要同各地的高校毕业生就业状况挂钩。凡毕业生就业工作不力的，要减少招生计划。

在正确处理上述八种关系的同时，在实际工作中，还要采取切实、有效的措施，抓紧研究、解决高等教育在发展过程中出现的困难与矛盾。一是必须千方百计加大对高等教育的投入。投入不足仍然是制约高等教育发展的一个关键因素。今后高等教育的发展，一方面要从改革入手，另一方面则要从投入入手，千方百计加大对高等教育的经费支持力度。我国的高等教育，只能是以公办高校为主体。而公办高校的经费，必须主要由政府来投入。因此，高校的建设，应当是国家的一项最重要的基本建设；不断改善高等教育的整体办学条件，也应是今后各级政府的一个长期任务。此外，还应认真考虑三个因素：一是经过这几年的扩招之后，高校在挖潜方面已经作了很大努力，今后高校要增加新的发展潜力和能力，就需进一步加大投入。二是高校的收费标准目前已经接近极限，今后不可能也不应该再大幅度提高。三是这几年在扩招过程中积累的问题与矛盾，必须抓紧消化、解决。否则，不但扩招的成果难以巩固，而且会诱发其他问题，影响稳定。为此，建议：今后各地各部门预算内事业费拨款和基建投入，应随着招生规模的扩大按比例不断有所增加，生均所拨经费应逐年有所提高；希望中央和地方各级政府能继续保留“一个百分点”政策；在今后几年国家发行的国债中，要适当加大对高等教育的支持；各地各高校要积极多渠道筹措经费，努力增加投入；鼓励高校适当、审慎地使用银行贷款。二是抓紧深化各项相关重大改革，不断巩固、扩大改革成果。在宏观方面，要抓好高校学科专业结构和人才培养结构的调整，要逐步调整高等教育的发展层次，稳步加大本科生的招生比例，适当加快研究生发展。对高职（专科）的办学要加强分类指导，推动其不断提高质量，切实办出特色；要尽快建立起普通高等教育、职业技术教育与成人教育协调发展的立交桥，要抓紧构建终生学习体系，解决好未就业的高职（专科）毕业生继续学习深造的问题；要继续推动、深化高校后勤社会化改革，稳妥审慎地做好高校收费工作。三是积极推动办学机构创新。在此方面，要大力支持民办高校的发展，要积极支持、规范管理普通本科院校试办民办二级学院的工作。四是进一步做好资助家庭困难学生的工作。五是抓紧解决教师队伍建设问题。六是把握好发展节奏，严肃招生计划，加强计划管理。综合各方面的实际情况，今后高等教育的规模发展，总体上要与经济、社会发展的程度相适应，与高校的办学条件相适应，与经费的投入水平相适应。据此，今后一个时期全国普通高校年招生规模的增幅，基本上要与经济增长速度同步，一般应以 7%～8%左右为宜。对高校招生计划的管理，今后继续执行一头从严、一头从宽的原则。即对研究生和本科招生计划管理仍旧从严，继续执行指令性计划；对高职（专科）招生计划管理适当从宽，高职（专科）招生计划的管理责任主要在地方，继续执行指导性计划。这种格局，短期内不会改变。同时要坚决维护高校招生计划的严肃性，对当前存在的一些问题要抓紧进行治理。

我坚信，只要能坚持正确的发展观，及时解决好各种问题和矛盾，我国高等教育就一定能够健康、持续发展，就一定能够迎来更加辉煌的明天。

紧紧围绕学校定位与目标，再学习、再思考、再谋划

教育部直属高校工作办公室主任 高文兵

近两年教育部党组一直在提，高校要“谋划发展，规划未来”。特别是要“思考两个问题”：办一所什么样的大学和怎样办好这样一所大学；这应当是办学观和方法论的问题。制定好“三个规划”：发展战略规划、学科建设和队伍建设规划、校园建设规划，这就是我们常说的学校发展总体规划。按照传统，每5年各校都要制定事业发展规划。这几年国家又有一些重点建设的任务，比如“211工程”，它就要求针对学科建设制定规划；比如“985工程”，它要求一批有实力基础的学校通过整体提升，形成一批国家级的培养拔尖创新人才和产生高价值科研成果的创新平台。再比如校园建设，围绕大学的扩招，面向新世纪，学校的校园建设也应有一个重新的规划。这些规划是什么关系？可不可以统到一起？我们认为用“发展战略规划”是可以统到一起的。高校在制定规划当中，对于如何凝聚智慧，获得认同，并最终形成学校改革、发展、建设和提高的蓝图，大家都是非常有体会的。同时，在这一过程当中大家肯定也碰到了大量的问题。我们希望通过沟通、交流、讨论的方式来解答，从而共同提高规划工作的水平。

一、高校发展战略规划的内涵

战略两个字很多专家都解释过，叫做取胜之道，或竞争谋略。高校发展战略规划就是一所大学对未来发展的谋划、安排、部署或展望，是一所大学针对改革与发展时、空战略意图的具体化，是一所大学在具体时间段改革、发展与建设的重要依据。

发展战略规划对一所大学具有特定的“立法”作用。说它有“立法”作用是因为：第一，它凝聚了全校师生的意志和智慧，由大家共同参与制定和认定，具有规范性和约束性。第二，具有稳定性，不能随意变更。说不能随意变更，不是指不能变更，而是要与时俱进，要根据办学环境和条件的变化进行必要的补充和调整。但是，对于“办成一所什么样的学校”这种定位，它涉及到我们办学的理念，是不能动摇的。我曾经注意过一个学校，他们 9 年换了 3 届校长。4 年一届，9 年跨 3 届是正常的，但问题是他们 3 届校长抓学科主攻方向的兴奋点不在同一条线上，而是在三条线上，且偏离的角度都比较大。在 9 年时间里，第一任校长确定的重点发展和建设的学科到第二届就有点萎缩了，第二届校长再确定发展的重点方向，到了新校长执政一年也有点萎缩了。原来定的重点发展和建设的方向不再受重视，实验室的主任被其他兄弟学校作为人才引走了，因为他觉得在那儿没有事业可干。举这个例子，目的就是让大家认识到规划要精心组织，长期坚持，走向上别动摇，但内容可以进行必要的扩充和修订。总之一句话，战略走向上别动摇，战役的组织和战术的选择上，怎么打得赢就怎么打。

部党组要求做好“三个规划”。一是发展战略规划。主要指的是办学定位与战略目标，我们认为，它是起统率作用的；二是学科建设与队伍建设规划。它是学校办学的根本，体现的是整合学校的力量，配置学校的资源，提升学校的水平，在重点上有所突破；三是校园建设规划。它不仅是一种物质条件的保障，而且也是学校文化氛围的体现。我们在部里征求过高教口各个司局的意见，大家共同提出当前做好教育部直属高校发展战略总体规划的总要求，就是“做好战略定位，明确奋斗目标”。规划首先要解决的问题，就是定位和目标的问题。总要求还包括新“八字”方针，即“巩固、深化、提高、发展”，具体说就是“巩固已有成果，深化各项改革，提高整体水平，持续健康发展”。只有这样，才能有效地激发学校履行办学职能，真正树立起学校的品牌。学校品牌不仅是一个社会承认的问题，还是一个全校教师感情、情结凝聚的问题，它一旦树立起来，大家都会围绕这个品牌来贡献自己的一份力量。

二、高校制定发展战略规划的指导思想和客观要求

制定发展战略规划的指导思想很明确，就是以党的“十六大”精神为指导，努力践行“三个代表”重要思想。“十六大”在教育方针的表述上第一次加上了“教育要为人民服务”。从整体上来讲，“十六大”部署了全面建设小康社会的奋斗目标和伟大任务。针对第三步战略目标，“十六大”做出了重要论断，认为21世纪的头20年是一个最重要的发展战略机遇期，抓住这个机遇期，就会为全面建设小康社会提供一个非常好的时空环境。“十六大”提出的机遇期，不完全是针对国家一级的政治、经济、军事，更是我们各行各业，特别是我们大学应该看到的一个机遇期。在前几年时间里众多学校都已看出了机遇期的端倪，陈至立同志和教育部党组带领我们抓机遇，做了很多工作，很多事情都在中国教育史上留下了浓重的一笔。下一步还能做更多的事情，发展的形势和社会的需求也要求我们做更多的事情。贯彻“十六大”精神，为全面建设小康社会服务，高等学校应该做些什么，规划就应该体现什么。高等学校就是要通过我们的先进文化、先进科技来为现代化建设服务。努力践行“三个代表”重要思想，本质要求就是“立党为公，执政为民”。对于学校，就是办学为民，办好让人民满意的教育，这是我们的根本，规划里必须考虑这个问题。“十六大”关于教育的任务很明确，就是构建中国现代化

教育体系，一是国民教育体系，二是终身学习体系，三是学习型社会体系，要求教育、科技、经济、社会更紧密结合。对高等教育的任务是什么呢？就是培养数以千万计的各类专门人才，培养一大批拔尖创新人才，要求我们的大学以知识创新和知识贡献促进科技创新、文化繁荣、社会进步、经济发展。我们做规划必须考虑国际国内的大背景，十六大报告提出国际大背景是“三个化”，即政治多极化、经济全球化、科技信息化。对国内的分析是“发展的关键时期，改革的攻坚阶段”，认为经济、社会、政治生活已经发生和正在发生重大变化，这是我们学校下一步发展所面临的大背景。现在，从大背景、大形势到具体对教育的任务到对高等教育的任务一步一步递进，我们就应该明确我们的规划应该反映什么内容，什么是我们大学应当承担的。

“十六大”提出全面建设小康社会的任务，高等教育在为社会发展的当前需要、在为国家发展的最高利益、在为民族发展的长远利益服务的这些方面应该有一个什么样的着眼点？我们认为应该考虑这样几个问题：首先，确认教育的基础性、全局性、先导性作用，如果这是一个三轴座标，交叉到教育就集中体现为公益性；第二，应该为我国正在走的新型工业化道路服务，工业化提升的最好办法是信息化，这方面我们大学都是有手段、有办法、有能力做的，或者可以做得最好；第三，要考虑经济社会协调发展；第四，城乡协调发展；第五，区域协调发展；第六，经济与生态协调发展；第七，人与自然协调发展。所以规划要考虑的问题就是要按照规律办事。

大学发展、改革、创新面临着一系列的环境与机遇。第一，科学与技术结构中心已经和正在发生变化，信息技术、生命科学与技术、新材料技术等已经成为科技结构的先导和中心；第二，跨门类科学和技术的整合化，深刻影响了整个哲学的方法论；第三，科学与技术一体化；第四，科学与技术高度社会化；第五，社会高度技术化；第六，高等教育大众化。大众化的标志是适龄人口中接受高等教育的在学人口的毛入学率达到 15%～50%。我们在 2002 年迈入了这个门槛，就是从 1998 年大学招生 108 万到 2002 年的 320 万，高等教育 18～23 岁的在学人数 1600 万。以这一年为标志，我们跨入了大众化教育阶段。今年招生 380 多万，以后还会大致按 GDP 的增长幅度逐步地提高。大众化教育阶段也给我们提出了非常尖锐的问题，就是精英教育怎么办？原来是高教资源短缺，没办法，只好靠竞争，走精英教育这条路，有人说这是中国人的精英情结。现在大众化教育进程已经开始了，精英教育何去何从？精英教育还要办，必须有一部分学校主要承担这个任务，在勇敢地承担大众化教育任务的同时，责无旁贷地承担好培养一大批拔尖创新人才的任务；第七，学习和素质教育终身化；第八，高等教育逐步国际化。过去说的国际化，就是让世界认识我们。但现在说的国际化，不光是开了自己的门，欢迎人家来，而且我们的大学应该有这个勇气，敲开国外的门，让国际社会承认；第九，办学模式的多样化；第十，生存环境的人文化和人文环境的技术化。

三、江泽民同志关于高等教育改革与发展的重要讲话对规划工作的意义和指导作用

在做规划时有一系列非常重要的学习文件，可以作为我们的指导思想，并且作为统一我们思想的武器，其中很重要的就是江泽民同志关于高等教育改革与发展的重要讲话。江泽民同志在教育方面的重要讲话，我们认为形成了一个很好的理论体系，集中对全国大学讲的共四次：1998 年 5 月 4 日北大百年校庆讲话，2001 年 4 月 29 日清华九十年校庆讲话，2002 年 4 月 28 日人大座谈会讲话，2002 年 9 月 8 日北师大百年校庆讲话。这四次讲话简要地概括就是，江泽民同志提出教育在中华民族伟大复兴中的历史使命，特别是指出了在新时期中国高等教育的发展方向、办学目标和当前任务。具体来说，一是创建世界一流大学及其特征；二是教育创新的思想；三是哲学社会科学的重要性和发展建设；四是对全国青年学生的要求；五是对教师的要求。我们认为，这个系列讲话形成了我们党领导新时期中国教育事业，指导高校改革与发展的指导方针，体现了鲜明的中国特色和坚定明确的社会主义办学方向。同时，具

有完整性、系统性、时代特点和历史高度,是“三个代表”重要思想对大学的具体要求,已经并将继续成为中国高等教育事业健康蓬勃发展的思想营养、前进动力和行动指南。

四、高校发展战略规划工作的基础

第一,世纪之交,中国高等教育经历了一些大事。

一是高等学校管理体制改革。90 年代以来,我国的高等教育管理体制改革取得了很大的成效,并在不断的探索和实践中形成了“共建、调整、合作、合并”的基本改革思路。高等教育已基本形成中央和省级人民政府两级管理、以省级人民政府为主的管理体制。高教管理体制改革,不仅解决了我国高等教育条块分割、资源重组问题、而且顺应了当代大学的发展趋势。1998 年部委所属高校划转了 93 所,主要是一些产业部门调整到经贸委,不再对学校施行管理职能了。教育部接收了其中 10 所,其余的大部分划到地方为主进行管理。1999 年部委所属高校划转了 25 所,2000 年又划转了 164 所。从而建立起两级管理、地方为主的管理体制。现在,有 1553 所全日制普通高校,由部门管的 111 所,其中教育部所属 72 所,国防科工委所属 7 所和科学院所属 1 所,共 80 所。这 80 所高校被有的专家认为是国立大学的主体,或者叫高等教育的“国家队”。当然,“国家队”不仅仅是这 80 所大学,还包括地方上的一些大学,非常好的都可以作为“国家队”。

二是招生体制改革,即近年来高等学校的扩招。扩招顺应了社会对扩充高教资源的迫切愿望,是“三个代表”重要思想最具体的一种体现,并由此开始了高等教育大众化的进程。各高校充分挖掘自身潜力,克服了各种困难,各地积极开辟新的资源增量,确保了扩招的顺利实现。与此同时,教育部党组以高度的政治责任感加强了对教育教学质量的规范和引导,千方百计推进了毕业生就业工作。

三是后勤社会化改革。后勤社会化改革力度非常大,岚清同志亲临一线筹划、指导和推动。伴随着扩招,投入增加了,但增加的投入都被扩招吸收了，这就要用改革的办法来化解矛盾，解决发展中的困难。最后，通过另辟思路，搞后勤社会化改革，才支撑了学校的扩招和这几年的发展。这个过程经历了青年教师筒子楼的改造；学生公寓的社会化建设；学校生活服务设施的改造和重建；后勤队伍的集团化重组和与学校逐步脱钩，面向社会依法自主经营，自负盈亏。并由此带动了学校的基础设施、教学公共设施的大规模改造，校园的重新规划和改造，以及教工宿舍的货币化房改，等等。

四是收费并轨。收费并轨是一件大事。原来大家说教育是一块净土，后来有人批评说高校存在“用钱买分”的情况。为了解决这个问题，中央非常重视，教育部党组多次召开会议，并广泛征求意见，做了大量的思想工作。李岚清同志也多次耐心地做思想工作，大意是说我们是执政党，教育这块净土应该保持，不应该让人说教育界也有腐败、也有不公正。现在国家还处于发展阶段，人民还不够富裕，收费不能定得太高。这几年按照中央的要求，我们一直将高校学费稳定在一个水平内。但是，收费并轨制毕竟给以后正常的高等教育收费建立了一个基数。

五是校内机构改革、人事制度改革以及伴随着的分配制度改革，竞聘上岗等，各个学校都在开展。

六是教育教学内容、教材体系和课程体系的改革。

七是学科的组织结构调整。其基本特点是重心下移，管理扁平化。现在有些工作因为院系自主权有限，以后自主权会越来越多。到时候，校长就会忙于大事，一般的事情学院自己就办了。这项工作还在进行之中。比如说，原来学校内部组织结构的设置是校、院、系，下面有教研室、研究室、研究所或中心，有的学校干脆省去了系或者有的系不愿上面设院，也少了一级，然后还有许多教研室和研究室根据学校办学定位合并了，都叫研究室，既研究教学又研究科技。我们认为，以后学校的组织结构就不是固定化的了，常常表现为一种“弹性”或“脉动性”，可大可小，甚至可有可无，为了任务而来，任务完了就另组、重组，非常灵活。而部门的职能从权力性向服务性转化。有的专家把这种情况称为“激活组织，营养细胞”。总之是为了调动一线教师的积极性、创造性。

第二，做规划还有一个非常重要的基础，就是我们怎样把握学校的定位。

这可能是全校师生都很关心的问题。毕竟学校要把自己的定位说清楚。有很多研究人员，根据不同的标准，对高校作了一些分类。

一是按学术特点将学校分为研究型大学、教学研究型大学、教学主导型大学和专业技能培训型大学。二是按学科设置特点分类。传统意义上，从50年代开始，我们把有文有理的大学称为综合大学，把工科为主的大学称为理工科大学或多科性大学，还有一些单科性大学，如中央美院、音乐学院、语言类大学。三是按办学定位和目标分类。例如有的学校提出办一流大学。有世界一流，还有国内一流，或者省内一流、行业一流等等，反正朝一流大学的目标努力。也有的学校要努力办成一所高水平大学，当然这也得有参照系，是在国内，还是在国际同类院校中高水平？还有的办成特色大学，在某些方面有独特优势的特色大学，有的规模相对小一些的学校则提出办成精品大学。四是按规模分类。这可能是最不可取的，什么巨型大学、超大型大学、袖珍大学。五是按隶属关系分类。是部门所属还是省属，现在还有地级市办大学，县级市办大学。有人从另一种角度分类，分为国立大学，就是所谓部门代国务院管的，这其中主要是以教育部为主体；省属公立大学，社区大学和民办大学。后来围绕好多种分类，有的学校在定位上认为这种定位有些道理，那种定位有些关系，最后，形成一种复式分类，就是我们说的复式分类系统或网状分类系统。

现在许多人在关注，很多专家也在研究、比较学校的水平、学校的声誉、学校的社会评价和学校的客观指标反映出来的办学实力，围绕这个分类，专家们把它概括成一种圈层式的表述或者分类，意思就是“2＋7”。“2”是圆心，就是北大、清华；还有个“7”，就是1999—2001年重点共建比较早的学校；后来，教育部又共建了20多所大学，就是“2、7、35”，大圈套小圈；“35”以外，设研究生院的高校一共是56所，又是一个圈；“56”以外，到现在为止，“211”已经论证的是95所，又是一个圈；再往下呢，240所具有博士授予权单位的大学，又是一个圈；再往下，450 所具有硕士学位授予权的学校，再往下就是 642 所具有学士学位授予权的学校，再往下还有 900 多所，都是大专和高职，是全日制的。除了我们大学里面有成人教育学院、终身教育学院外，单独、独立办的还有 607 所成人高等教育院校，这就是全部中国的高等教育资源了。社会上还有一些民办大学，叫收费助学班，他是教育机构，但办的不是真正的学历高等教育。有很多人逐渐在关心这个圈层，我们认为这种分类法可以用作研究问题，但圈层的边界一定要模糊。从里圈到外圈，从外圈到里圈，都是可能的。今年可能被人家放进去，明年又有可能被人家放出来，关键是靠自己，这些分类只具有参考意义。

教育部客观指导和分类管理的原则是：因地、按类、分层。72 所直属高校毕竟办学学科有类型，办学模式有类型，所处的地域不同，发展阶段也有不同，学术、科研在学校的分量占的比重也不同，教育部针对这些不同的情况进行指导，希望学校针对自己的发展阶段和传统、特长认真思考自己的定位，想想国家和区域经济、社会发展需要什么，自己有能力做什么，当前有条件做好什么。以此使办学健康、协调、持续地进行。

五、高校规划制定过程中值得重视的几个问题

第一，既然有人在研究分圈层，那么很多人认为规划越是向核心内圈走，越能显示出水平。有时在考虑投入、政策时是不是也参考一下圈层，因为有些经费要集中花，集中才能办成一点事，因为中国现在还不够富裕，我们的教育在某种意义上还是一个短缺教育。包括师资的短缺、经费的短缺、观念的短缺。短缺问题不只是我们独有，各国的高等教育都存在。不管发展到什么阶段都或多或少都存在短缺，因为社会情景是鲜活变化的。就算我们扩招了，人家也会说，能上大学还不行，得上品牌大学，上知名大学，水平高的大学，社会声誉好的大学，这种需求永远是没有止境的。这种需求也促使大学去调整和适应。所以，这个圈层宏观政策上有一定的参考价

值，但并不是一所学校严格定位的依据。我们刚才说的圈层，不要过于清晰，有些圈内的学校可能还比不过圈外的学校呢！现在存在的第一个问题就是定位过高，所以我们要求不同的大学应该有明确的不同的定位，教育部党组提出一句话就是“立足本职，做到最好，就是一流”。你那个学校应该干什么，你就把那件事干得最漂亮，你就是这个层次的一流。

第二，以人为本。有的学校做规划就盯着两组数据：学术指标和硬件指标。我们办学为的是学生，依靠的是教师。学生在校四年当中我们应该爱护他，因为这是他社会角色的出生地。教师一般在学校工作时间较长，有的甚至工作一辈子，我们规划当中就应当想到他们。有时特定的规划一般都讲硬件，校园扩展多少，建筑面积增加多少，仪器设备、固定资产增加多少，投入增加多少，抱回多少个奖，这些工作都是由教师来做的，所以规划切忌见物不见人，应该把以人为本的思想放到规划里面。有很多研究人员包括国外的知名学者，他们在研究大学为什么有名，大学为什么水平高，大学为什么在国际上声望好，原因就是一般都把师资队伍的质量、水平摆在第一位。教师的学历、学科、学缘、年龄、职称等各种结构至少也能形成一个指标体系。所以我们提出“百年大计，教育为本”、“教育大计，教师为本”、“教师大计，质量为本”，规划当中一定要围绕这个做文章。比如说，有很多学校，现在已经在规划了，教授、副教授、讲师都应该坐班，教授有一间大一点的房子，副教授可以有一间略小一点的房子，讲师可以两、三个人有一间房子，一个研究室、一个课题组所带的研究生都可以有一间活动室，研究生在里面做学术沙龙，Seminar，讨论点儿问题、汇报点学术思想，看书、争论都有个地方，这就体现了以人为本的思想。从这一点上看，让人们觉得在关心教师，让教师有个地方看书、办公，专心致志地工作。也有的学校，在困难很大的情况下，积极地筹划学校的教师住房问题，使得教师住房逐步得到改善。实际上现在我们非常有名的大学、非常强的大学，它的教师住房还比较挤。有些大学在本地抓住了机遇，教师住房解决得非常好，校园环境也在逐渐改变。学校的规划方方面面都要考虑，以人为本这条非常重要。

第三，规划制定的领导和组织。我们大学的领导体制是党委领导下的校长负责制，党委负责政治领导。坚持社会主义办学方向，贯彻党的教育方针；服务大局，服从大局；用人才、管干部；抓稳定，做思想工作，调动积极性，让学校的办学、科研和各类学术创造及为社会服务的活动有序进行；组织并在民主集中制下研究办学和学校发展中的重大问题并决策。校长负责行政领导，组织教学并提高办学质量，组织科研并提高学术水平；学校事务，法人代表，签字盖章，由他负责。教授组织负责学术领导，一般来讲叫学术委员会或学位委员会，甚至有院长联席会或首席教授联席会制度，在党委的领导和行政的授权下，行使学术领导的职责。在评职称、授学位、评奖、学术选拔等各类工作中，只要按有关规定公开制定标准，程序上民主、公开，就应当认为是公正。如果说党也抓学术，那就是抓学风。再一个就是刚才说的“扁平化，重心下移”。作为一种机制，应该有所创新，逐渐地调动下面的积极性。比如说，规划的提出，一些好的思想火花的冒出，应该来自研究室、教研室、课题组，由他们到系里、到学院、到学校。怎样能让他们解放思想，非常活跃呢？学校要软环境、硬环境一起上。硬环境是条件，软环境是氛围，我们的任务是把它激活。

第四，切忌“千校一面”。照搬、跟风、行政干预都不行，在制定规划当中要注意这点。很多人说，要做规划了，到别的学校调研一下。调研可以，借鉴可以，但是要消化，最后变成自己的东西，别照搬。有很多学校不管是要论证什么事，都到已经完成论证的学校去取经，最后拿了个版本。你的工作量轻松了，但是没有消化，囫囵吞枣，很多事情讲不清楚，或者不切合实际。不能照搬，不能跟风，也尽量避免行政干预。学校要避免“千校一面”，首先要实实在在地认清自己的优势、特色和区别，首先发展什么，重点发展什么，以什么立校，或以什么作为学校的象征，学校的优势是哪几把尖刀。如果优势不明显，特色不明显，区别不明显，也就是说根本没研究透，那规划就很难做好。每个学校在做规划的时候一定要把优势、特色、区别研究清楚，然后才能给自己很好地定位，才能确定奋斗目标。

第五，科学性、有效性和专业性。所谓科学发展观，对于大学，就要认清形势，把握节奏，确保学校健康、协调、可持续地发展。今年张保庆副部长专门发过文章，要求我们别盲目，别跟风，别照搬，实事求是，一切从学校的实际出发。

第六，坚持多样化的原则。学校有自主权，是规划实行的主体。教育部应该就规划内容给予指导，给予审议、咨询，提出一些建设性的意见和建议，使它更切合学校的实际，更能在大局里找准位置。但是规划毕竟是靠学校制定，学校靠谁呢？靠院系，靠基层。刚才所说的那些“细胞”，那些“组织”，也应该在规划中给他们自主权，让他们充分开动脑筋，发挥出他们的智慧，应该让他们有创造力。我们要求学校之间的规划突出自身特色，要不一样，学校内部各院系的规划也应该不一样，定位目标也可以不一样，要实事求是。我们该从整个大教育系统来看问题，学校跟学校之间有明显的区别，学校内部不同的各个方面也应该有明显的区别。

第七，规划的战略性。战略就是“战”，有它很直观的意思，引申了就是竞争。“略”就是计谋，在竞争中要取胜，最后形成战略，必须有前瞻性和相对的稳定性。周济部长提倡战略思维，眼光放长远些，不能因为学校班子的调整变化而变化，也不能因为学校班子主要领导兴奋点和注意力的变化而变化。大家认定的东西，是集体的智慧，也是全校的意志。调整可不可以呢？完全可以，是更高明的调整，是战术上能打胜仗的调整，战略上应保持稳定。

第八，三个规划的关系。我们讲三位一体，目标是方向，学科是主线，教师是根本，校园是条件，最后培养出好学生，拿出好成果，做出原创性的、具有自主知识产权的知识贡献，开发高水平的、高价值的人才资源。中国现在还有一个优势，就是人力成本比较低，但是倒过来也是劣势，就是高级的人才还不多，这支队伍还不够强不够大。

第九，规划的认定。学校组织全体教师制定规划并实施规划，所以规划应由全校教职工来认定。方式可各异，可以由职代会、教代会，可以全校大讨论，可以院系派代表，在讨论的基础上提出建议、意见，学校采取自己适合的方式来认定，教育部要组织资深的教育战略专家给予评议。

六、教育部直属学校的一些基本情况

教育部72所学校占全国1553所的数量不到5%，承担本科生的招生任务是20%，在校的硕士生大于50%，博士生大于70%。我们为什么说国家队，就因为以不到5%资源做出对整个高等教育的贡献是这么大。教育部直属学校的重点学科占总数的70%，教育部直属学校进入“211”的数量，占总数的61%。因为“211”当时定的是一部一所，一省一所，所以教育部直属高校不可能都进。设研究生院的大学全国一共56所，教育部44所，约占80%。教育部的两院院士占整个高教系统两院院士的75%。设在教育部直属高校的国家重点实验室93个，占总数的90%。这是一部分面向全国评定的指标。每个学校都能在这个比重里面找出贡献度，从而，你就可以知道自己学校做了多少，还应该怎么做。

教育部对直属学校的要求。过去有人说教育部直属高校就是“自留地”。其实教育部直属学校不好当，教育部是国家的教育部，直属高校必须种好“五块田”，就是大批拔尖创新人才和高价值、高水平科研成果的“丰产田”；依法治校、规范办学的“示范田”；服从服务大局，保持稳定的“责任田”；率先探索和推进各项改革的“试验田”；规模、效益、结构、质量、水平相统一的“样板田”。这是一致的要求，不管你是什么层次，什么科类，什么特点的学校。比如今年“非典”，我们就决不允许教育部的直属学校惊慌失措。而且，教育部的直属学校在做法上还应当出经验，带动当地的学校，因为你是龙头，别的高校在看着你，你乱了阵营，别人怎么办？部党组审时度势决定将学生从整体上稳在学校，有学校反映说稳在学校有困难。我们再有困难，也是为国家承担的困难，是光荣的困难。最后，教育部直属学校绝大部分学生全部稳在了学校，保护了学生安全，也为全国抗击“非典”做出了贡献。

下面说一条基本原则，就是“有所为，有所不为，有先为，有后为”。古人说：“勇者有所必为，智者有所不为”。认定为国家、为地方该做好的事，有再大的困难，也要千方百计克服重重困难去实现它。有时面对市场经济折射来的种种诱惑，我们反而要有坐冷板凳的思想准备，坚决不去做。希望各个学校的领导班子和全体老师们做个大智大勇、智勇双全之人。“有先为，有后为”，也就是俗话说“开门七件事，先从紧处来”。规划当中确定的阶段任务、目标，要分步走，同时要结合学校的实际。

最后补充一点，制定规划要借鉴“211 工程”的做法，就是周济部长归纳的五句话，即“凝炼学科方向、汇聚创新队伍、构筑科研基地、明确选择重点、集中优势突破”。“211 工程”论证的学校对这五句话理解得很明确，希望在编制规划工作中继续领会，把规划工作做得更好。

战略规划:高校改革与发展的顶层设计

重庆大学副校长　陈德敏

经过20世纪90年代以来的改革与发展,我国高等教育出现了三个重大变革:国家对高等教育的空前的高投入和重点扶持;高校体制的不断改革与数百所高校的调整合并;1998年以来的高校大扩招所带来的高速发展与改革选择。中国实现社会主义现代化的时代潮流,推动我国高校以跨越式姿态进入了一个关键的发展新阶段。面对21世纪现代大学新的挑战与发展前景,我国高校急需总结经验,理清发展思路,设计前进路径。遵循党的十六大精神,前瞻面对二十年的战略机遇期,如何抓机遇、创优势、出特色,高校战略规划的作用与地位不言而喻。

周济部长反复强调指出:"办学思想、宏观战略、从来都是决定性的,决定着前进的方向,决定着学校的发展,要以超常规的谋划赢得超常规的发展",要认真思考"两个问题"、制定"三个规划"。为此,各高校都在着手制定战略规划或修订已有的规划。

本文结合高校研究和制定战略规划的实际,谈谈对高校战略规划工作的初步认识。

一、战略规划是时代需要与高校发展的内在要求

富有哲理的古训曰："凡事预则立，不预则废"；"兵无常势"；"取乎其上，仅得其中；取乎其中，仅得其下"。90年代中，美国提出了制定教育发展规划的基本理念：适应社会，包容变化。日本则提出了制定教育发展规划的基本理念：建立智慧型社会。美国哈佛大学等著名高校都有自己的办学理念、办学远景框架，并一以贯之；其制定的教育发展规划十分注重自身特色，力图保持优势，站在前沿，引领社会。

进入21世纪，全球教育呈现出新的发展趋向：教育从人的谋生技能的培养，向人的谋生技能培养与人的全面发展需要相结合的方向发展。"以人为本"、"终身学习"正在成为各国公众的共识。与此同时，我国高等教育面临前所未有的跨阶段性的新变化：

——高等教育在科教兴国战略中的地位日益突出。国家经济与社会重大问题的解决离不开高校发挥作用。在知识经济的时代浪潮中，大学正在从社会与经济的边缘逐步走向中心。

——高等教育在总体规模上从精英教育转为大众化教育，社会和人民群众对高校需求旺，要求高，社会评价正在发生新的变化。

——以"一流"为目标取向，加强学科建设，在竞争中提升学术水平，已成为高校的共识与行动。

——由于形势与任务的变化，高校内部管理改革（包括师资选择、用人制度、分配制度的改革等）正在进一步深化。

——大学生缴费上学，进校后自我塑造，自主性增强；推动大学教育内容、专业要求结构、课程设置体系、教学方式等不断改革，以适应人才培养的新要求。

——办学模式与培养渠道多样化；民办高校崛起，二级独立学院的模式等开始试行。

——办学经费的投入筹集来源变化，在资金仍然紧张短缺的情

况下，急需进一步探索运用市场机制。

——大学的国际学术交流进一步加强，高等教育国际化趋势开始显现。

前瞻21世纪中国现代化建设的进程，党的十六大提出：教育在现代化建设中具有先导性、全局性作用，必须摆正优先发展的战略地位，坚持教育创新，深化教育改革，优化教育结构，合理配置资源，提高教育质量和管理水平，全面推进素质教育，构建终身教育体系，建立学习型社会。因此，高等教育作为整个教育事业的龙头具有越来越重要的作用。为使高等学校在全面建设小康社会的进程中加快发展，做出更大的贡献，教育部关于“深入领会十六大精神实质，一心一意谋发展、认真扎实定规划”的部署是十分正确的，亦充分显示了制定战略规划是时代需要与高校发展的内在要求。

面对时代需要与高校发展的内在要求，高等教育作为社会进步的“超前”事业，成果“滞后”的行业领域，必须通过战略规划来整理思路，“登高望远”，“取乎其上”，“未雨绸缪”。

分析高校规划工作实际，我们认为，制约高校这项工作的开展有两个主要问题：一是学校上下对战略规划的内涵和作用的认识问题；二是战略规划如何真正与实际工作结合的问题。这需要从理论和实践的结合上给予解决。

二、高校战略规划工作的理论浅析

（一）战略规划的内涵和作用

广义而言，规划是某工作领域中一定时段内发展诸因素的综合谋划与部署。规划是系统工程，由全局性、前瞻性、动态性和科学性四要素构成。规划是总体设计，包括：规模数量、水平质量、条件支撑、投入来源、制度保障的分项设计与综合。

规划的基本功能是定方位、绘蓝图、指路径。

规划的内容包括指导思想与背景、战略目标与定位、战略阶段与重点、战略措施与保障等方面。规划的实质是高校改革与发展的纲领,决定高校在21世纪发展环境中如何办学,打造何种品牌;规划的目的是理清办学思路,主动适应,与时俱进。

回顾国际国内知名跨国企业制定规划的指导、牵引、规范作用的实践,我们认为:基于管理学原理而言,规划是战略管理—发展取向、目标管理—坐标设定、过程管理—保障实施的综合反映。

从认识论角度而言,规划不是前瞻认识的终结,而是思路,是理性的起步;规划是自身的大事,别人无法代替,照搬不来;规划是动态调整,是相对均衡;规划总是不完善的,既指导年度计划,但又要靠年度计划来调整、落实。

从功能作用而言,规划是先进理论、国家政策与单位实际相结合的产物;规划是实践的总结,给实践以指导,赖于实践来修正、丰富、实现;规划具有指导工作、统筹全局、协调各方和凝聚人心的作用。

(二)高校制定战略规划的能力建设

回顾改革开放以来我国大学的成长史,有的高校发展较快,后来居上;有的高校发展较慢,其重要原因之一就是能否制定一个前瞻求实的发展战略规划,并持续地抓出实效。要制定出一个好的规划,要求高校必须不断地加强和培育自身制定规划的能力。这至少包括以下几个方面:

1. 机制保障能力

战略规划的制定涉及到社会经济和高等教育发展的宏观层面和学校发展的微观层面,是一个需要不断研究的领域。过去,战略规划一般是指定校办、高教所和学科办等管理机构牵头制定,作为一种临时任务,在全面性、系统性和科学性等方面存在诸多问题。进入新世纪,许多高校把制定战略规划作为促进学校跨越式发展的大事来抓,从机制上保障战略规划的制定,这是十分正确的。目前有许多高校成立了专门机构进行这项工作,如北京大学发展规划部、浙江大学发展规划部、上海交通大学发展规划处等。

2. 协同能力

学校上下对战略规划的内涵和作用的认识、对战略规划的重视和关心直接关系到战略规划制定的成败。因此,战略规划的组织与制定者不能孤立地进行学术般的战略规划研究，必须促使全校的协同能力得到最大发挥。具体而言，就是要激发师生员工的主人翁和参与意识；形成校内相互理解、相互合作的全局观念；给予学校各级行政、领导人员、教师、职工、学生以及用人单位代表的参与机会；激励全校上下产生对校内革新、创造精神与改变现状的责任感；增强全校上下对美好未来的信心。

3. 技术能力

战略规划过程是一个研究与决策的过程，不仅要求战略规划的组织与制定者具有战略规划方法方面的知识、数据储存和分析设备，掌握规划资料和数据收集与分析的方法；而且要建立以事实为根据的决策、评估程序和校内传递战略规划信息的平台和机制。

4. 决策能力

一个战略规划要全面有效地实施，依靠于学校师生员工的团结奋斗，特别是党政领导班子的共识与持之以恒的行动。其中，校长的责任尤为关键，在引导学校往理想的方向行进中起着突出的作用。可以说，校长的责任感和校党政班子和校长的决策能力是一切战略规划活动的基础。我国少数著名高校近二十年来之所以综合实力增强迅速，办学实力和学术水平提高很快，一个重要原因是在80年代初即确定了学校的发展定位，制定了一个好的战略规划，并一以贯之地贯彻执行，使学校在不长的时间内取得了跨越式发展。这反映了规划的重要作用和力量，值得全国高校认真学习和借鉴。

(三)战略规划必须立足校情，切合发展实际

在制定学校战略规划时，不仅要从时代特征、国家意志和高等教育的发展趋势，把握高等教育发展的走向、学校面临的机遇和挑战。而且要认真摸清学校的家底，分析学校自身的特点，找出优势和劣势，明确定位和目标，确立发展的战略思想，寻求战略规划真正与实际工作结合的连接点。其核心是战略规划如何真正与实际工作结合。对此，重庆大学在制定战略规划时，从实际出发，充分考虑战略规划与实际工作的更好结合，研究制定了一个战略规划和一个五年振兴行动计划。振兴行动计划以“积极发展、打牢基础、把握节奏、追求跨越”为原则，突出学科建设、师资队伍建设、研究生和本科生教育、科研及基地建设、校园基础设施建设五个方面的规划内容，分项确定发展指标。为使振兴行动计划落实到实处，提出了九大工作措施，并力求各分项指标与年度工作安排相结合，以便贯彻实施和评估检查。

三、高校制定战略规划的基本要求

(一)制定战略规划应主动适应国家社会经济发展的战略需求

随着时代的发展，高等教育在科教兴国战略中的地位日益突出，国家经济与社会重大问题的解决离不开高校发挥作用。大学的发展不仅是大学自身的问题，而且是经济发展与社会进步的重要组成部分。因此，学校在制定战略规划时，必须充分体现服务于国家经济与社会发展的战略需求，服从于国家高等教育的目标与任务，不能仅仅着眼于学校自身的完善，为规划而规划。

以重庆大学为例，我们在制定发展战略规划时，充分研究了年轻的重庆直辖市地处我国东中部经济发达地区与西部资源密集地区之间，是承东启西，左右传递的主要枢纽，重庆市的发展目标是建成为长江上游的经济中心，对西部大开发具有特殊的战略意义。而我校作为直属教育部的国家重点大学，是我国西南地区最重要的高等学校之一，也是重庆唯一一所进入“211 工程”和“985 工程”重点建设的大学。肩负着为西部大开发和重庆市经济与社会发展提供人才支持与智力贡献的双重责任，应该成为西部及重庆市人才培养与科技能力增强的知识源和动力源，并通过有效、强力的人才资源开发，把沉重的人口负担转化为巨大的人力资源和人才资源。为此，我们在战略规划中明确提出了“扎根重庆、立足西南、面向西部、服务全国、走向世界”的办学思路，主动适应西部大开发和重庆直辖市经济与社会发展的需要，坚持走中央与地方共建，产、学、研相结合的发展道路，使我校的战略规划尽量与重庆市的发展规划相呼应，与重庆市的中心工作相衔接。如，为以汽车、摩托车为特色的现代制造业基地建设，城镇化建设、生态环境保护与库区可持续发展移民的研究等领域全面开展研究，在主动服务的同时，也为学科发展打下了厚实的基础。

（二）制定战略规划应着眼全局，突出重点，反映特色

高校战略规划是一种带全局性的总体发展部署。因此，其制定要在准确地把握学校生存和发展的背景，把握世界高等教育发展趋势的基础上，抓住发展机遇，确立前瞻性的战略思想、办学理念和明确的办学思路，提出长远的战略目标和战略措施。战略规划是学校成长的永恒主题，是头与身手的关系。战略规划除了要把握高等教育的发展趋势外，很重要的一个方面是要进行实事求是的校情分析，要把“把握趋势”与“校情分析”有机结合起来。没有与学校历史现实工作的结合，就只能是空规划。要把虚事做实，就要立足分析校情，突出特色和重点。分析校情就是要在一定的比较范围内分析学校的优势与劣势、特色和重点。因为任何一所大学，都有其个性与特色，都有其发展的重点，都会以特色立校、特色强校、特色取胜。可见，战略规划的关键是如何确定特色，发展特色，强化特色；而分析校情无疑是确定学校发展特色和选择发展重点的关键。

（三）制定战略规划应分析背景，调动全校参与，形成共识

制定战略规划不仅要把握国际国内高等教育的发展趋势，而且要特别注意认真分析学校面临的主要矛盾和困难，正确看待长处和短处，特别注意潜在优势；把握经济科技进步对高层次人才的新需求以及社会对大学的新要求；坚持“以人为本”，充分团结和调动师生员工的潜能与积极性。

在具体制定战略规划时，要提出发挥优势、突出特色的总框架与时间表，同时提出主要指标和尽可能的量化指标和深化改革的措施，并从下到上充分听取意见，让校内各方关注和参与规划制定的全过程。通过参与规划，把全校师生员工引导到关心、投身学校的建设与振兴上来。同时，战略规划要服务于、服从于经济建设与社会发展的需要，注意承前启后，兼顾左右，合理布局，划分层次，拟定策略，力求实现规划创新、推进管理创新。

四、高校战略规划工作经常化的建议

大学战略规划既是一种带全局性的总体发展规划亦是一个基层教学机构的工作指南。战略规划不只是规划的制定，还包括战略规划管理、实施与评价等工作环节。一个完整的发展战略规划应该把战略制定、战略实施、战略管理、战略调整等有机结合起来，使战略规划真正具有实践特色，具有可操作性。战略规划既提出明确目标，又立足于思路和框架，不宜过细。

战略规划总是不完善的，须随学校发展，与时俱进，动态调整，不断完善。结合实际，可以采取以下措施：

1. 通过年度计划和重点专项工作来调整、完善和丰富战略规划。年度计划、重点专项计划和战略规划共同构成了学校规划工作的内容与范畴。

2. 完善规划机构，确定专职人员对规划执行进行跟踪分析，对学校发展面临的重大问题进行实时研究，提出决策建议。

3. 在新的发展形势下把规划工作作为日常工作进行安排部署。

战略规划的基本目的是要能够实施和指导高等学校改革与发展的实践。因此，必须把规划工作与实际工作紧密结合进行部署。只有这样，才能解决高校战略规划与日常工作脱节的普遍性问题，发挥规划工作在高校改革与发展进程中的应有作用。

加快研究型大学建设，积极推动高等教育与科技创新的紧密结合

武汉理工大学副校长　陈冬生

不久前闭幕的党的十六届三中全会通过了《中共中央关于完善社会主义市场经济体制若干问题的决定》(以下简称《决定》)，对完善我国社会主义市场经济体制的一系列重大问题给出了十分明确的答案。《决定》根据我国经济建设、社会发展与完善社会主义市场经济体制的需要，根据现代科技的发展趋势和我国科技工作现实情况，对深化我国科技体制改革也提出了7个方面的重要任务。《决定》特别强调要“改革科技管理体制，加快国家创新体系建设，促进全社会科技资源高效配置和综合集成，提高科技创新能力，实现科技和经济社会发展紧密结合。”“积极推动高等教育与科技创新的紧密结合。”①

加快研究型大学建设步伐，有利于促进和深化我国的科技体制改革，有利于促进全社会科技资源的高效配置和综合集成，有利于建设适应社会主义市场经济体制的国家创新体系，有利于提高我国的科技创新能力，有利于实现教育、科技和经济社会发展的紧密结合，是积极推动我国高等教育与科技创新紧密结合的有效途径。

① 《中共中央关于完善社会主义市场经济体制若干问题的决定》。

一、研究型大学的特征、地位与作用

（一）研究型大学的基本特征

研究型大学的概念与大学的概念或功能一样是动态发展、与时俱进的。不同时期、不同学者的描述不尽相同。我们对于研究型大学概念的理解，不能脱离对大学的理解和认识，不能脱离经济全球化的现实，不能脱离知识经济的时代特征，不能脱离党中央建设若干所世界一流大学的战略决策。

回顾人们对大学的认识过程，大致可以分为三个阶段：一是以英国的纽曼为代表的经典理念，认为大学应该是一个教育机构；二是以德国洪堡为代表的理念，主张的大学不仅仅是教育机构，而且更应该是研究中心；三是上世纪初美国威斯康星大学校长范海斯赋予大学服务社会的新的职能。①

1859 年美国密歇根大学课程表的开场白指出：没有任何一个机构可以把自己称为大学，除非它们能够为学生选修任何一门他感兴趣的知识领域，提供非常充分的条件。可见，大学应该具有比较广泛的学科文化、环境和条件。

目前，美国占主导地位的是卡内基教育基金会对研究型大学的分类标准，其 2000 年的提法为：广泛地提供学士、硕士和博士学位课程，在至少 15 个学科领域可以授予博士学位；每年至少从联邦政府获得 4000 万美元的研究经费资助。定性地说，就是具有较强地培养博士的能力、水平和开展 R&D 的能力和水平。近年来，我国许多学者十分关注研究型大学的建设和相关研究工作，对包括研究型大学基本概念在内的许多方面提出了许多很有价值的见解。

可以断定的是，世界一流大学无一例外地都是研究型大学。

（二）知识经济时代的大学地位与作用

近 100 年来，发达国家的成功经验表明，大学在国家创新体系

① 黄岩：《对我国建设研究型大学的几点思考》，《北京市经济管理干部学院学报》，Vol. 17 No. 3 Sept. 2002

中具有不可替代的重要作用。在知识经济时代，大学对社会、经济的协调、稳定和健康发展负有更为重要的历史责任。

欧盟委员会在《欧洲大学的新任务》中指出：知识经济和知识社会源于四个相互依存的要素的结合，这四要素是：通过科学研究生产知识；通过教育和培训传授知识；利用信息和通信技术传播知识；在技术创新中应用知识。同时，正在出现知识生产、传播和应用的新形式，其影响将涉及更多的参与者。大学处于研究、教育和创新的十字路口，因此从很多方面来看，它们将支配知识经济和知识社会。①

1998 年，UNESCO 在巴黎发表《21 世纪的高等教育：展望和行动世界宣言》。规定高等教育的使命和职责包括："通过研究去发展、创造和传播知识，作为其社会服务的一部分，提供有关的专门知识，帮助国家的文化、社会和经济发展，促进和发展科技研究和社会科学及人文科学与创造性艺术方面的研究。""在帮助确定和解决影响社会、国家和全球福祉的问题方面发挥作用。"并在此基础上重新展望了高等教育，认为高等学校应该通过科学、艺术和人文学科的研究和传播其成果促进知识的发展，包括保持"基础研究与目标研究之间的平衡"、"向研究人员提供培训、资源，支持研究成果服务于人类"、在"国际合作、区域合作框架内加强对各学科的研究，增强高等学校的研究能力"等等。②

二、为什么要建设研究型大学

（一）建设研究型大学是邓小平等老一代革命家的愿望

长期以来，党和国家一直十分重视高等学校在国家科技工作战略全局中的地位与作用。邓小平同志更是对高等学校寄予厚望，指出："高等学校，特别是重点高等学校，应当是科研的一个重要方面

① 欧盟委员会在《欧洲大学的新任务》。

② UNESCO《21 世纪的高等教育：展望和行动世界宣言》。

军，这一点要定下来。它们有这个能力，有这方面的人才。随着高等院校的整顿，学生质量的提高，学校的科研能力会逐步增强，科研的任务还要加重。朝这个方向走，我们的科学事业的发展就可以快一些。”邓小平同志认为“教育与科研两者关系密切”，“抓科技必须同时抓教育”，“重点大学即是办教育的中心，又是办科研的中心”。邓小平同志确信：“从科研队伍的数量来说，若干年后，学校的科研机构也许同专业科研机构大致相等。”①

改革开放以来的历史已经初步证明了邓小平同志预言的正确性，高等学校已经成为我国科技工作的一个重要方面军。

（二）建设研究型大学是实践“三个代表”重要思想的内在要求

以江泽民同志为核心的党的第三代领导核心，继续对高等学校的科技工作给予了高度重视。1998 年 5 月，值北京大学 100 周年校庆之际，江泽民同志针对世纪之交科学技术突飞猛进、知识经济已见端倪的世界形势，对我国高等教育提出了殷切期望。他指出：“我们的大学应该成为科教兴国的强大生力军。教育应与经济社会发展紧密结合，为现代化建设提供各类人才支持和知识贡献。这是面向二十一世纪教育改革和发展的方向。大家要继续解放思想，深化改革，面向现代化，面向世界，面向未来，在教育和科研战线上努力开创人才培养、知识创新的生机勃勃的新局面。”

江泽民同志代表党中央提出“为了实现现代化，我国要有若干所具有世界先进水平的一流大学”的战略任务。指出：“这样的大学，应该是培养和造就高素质的创造性人才的摇篮，应该是认识未知世界、探求客观真理、为人类解决面临的重大课题提供科学依据的前沿，应该是知识创新、推动科学技术成果向现实生产力转化的重要力量，应该是民族优秀文化与世界先进文明成果交流借鉴的桥梁。”②

我们学习和实践“三个代表”重要思想，就要坚持马克思主义与时俱进的理论品质，坚持一切从实际出发，理论联系实际，实事求

① 邓小平：《邓小平文选》。

② 江泽民：《在北京大学建校 100 周年大会上的讲话》。

是，在科技体制、教育体制改革和发展的实践中积极探索。目前，我国的科技工作和高等教育工作应该顺应国际发展趋势、借鉴发达国家的成功经验，勇于实践和探索，建立我国适应社会主义市场经济体制的科技体制和高等教育体制，促进教育、科技与经济的紧密结合。要体现时代性，把握规律性，富于创造性。①

（三）建设研究型大学是完善社会主义市场经济体制的迫切需要

改革开放以来，我国高等学校科技队伍不断壮大，从基础研究、应用基础研究直到技术开发和产业化等方面都取得了很多重要成果，已经成为我国科技创新队伍中的一支最具活力的重要力量。

但是，高校在我国国家科技创新中的重要地位还没有得到充分认识，科技和教育体制仍然存在束缚高校科技创新活力的因素，高校在科技创新方面的潜力和作用也尚未得到充分发挥。针对这种情况，《决定》第一次明确要求“积极推动高等教育和科技创新紧密结合。”这将是我国今后一个时期科技体制改革、高等教育体制改革不能回避的重要任务，也是高等学校内涵发展与水平提升的重要机遇。

（四）建设研究型大学是全面建设小康社会的迫切需要

江泽民同志在党的十六大报告中提出了到2020年我国全面实现小康社会的目标，包括物质文明、政治文明、精神文明等诸方面。要“在优化结构和提高效益的基础上，国内生产总值到2020年力争比2000年翻两番，综合国力和国际竞争力明显增强。”“可持续发展能力不断增强，生态环境得到改善，资源利用效率显著提高，促进人与自然的和谐，推动整个社会走上生产发展、生活富裕、生态良好的文明发展道路。”②

显然，全面建设小康社会不能仅靠单独增加资本投入、资源投入和能源消耗，而必须继续推行科教兴国战略，加强我国的创新能力建设，为国民经济建设和社会发展提供更为充足的人才储备和技

① 江泽民：《在北京大学建校100周年大会上的讲话》。

② 江泽民：《全面建设小康社会，开创中国特色社会主义事业新局面》。

术支撑。在我们这样一个资金、资源（包括人才资源）相对紧缺的国家，必须强调投入的效益和效率：政府R&D经费投入最佳选择就是高等学校，这一点世界各国的实践已经充分证明。只有如此，如前所述的高等学校在知识经济时代的社会责任和历史使命才得以充分履行。

（五）建设研究型大学是发达国家的成功经验

美国历来十分重视高等学校的作用。美国科技体制主要可以区分为四个系统如下：大学，被称为科学之家，主要从事基础研究与应用研究；产业界，主要进行产品发展研究；政府的科技研发机构，主要是联邦实验室，约有7成以上的联邦实验室在大学校园里；独立、非营利的科技研发机构，从事公益性研究。在美全社会的研发经费使用上，2001年高等院校获得14.3%的投资。美国国家科学基金会（NSF）认为，发展具有适应高度复杂性和技术环境能力的劳动力是美国的又一项紧迫的国家需求。除了支持从幼儿教育到高中教育中的数学与科学教育以外，NSF还将以2.15亿支持研究生的科研与培训活动，比2003年的预算增长了22%。①

澳大利亚政府教育白皮书为各高等学校的科研与科研培训工作提出了如下的政策与投资架构：在澳大利亚建立一套生机勃勃的科研竞争体制，该体制需由经过重组的、强化而独立的澳大利亚科研理事会管理；在科研与科研培训方面，必须强调高等学校的战略作用与优先权；并为从事科研工作的学生（研究生）提供的科研奖学金；在科研与创新体制中，应该鼓励科研机构的多样性。②

部分国家R&D经费支出按执行部门分类情况见附图③。

由附图可以看出，世界上大多数发达国家都十分重视高等学校在科学技术研究方面的作用；也在一定程度上反映出我国高等学校在科技创新方面的作用还远没有充分发挥出来。

---

① 中国科技信息研究所：美国USF2004财年预算与新增经费的用途径 http://www.nsfc.gov.cn/nsfc/desktop/jiaolu.aspx@infoid=3453&moduleid=471.htm

② 澳大利亚教育、培训与青年事务部：《知识与创新：澳大利亚政府教育白皮书》，国家教育行政学院内部资料。

③ 《科学技术黄皮书第六号》，中国科学技术指标致2002。

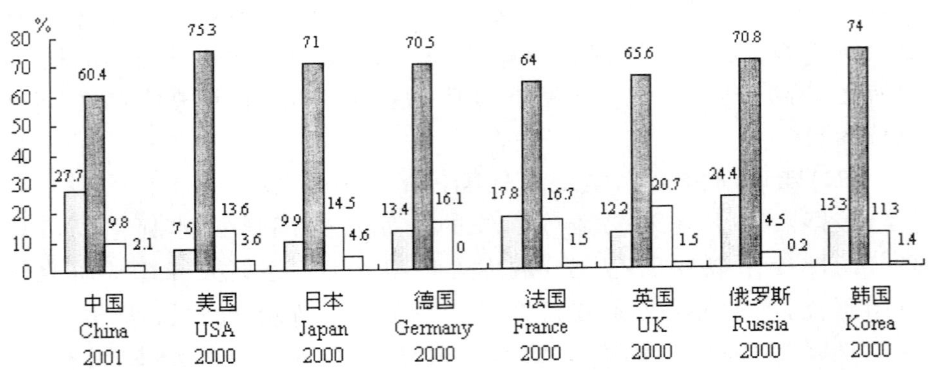

(六)我国高等学校具备较好的基础

根据教育部公布的数据,截止到2002年底,我国有全日制普通高等学校1396所,其中本科高等学校629所。

从"九五"开始,国家开始重点建设若干所大学和重点学科(即"211工程"),共立项建设了99所大学(经过2000年高等学校管理体制改革之后,目前该计划重点建设的高等学校为95所)。1998年,国务院又批准实施《面向21世纪教育振兴行动计划》,大幅度增加了对教育的投入。经过这两次比较集中的支持,我国一部分高等学校的教师队伍、实验条件、网络环境、图书资料等方面得到了显著的改善,高等学校的科研势力进一步得到加强。

2000年教育部直属的58所有理工农医学科的高等学校,到账科技经费占全国高等学校科技经费总额的56.56%,人均10.90万元;比全国平均水平9.68万元高12.6%(中国科学院同期人均为8.99万元,其中人员数均为折合全时)。

我国高等学校的科技实力不断增强,承担的国家层次的科技任务逐年增长,已经成为我国科技创新队伍中的有生力量。近年来,我国国家自然科学基金面上项目的75%、重点(重大)项目的40%、杰出青年基金的近60%、国家973计划、863计划的1/3以上是由高等学校承担的;国家重点实验室的2/3建在高等学校;学术论文的70%以上由高等学校的教师发表，等等。

因此，在95所"211工程"重点建设的高等学校中，选择50所左右建设高水平的研究型大学是有基础、有条件的，也是完全可能的。可以确信，经过15～30年的建设，一方面这些大学对实现我国科技工作"三步走"的发展战略①和全面建设小康社会做出重要的贡献，同时也会在竞争中形成若干所世界一流大学。

三、加快建设好研究型大学的建议

研究型大学本身是一个不断发展的概念，因此研究型大学建设必然具有鲜明的时代特征。在我国，研究型大学的建设要与全面建设小康社会和实现新型工业化的目标紧密结合，要与我国科技工作"三步走"的发展战略紧密结合；在社会主义市场经济体制逐步完善的过程中，研究型大学建设既要符合将来的形势发展需求，也要考虑目前经济体制转轨时期的实际特点。因而，加快研究型大学建设步伐既需要高等学校自身的不懈努力，更需要政府的大力支持。

（一）与发达国家的主要差距

在国家层次，缺乏将科学发现、技术发明及其推广应用与人才培养紧密结合的体制、机制与政策保障。例如，与中国科学院相比，高等学校没有科学事业费，缺乏充足稳定的研究经费支持和先进有效的研究条件支撑，在科技项目的竞争中处于不平等的地位。同时也缺乏鼓励创新、促进人员合理流动的机制等等。发达国家非常重视投资的效率与效益，几乎都将高等学校置于政府财政支持的第一位。

在学校层次，长期以来计划经济管理模式的制约，使高等学校多学科交叉融合的生态环境被抑制甚至肢解；受封建割据文化潜移默化的影响，高等学校与其他研究机构一样存在着缺乏学术民主、

① 徐冠华：《深入贯彻十六大精神，加速国家创新体系建设，为全面建设小康社会做出贡献》。

难以形成具有较强凝聚力的创新群体的问题。因而目前高等学校还普遍缺乏国际一流的大师级科学家和具有世界影响的原始创新的研究成果(这也是目前我国尚无国际一流大学的原因之一)。

(二)建议政府采取的措施

研究型大学的建设离不开政府的有力支持，这些支持主要包括：

——将研究型大学建设纳入国家科学与技术中长期发展规划。国家启动高等学校创新工程，加大对“211 工程”建设学校和学科的支持力度：由中央财政解决“211 工程”建设的 95 所高等学校科学事业费(可以参照中国科学院知识创新工程试点的标准，按学校折合全时的研究人员数计算)，逐步形成大约 50 所左右的高水平研究型大学；同时给予高等学校更充分的办学自主权(如研究生院的设立等)。

——在研究型大学建设最高水平的国家研究与实验基地。国家重大科学基础设施、国家(重点)实验室应该优先选择在高等学校(或附近)建设，依托高等学校设立若干个跨学科的研究中心；在国家层面协调研究与实验基地建设计划、重大项目计划和人才培养计划；在法律、法规和政策层面引导、支持和鼓励独立研究机构与高等学校紧密结合，鼓励部分科研机构整建制进入高校。

——重视高等学校的人力资源建设。改革高等学校的人事制度(流动、职称、评价)，加快建立高等学校教职员工的社会保障体系；强化竞争机制、提高教授水平，在增加客座研究人员编制的同时减少固定研究人员；实行研究人员的学术休假制度，建立和恢复高等学校及其重点实验室的访问学者制度；鼓励和引导独立研究机构的研究人员到高等学校兼职；国家设立面向研究生的专项科技经费，支持和鼓励研究生开展探索性创新研究。

——扩大高等教育开放力度与拓展高等学校的资金投入渠道。通过法律、法规和政策层面引导和鼓励高等教育扩大开放，一是要积极引进发达国家高等教育的成功经验、先进理念和教学方法、教学手段；二是积极探索高等学校办学形式的多样性，进一步鼓励高等学校的学术自由和自主办学。在加大政府对高等教育投入的同时，积极拓展高等教育的投资渠道，更大范围地允许高等教育投入的多样性，形成具有一定竞争压力的格局，以增强高等学校的综合适应能力和促进高等教育的健康发展。

（三）科学制定学校规划、建立有利于科技创新的体制和机制

根据教育部的统一部署，各直属高等学校已经或正在制定发展规划。能否正确处理发展和改革的关系，决定着高等学校能否通过将改革向深度和广度推进实现跨越式发展。目前，特别要重视以下几个方面的工作：

——“211 工程”建设的高等学校，在制定发展规划时应该根据国际科学技术发展趋势和自身学科特点，将提高学校的学术水平和竞争能力放在首位。同时主动将学校的发展规划与国家中长期科学与技术发展规划紧密结合，与国民和区域的经济建设、社会发展、国家（社会）安全的重大需求紧密结合。

——有条件的高等学校成立研究院（或跨学科的研究中心）和研究生院，建设有利于学科交叉与融合的技术支撑平台和研究平台，创建和谐的学科生态环境，理顺学校内部的管理体制，集成校内的人力、物力和财力资源。

——鼓励教师将最新的研究成果及时进入教材和课堂，要求研究生和鼓励大学生参加科学技术研究第一线的实践活动，将知识生产与知识传播紧密结合，将人才培养与科技创新紧密结合。

——尽快改革校内人事制度和分配制度，建立具有国际可比性人才评价体系和方法；积极推进形成人才合理流动的机制，提高高等学校自身的效率、效益和水平；特别要加大人才和智力的引进力度，造就大师级的领军人物；努力提高学校管理队伍和技术支撑队伍的业务素质等等。

国家发展规划与高校规划工作

重庆大学副校长　陈德敏

前言

进入21世纪，在中国高校数量增长、学校调整合并、学校整体发展、社会和学生提出更高要求的时代背景下，我国高校正处于一个发展的转折时期。规划比以往任何时候都更为重要。

特别是重点高校作为人才培养（知识传授）与科学研究（知识创造）的双重国家队，具有了较大的“体量”实力和较好的外部发展环境与空间。

但高校离国家、社会及民众的要求有差别，体系、质量、机制的规范与适应性都有很大差距。适应国家需求，把握前进方向，认清发展途径，规划成为关键因素之一。

在新的形势下，如何认识高校规划？如何与时俱进，做好规划工作？

一、国民经济与社会发展的全面部署从“计划”到“规划”

国家计委制定全国的经济与社会发展计划有五十年历史，从“九五”计划以来，指导思想、规划内容、规划体制都发生了很大的变化，突出了规划的战略性、宏观性和政策性。“十五”计划的制定在探索新的规划体系、创新规划方法、规范编制程序、提高透明度等方面取得了很大的进展。

“十一五”期间，在整个规划的理念和规划的体制与内容方面将发生更新的变革。从“十一五”开始将五年计划改成“五年规划”。各地区、各部门编制的“五年计划”也将改为所属地区或领域的规划。

在“十一五”规划编制中，要按照完善社会主义市场经济体制的总体要求，继续深化规划体制改革。

在规划理念上，要以人为本，促进全面、协调、可持续发展。在规划体系上，要探索形成功能清晰、衔接协调的规划体系，在继续搞好重要领域专项规划的同时，把编制和实施区域规划放到突出重要的位置。

在规划内容上，要强化政府履行职责的领域，弱化市场调节的领域；要增强规划的针对性，突出有限目标和重点任务；要从实际出发，科学务实的编制规划，力戒空话、套话。

在编制程序上，要建立规范化的民主制度、衔接制度、论证制度、公布制度以及备案和评估制度。要花大力气做好规划编制的基础调查、信息收集、课题研究、项目论证等前期工作，不要把精力放在找响亮口号、提过高目标上。要坚决纠正规划工作中做表面文章、搞形式主义的错误做法。

(一)新的规划特点

出现了基本理念的变化：

1.“十一五”规划强调以人为本，强调人的全面发展，坚持科学的发展观；

2. 指导思想的新特点概括为："全面、统筹、和谐"六个字；

3. 实现做到四个统筹（经济与社会、城市与农村、地区之间、人与自然）。

（二）强化总体规划的功能

1. 突出行动纲领的作用；

2. 总体规划调整和精简，但充实公共服务等政府履行公共职责的内容；

3. 强化空间指导和制度创新。阐明政府如何通过完善体制、健全法制、制定政策、维护市场秩序等，为市场主体创造良好的宏观环境、政策环境和市场环境。

二、对高校发展规划制定的重要启示

1. 学校规划的作用：是学校改革与发展的纲领，是自主办学的工作指南。

2. 规划的基本特征：为目标服务，指发展出路，理工作思路。

3. 规划编制的创新：适应时代需求，分析新变化，寻求新思路，提出新举措，开创新局面。

4. 规划的内容要求：方向明，路径对，策略新，措施实。

5. 实事求是地处理好以下关系：个性与共性；质量与数量；重点与全面；特色与水平；有所不为与有所为。特别提出来要处理好的是：国家目标、高教事业与学校目标、自身完善的关系。

6. 高校规划是在国家方针政策指导下制定的，反过来也要"管"学校和对学校有约束的功能。

7. 重点高校的规模一经确定，数量适度增长，办学的着力点转向：一是教育质量与水平；二是重在学科建设与特色；三是主动适应国家和区域发展需要；四是坚持以"三个代表"重要思想为指导，营造校园内科学、民主的学习与学术研究环境。

三、高校规划中的初浅建议

初步分析现在各高校制定的规划，总体来讲能把握全局，有高度，也反映了本校的学科特色，具备一定的指导性和可操作性。但是也存在不足与差距：办学目标趋同，部分指标过于超前，评价检验标准不清，忽视校级约束。

1. 需要充分认识新形势下大学规划的突出地位和作用。规划是高校改革与发展的顶层设计。

广义而言，规划是某工作领域中一定时间段内发展诸因素的综合谋划与部署。包括：规模数量、水平质量、条件支撑、投入来源、制度保障的分项设计与综合。

大学发展战略规划既是一种带全局性的总体发展规划，亦是一个基层教学机构的工作指南。战略规划不只是规划的制定，还包括战略规划管理、实施与评价等工作环节。

一个完整的发展战略规划应该把战略制定、战略实施、战略管理、战略调整等有机结合起来，使战略规划真正具有实践特色，具有可操作性。战略规划既要提出明确目标，又立足于思路和框架，不宜过细。

2. 在坚持党和国家方针、政策的指引下，调动学校的办学积极性，通过规划，发挥自主办学的作用。高校规划具有一定的规章性和稳定性，调整必须要经过一定的规范程序。

3. 规划总是不完善的，必须与时俱进，动态调整。一是通过年度计划和重点专项计划来调整和丰富整体规划，三者共同构成学校规划工作的整体内容；二是有校领导分管，确定精干的专职部门进行跟踪分析。对重大问题进行实时研究，提出决策建议；三是在新的形势下把规划工作作为学校的日常工作进行安排和部署。解决规划与日常实际工作脱节的普遍问题，加强二者的紧密结合，发挥规划工作在高校改革与发展进程中的应有作用。

大众化阶段的精英教育

厦门大学 潘懋元①

21 世纪初，中国全面建设小康社会。党的十六大的报告提出："要造就数以亿计的高素质劳动者、数以千万计的专门人才和一大批拔尖创新人才。"如果说，数以亿计的高素质劳动者主要由职业教育与培训机构来造就，那么，数以千万计的专门人才就要由作为高等教育大众化的一般院校和高职高专来培养，一大批拔尖创新人才的培养工作就是要由作为精英教育机构的重点大学来培养。因此，21 世纪初，进入高等教育大众化阶段，正如高等教育发展阶段论的首倡者马丁·特罗(Martin Trow)所说："从精英向大众转变时，精英型和大众型高等教育机构同时存在，""在大众化阶段，精英教育机构不仅存在而且很繁荣"。② 因此，21 世纪初，中国高等教育，必然要向精英教育与大众化教育两个方向发展。关于高等教育大众化问题，我已发表过好几篇论文，并且正在承担《中国高等教育大众化的理论与政策》和《中国高等教育大众化的结构和体系》两个课题的研究工作。今天，这个会议讨论的是部属重点大学的规划问题，也就是精英教育机构的发展战略问题，因而我的发言只就当前精英

① 潘懋元，厦门大学教授，厦门大学高等教育科学研究所名誉所长，中国高教学会顾问，全国高等教育学研究会名誉理事长。

② 马丁·特罗：《从精英向大众高等教育转变中的问题——防止误解的说明》[C]，《高等教育思想高级研讨班(参考资料)》，厦门大学高等教育科学研究所，2001. P112

教育发展中的若干问题，谈谈个人的观点，提供讨论、批评，向大家请教。

第一个问题：精英教育机构，是否应当承担高等教育大众化的任务

从理论上，从国外的经验上看，我认为不应当由精英教育机构来承担大众化的任务。

理论上，精英教育机构培养的是理论性、学术型人才，理论基础要比较宽厚，并在宽的基础上有所专，成为创新拔尖人才；大众化高等教育机构培养的是实用性职业型技术人才。只求理论够用，着重于学好职业知识技能，成为生产、管理、服务第一线的，有一定技术的专门人才。大众化教育的培养目标、教育内容与教育方法，不同于精英教育。精英教育机构承担大众化教育任务，并无优势。用精英教育人才培养的模式来培养职业技术人才，很可能成为“压缩型的精英教育”，除非另起炉灶，另搞一套。

国外经验：精英型的大学，一般不承担大众化教育任务。有的即使承担，也是另设大众化教育机构，另搞一套模式。大众型人才是由社区学院、多科性技术学院、短期大学、开放大学……等来承担的。

但中国当前的情况不是如此。1999 年扩招以来，大量的扩招任务落在原有的全日制普通高校身上，重点大学也承担了沉重的扩招任务，除原已经承担的成人教育学院、高等教育自学考试辅导班等等之外，扩招之后，又增办高职学院、网络学院，还纷纷增办二级学院，即所谓国有民办独立学院。有的地方，还鼓励名牌大学以其无形资产办二级学院，实际上连有形资产也搭进去。

作为大量扩招的应急措施，可以理解；作为长期发展规划，弊大于利。

为什么可以理解？1999 年以来，匆忙地也可以说是被动地一再扩招，全日制普通高校本专科四年之间，累计扩招 196%(2002 年的

招生数为 1998 年的 296%），在学生增加了 165%（2002 年的学生数是 1998 年的 265%）。[①] 在短短的四年间，显然不可能增设那么多新高校，也招聘不到那么多新教师。利用原有的高校力量，挖潜应急，要求精英教育机构承担相当一部分扩招任务，增办高职学院、网络学院、二级学院，作为权宜之计，是可以理解的。但，精英教育机构，继续承担大众化任务，大办高职高专，无论对于精英教育或对大众化教育，都是弊大于利。

首先是精英教育机构不能适应办大众化教育的需要。仪器设备、实习基地不适应高职高专的需求，特别是师资不适应高职高专的教学。正如五星级宾馆的高级厨师到大排挡未必能做出适合大众口味、物美价廉的菜肴，学术水平高的理论型教授当不了双师型的老师。更重要的是办学思想不适应，自觉不自觉地按理论型的模式来培养高职生。因而，普通大学所办的高职高专，大多仍走过去老大专的老路，把本科教育稍加压缩教给高职生，或干脆让高职生到本科班级去附读。能像办得好的独立的高职院校那样培养出人才市场上适销对路的职业技术人才的并不多见。

其次，对精英教育机构不利。由于承担繁重的大众化任务，办学力量分散，教育资源分散。普通高等院校，包括部属的重点大学，承受猛烈的大众化教育冲击。2001 年的统计资料表明，部属 71 所大学，师生比达 18.18，（其中 20 人以上的 20 所，25 以上的 6 所，还有 30 以上的。）大众化教育冲击精英教育，势必导致精英教育质量下降。近年来，重点大学的本科生教育、研究生教育质量下降的事实令人担忧。因此，在高等教育大众化实施过程中，必须保护精英教育，必须减轻大众化给予精英教育机构的压力。在政策层面上，有两条政策性的原则似应重新考虑：

其一，在高等教育增长的规模速度上，改变“控制发展”或“加快发展”为“适度超前发展”。因为人才的培养与成长有一个周期，必须比经济与社会发展的速度有一个超前量；又因为教育的发展要受经济与社会的发展所制约，超前只能是适度的，问题在于这个“度”

① 根据《中国教育统计年鉴(1998—2002)》整理。

如何掌握。这是一个很复杂的问题,因为制约高等教育发展的因素很多,要做多因素的分析与综合。下面只是为说明"度"的掌握而假设的一个例子:社会的发展取决于经济的发展,经济发展的指标通用的是 GNP 或 GDP,如果 GNP 或 GDP 的年增长率为 7%左右,那么,高等学校招生的年增长率最好是 8%左右。如果以此为"度"来看近年来高等教育发展的规模速度,可以说,1997 年以前发展过于缓慢而 1999 年之后发展过于迅速。再申明一句:这只是举例说明而不是多因素分析的结论。

其二,在高等教育增长的方式上,要改变"内涵式发展"为"外延式发展"或"内涵发展与外延式发展并重,以外延式发展为主"。20 世纪 80 年代后期,提出"走内涵式发展道路",是针对 80 年代初期高校数量增加较快而提出的。从 1988 年开始,全国普通高校数稳定在 1075 所左右,进入 90 年代,逐年还有所减少,到 1998 年,只剩 1022 所。四年扩招,到 2002 年,也只增至 1396 所。校数增加 37%而生数增加 165%。[①] 新办校规模较小,容量有限,增加的学生,绝大部分进入老高校。美国大学生 1400 多万,高等学校 4200 多所,生均三千多名;日本大学生 316 万,而大学与短期大学、高专为 1269 所(2000 年),生均二千多名;[②]印度大学生 384 万,而大小院校达 4700 多所(1989 年),生均不足千名。中国按大学生数说,是世界高教第一大国,拥有在校生 1512 多万人,而全日制普通高校加成人高校仅 2003 所(2002 年),生均达 7557 人。其中本科院校 629 所,本科生加研究生 704 万多,生均更达 11207 人。增量过快,存量过大,不堪重负。继续扩招,必须走外延发展道路,着重增办国家财政负担较轻的民办高校和人才市场需量较大的高等职业技术院校。

总之,精英教育机构,不应承担大众化任务,在制定重点大学发展战略时,是否应当尽可能逐步减少已经承担的大众化任务,使精英教育机构能够集中力量,以保障高等教育质量与科研水平。

① 根据《中国教育统计年鉴(1998—2002)》整理。

② 日本文部省《统计要览》(2000 年版)。

第二个问题：高等学校的定位与分类发展问题

现在是大学大办成人教育、高职教育、网络教育（指大众化的网络课程）；而高职高专则热心于“专升本”。升了本科就要办成多科性大学，进一步争取评上硕士生、博士生的授予单位，成为综合性、研究型的大学。全国1472所（2003年）全日制普通高等学校，除少数独立的公办高职和民办高职外，争奔一条道，以办成国内（或省内）一流，国外（或全国）有影响的多科性、综合性、研究型的巨型大学为制定发展战略的目标。显然，这是不符合高等教育发展规律的。经济与社会发展所需要的人才是多层次、多类型的，而高等学校的发展方向却是单一的。知识经济时代的现代化建设，固然需要一大批拔尖创新人才，而需要量更多的是数以千万计的专门人才和数以亿万计的高素质劳动者。单一化的高等教育发展方向与多样化的人才需求矛盾，势必导致大量的大学生学非所用，毕业生结构性失业的问题日趋严重。

教育领导部门对这个问题是看得清楚的，前几年就提出了“分类指导”的原则，但分类指导似乎很难实现，收效甚微。原因复杂，主要是传统的重学轻术，重学术轻职业的思想未转变，而某些具体的改革性措施不完善也加重了这种思想。例如，一份以研究型大学为基础的高校教学工作评价指标体系用以评估所有的本科院校；一份以本科院校为主要对象的高考试卷考不同层次、类型的考生。评估、高考的单一化误导了价值追求的单一化。因此，实施分类指导，应当分类编制评估指标，分类编制高考试卷。

分类指导，不言而喻，分类是它的前提。没有科学的、恰当的分类就无从分类指导。尤其是在我们这样一向强调统一、一致的国家，要使高等学校能够培养各级各类人才，明确的分类尤为重要。

中国现时并无高等学校的分类标准，高教法只规定“高等教育包括学历教育与非学历教育”，“学历教育分为专科教育、本科教育和研究生教育”。在统计分类上，将高职院校与专科合并在一起统称为“高职高专”以别于本科院校。因而专升本之后往往也就顺理成章地不称为高职院校而自认为已是非职业性普通本科院校。

民间的不成文分类，大体根据美国卡内基对美国高等学校的分类。卡内基 2000 年修订的分类如表一。

表一 2000 年美国高等教育机构类别及其分布

机构类别	总 数	占机构总数%
总 数	3942	100
博士学位授予机构	261	6.6
博士级/研究型大学(Ex)	151	3.8
博士级/研究型大学(In)	110	2.8
硕士级学院及大学	610	15.5
硕士级学院及大学Ⅰ	496	12.6
硕士级学院及大学Ⅱ	114	2.9
学士级学院	550	13.9
学士级学院Ⅰ	226	5.7
学士级学院Ⅱ	324	8.2
副学士级学院	1726	43.8
专门机构	767	19.5
族群学院及大学	28	0.7

注：①“专门机构”指层次不甚分明，集中于某一领域，如宗教学院、军事学院等。
“族群学院及大学”指专为美国原住民提供高等教育及社区服务的机构。
②“副学士级学院”中，有 57 所可授予学士学位。

从表一可以看到，博士级研究型大学居于最高层次而数量只占 6.6%。说明即使是高等教育很发达的美国，学术性研究型的大学仍是少数的。数量最多的是低层次的副学士级学院(相当于中国的高职高专)，达 43.8%以上。处于两端之间的硕士级与学士级学院及大学，培养各行各业高级专门人才，占 29.4%，而且多数学校规模较大，对美国高等教育的整体水平有特殊的重要性。全国的学士、硕士学位获得者，主要来自这两个中间层次的高校；同时，还为研究型大学提供优秀而稳定的博士生源，其中硕士级学院及大学的水平，虽已接近于研究型大学，但除个别外，并不执著于升格为研究型大学。

美国卡内基的分类，对中国学者研究高等教育结构有一定的影响。许多论述高等教育层次体系的文章，经常提及研究型、研究教学型、教学研究型以及教学型等等分类，大致以美国卡内基的分类为依据，结合中国国情，有所修改补充。

卡内基分类只以学位高低分层次，有一定的参考价值，但不能作为一所高校定位的主要依据。定位的主要依据应当是高等学校培养人才的职能——培养学术性研究人才、专业性高级专门人才，还是实用性职业技术人才。如果只以学位高低来划分高校层次，势必鼓励所有高校以最终成为学术性研究型大学为发展目标。

相对来说，联合国教科文组织批准的《国际教育分类法》(1997年修订稿)中关于第三级教育(高等教育)的分类，虽在一定程度上反映学习年限长短与学位高低，但主要是根据培养人才职能——培养目标来分类的。该分类法将高等教育分为两个阶段。第一阶段(序数 5)相当于专科、本科和硕士生教育；第二阶段(序数 6)相当于博士生阶段。第一阶段分为 5A、5B 两类，5A 类是理论型的；5B 类是实用技术型的；5A 类又分为 $5A_1$ 与 $5A_2$，$5A_1$ 一般是为研究做准备的，$5A_2$ 一般是从事高科技要求的专业教育。5A 类学习年限较长，一般为四年以上，并可获得第二学位(硕士学位)证书。“目的是使学生进入高级研究计划或从事高技术要求的专业”。5B 类学习年限较短，一般为 2～3 年，也可以延长至 4 年或更长。学习内容，是面向实际，适应具体职业内容的。“主要目的让学生获得从事某个职业或行业，或某类职业或行业所需的实际技能和知识”。也就是“劳务市场所需要的能力与资格”。至于第二阶段(序数 6)则是“专指可获得高级研究文凭(博士学位)的”“旨在进行高级研究和有创新意义的研究”。

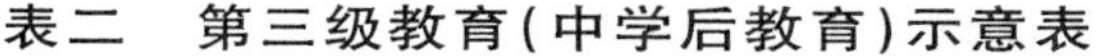

表二　第三级教育(中学后教育)示意表

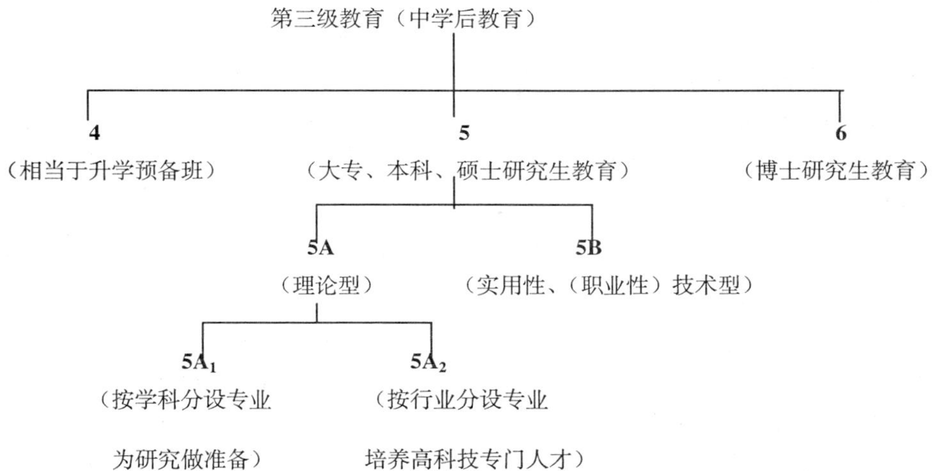

《国际教育标准分类法》关于高等教育类型的划分，更值得我们重视。因为联合国教科文组织所考虑的不只是某一个国家的高等教育，它必须全面概括发达国家与发展中国家的基本情况，因而大体上能适用于不同国家的高等教育分类。20世纪70年代公布第一个分类标准之后，经过20年的使用，根据教育，特别是高等教育的“新情况、变化和预测世界各地区的趋势”，包括“各种各样职业教育与职业培训的出现及其发展”；“教育提供者日益多样化”；以及“对远距离教育资源日益增多和基于新技术教育形式的出现”等等，于90年代经过反复征求意见与论证，提出新的标准分类法修订文本，作为各国教育分类的指导与教育统计的依据，因而它具有更为广泛的普适性。也就是说，它可更好地作为我国高等教育类型划分的参照。更为重要的是：它所依据的主要标准是专门人才的类型而不只是层次的高低。例如：$5A_1$与$5A_2$，并无层次高低之分；5A与5B，所着重的是培养人才类型不同。如果以之对中国高等学校归类，5B类相当于中国的高职高专，学习期限可以延长至四年以上，即所谓“专升本”，升“本”之后，一般仍应定位于培养职业技术型人才；$5A_1$相当于中国的学术性研究型大学的本科与硕士生，侧重于基本理论学科，可以为进入第二阶段（博士级）做准备；$5A_2$ 相当于中国的工、农、医、师等本科以及硕士生，培养各行各业的高级专门人才。每种类型，各有其培养目标、发展方向，都可以办出特色，争创一流。高校可以分类发展，教育领导部门可以分类指导，从而避免“千校一面”，争奔学术性研究型大学这一狭窄的独木桥。

参考卡内基的美国高等学校分类和联合国教科文的国际教育分类，中国的高等学校应当分为三大类，一类是少量的综合性①、研究型大学，培养创新拔尖的科学家（自然科学的，社会科学和人文学科的）；另一类是大量专业性、应用型的多科性大学或学院，培养有宽厚理论基础的不同层次的工程师、经济师、临床医师、律师、教师和各级干部；还有一类是更大量的，培养生产、管理、服务第一线的从事实际工作的技术人员。每类高校，都可以有重点高校，都可以办出特色，成为国内知名、国际有影响的高校。例如解放前的立信会专、上海商专、杭州艺专、东亚体专，都是专科层次的高校，在国内外都声名卓著。重要的是各类高校，都应各定其位，各有自己的社会适应面；各安其位，各有自己的发展方向。

因此，对各类高校的评估，不应是一套而应是多套。不应以研究型大学的评估指标和评估体系来规范所有大学（现在高职院校已试行自己的一套评估体系，是一个可喜的开端）。高考试卷，也应分为不同类型进行不同内容与方法的考试，不应以一份试卷考所有高校考生，分一、二、三、四本录取，人为地贬低地方高校、高职高专、民办高校的社会地位。（现在广西正在试行高职高专另定高考方案，虽尚不完善，但值得鼓励。）

这样，每所高校在考虑发展战略，制定发展规划时，可以实事求是地根据自己的主客观条件，自己的优势和特点，在各自层次和类型中争创一流。

① 这里的“综合性”是其本义，即在分析的基础上进行综合，以综合的方法研究“高深学问”，而不是当前所指称的多科性混合型。

第三个问题：关于创一流大学的问题

各个层次、各种类型的高等学校，都可以创建一流大学。非研究型大学的一流大学如何创建，从理论到实践，还没有开展研究，暂难发表意见；而研究型大学创建一流大学，国外已有先例，国内搞得沸沸腾腾，成为近年来高教界的热门话题。

今年三月间，我曾应邀参加清华大学创建世界一流大学的研讨会。与会者发表了许多不同意见，但有两点是比较一致的。其一，清华大学雄心勃勃而又扎扎实实地创建世界一流大学的设想与规划，如 27 年分三步走的打算、对世界著名大学的分析研究等等，深受与会者所赞同；其次，大家都认为一流大学应当是具有优异、鲜明的特色。清华大学办学可以借鉴世界一流大学的经验，但必须保持清华的特色，弘扬清华的特色。

任何大学，都应有自己的特色，而不是照搬别人的模式与经验。现在许多高校所标榜的，差不多都是规模宏大、学科齐全、人才济济、获奖多多，要办成综合性研究型大学，要成为国内一流、国外有影响的大学，如此等等。不乏人云亦云的“豪言壮语”，缺乏的是创新与特色。

特色不是喊出来的，也不是少数人拍脑袋拍出来的，不是上级“钦定”或专家“设计”的，是自身的文化积淀和社会环境和谐结合的产物。办出特色，要很好地分析现实条件与前瞻可持续发展的前景。当然，有特色不一定就是一流大学，特色只是必要条件而非充足条件。一所一流大学，应当是实力雄厚、优势突出、特色鲜明的大学。今天的时尚叫做“一流大学”，传统的观念称为“著名大学”。著名大学之所以著名，是在历史中形成，为社会所公认，扎根于人们心中。

在未有评估制度与排名榜之前，人们对著名大学的承认，有几项不成文的社会共识：

（一）有卓越的办学理念，而且这种办学理念能转化为具有特色的办学方针与规划，在办学实践中证明是卓越的。

（二）教师整体水平高，并有社会公认的大师级教师——不只是学术水平高，有重大科研成果，而且能为社会做出突出贡献。

（三）社会公认毕业生的整体素质高，并且有若干对社会有突出贡献的著名校友。社会是根据一所大学的办学实际、在校的教师和离校的校友来认识学校、评价学校的社会地位与社会声望的。

在这三项中，教师这一项最为重要。“大学者，非大楼之谓也，大师之谓也”。所以，北京大学的体制改革抓人事制度改革，人事制度改革首先抓教师评聘制度的改革，可以说，是抓到点子上，是创建世界一流大学的基本功。虽然校内有争论，看来也有不够完善之处，但我认为大方向是正确的，符合于大学发展提高的规律，是迈向世界一流大学所应采取的关键性改革。但要防止在评聘过程中出现急功近利的负面作用，要能更好地保持、发扬北大传统的学术自由的办学理念。

（本文系作者在 2003 年 7 月全国部分重点高校发展战略规划工作经验交流会上的发言）

大学发展战略与规划的思考与实践

华中科技大学政策法规处　李震彪

大学发展战略与规划是一个很大的题目，可谓智者见智、仁者见仁。

什么是战略，什么是大学发展战略？在《辞海》和有关著作中都有相应的论述。结合大学发展特点，我们认为："战"就是竞争，"略"就是谋略、谋划。因此大学发展战略就是谋划大学在发展竞争中获得长远的、全局性的胜利或者双赢的策略，是试图解决学校发展中根本性的、深层次的、影响长远的基础性问题，是着眼未来的谋划。所以，教育部直属办组织的这次大学发展战略研讨交流会议非常有意义！

基于上面对"战略"概念本身的理解，我们认为大学发展战略具有五个核心特点：(1)竞争；(2)参照系（对手）；(3)全局胜利（双赢）；(4)基础性；(5)长远性。也就是说大学的发展战略是面向"竞争"的谋划，为此就必须明确自己的"竞争对手"或者竞争"参照系"；大学发展战略是立足获得"全局性胜利（双赢）"的谋划，而非急功近利、浮躁冒进，因此战略的研究与制定要重点解决学校"长远"可持续发展中的"基础性"、根本性问题，是标本兼治。

下面从战略思考、战略定位、战略思想、战略措施、战略规划等五个方面谈谈我们对大学发展战略与规划的认识。

一、战略思考

战略思考是制定大学发展战略及规划的前提，有的学者甚至认为，战略思考比战略规划更重要。战略思考主要包括以下几个层面的问题。

(一)理念与思想层面

"建设一所什么样的大学"是周济部长要求大学认真思考的两个问题之一，这也是制定发展战略的前提。为此我们应思考：大学是什么？大学的教育理想是什么？大学的功能、目的、价值取向是什么？学校的目标是什么？培养什么样的人、做什么样的科研、做什么样的社会服务？这些问题类似于美欧大学战略规划中的 Purpose，Vision，Mission，Values 等等。

在思考上述问题时可能涉及以下方面：大学是仅仅为适龄青年服务，还是为全民服务？大学是以功利为目的，还是追求学术、真理？大学是"纯学术"组织，还是应积极服务社会、推动社会进步？大学是企业、是政府的延伸机构，还是独立的学术机构？大学是主要培养社会精英、还是培养全面素质、为快乐而工作生活的人？

对于大学本身的思考与回答，同一所学校在不同历史阶段可能有不同的答案，同一历史时期不同类型、不同层面的学校也可能有不同答案。社会在发展、人类在进步、大学本身也在发展，因此对大学进行理念与思想层面的思考有利于认识和把握大学的实质和时代特征，有利于树立大学的教育理想。

(二)出路选择与措施层面

"如何建设学校"是周济部长指示大学认真思考的第二个问题，也是学校发展中的重大现实问题。学校将走向哪里、走向何处(Where To Go)？为什么走到哪里(Why To Go)？如何走到那里(How To Go)？需要做些什么才能走到那里(What To Do)？选择什么时候去做(When To Do)？

(三)现实层面

学校发展是在正确的轨道上吗(Are We Doing The Right

Things)? 学校现在做的工作是最重要的工作吗(What Are The Most Important Issues To Respond To)? 用什么办法、措施应对动态的外界竞争环境(How Shall We Respond To The Dynamic Environment)?

(四)SWOT 分析对比

在与竞争对手的比较中,学校的优势是什么? 劣势是什么? 机遇是什么? 挑战与困难是什么(Strengths, Weakness, Opportunities, Threats)?

二、战略定位

战略定位决定着学校的发展方向和目标,它包括当前定位(现今所处的历史阶段、相对地位)和目标定位(今后的奋斗目标,具有阶段性、相对性)。

一所大学在发展成长的过程中,与世界知名高水平大学相比一般要经历三个主要过程:即跟随阶段—并行阶段—超越阶段(形成自己特色、核心竞争力和优势)。

那么,我国大学与世界知名高水平大学相比目前所处位置在哪里呢? 一般来说多处于跟随阶段或者处于跟随与并行阶段的中间过渡阶段。不同的发展阶段应该有不同的发展战略,在追随阶段应主要是学习、借鉴世界知名大学的先进办学经验,在超越阶段主要是发扬自己的特色、相对优势和核心竞争力。

华中科技大学根据自己的发展历史和学科实际情况,确定了近20年的战略定位(发展战略目标),即到2020年左右把华中科技大学建设成国际化、研究型、综合性的世界知名高水平大学,具有一流的工科、一流的医科,有特色高水平的理科和文科。

为实现此目标,学校实行“三步走”战略:“十五”期间主要是打基础,到2015年前后实现国际化、研究型、综合性大学,到2020年左右实现世界知名高水平大学。

之所以定位为世界知名高水平大学,是因为经过半个世纪的奋斗，华中科技大学已经有了较好的学科基础和综合实力，在国内大学研究生院排名、综合排名等方面已经有了一定地位，同时在不同的历史阶段通过教育思想创新已经将学校从原来的多科性大学转变为工医理文管等综合性大学，从教学为主转变为教学科研并重，从本科生教育为主转变为本科生、研究生教育并重等，并致力于科技教育与人文教育的融合。

三、战略思想

战略思想是实现战略目标的指南针，是办学的灵魂。不同的学校可以有适合自己的不同的办学思想和理念，见仁见智。华中科技大学之所以能够快速发展，被誉为"新中国高等教育的缩影"，其中重要的方面就是坚持教育思想创新。历届校长书记都有独到的办学思想。近年来华中科技大学根据外界竞争环境的变化，审时度势，提出了"国际化"的办学理念和发展思路，在学校发展历史上又是一次创新。现任校长樊明武院士指出：国际化就是要有适应经济全球化的教育观念，借鉴世界知名高水平大学通行的办学机制与运行模式，建立起符合学校实际的可持续发展的现代大学运行机制与管理模式，以人为本、依法治校、以德兴校，其目标是培养出品德、知识、能力、情感、意志等全面发展的具有国际竞争力的高素质学生、创造出国际认可的研究成果，建成国际认可的高水平学科、造就出世界知名学者、跻身国际主流学术圈，为国家和地区经济、社会的发展做出贡献。

国际化的办学理念主要有三个核心要素：观念、机制、文化氛围。其追求的目标是在努力发扬学校个性与特色的同时，积极实现世界知名大学的共性特征，实现人才培养质量的国际化、学术水平的国际化、管理与服务水平的国际化。

关于观念。即把学校、学科和个人的发展放到国际参照系中去比较和检验。坚持开放的心态与胸怀，在空间上向世界开放，学习和借鉴一切民族、一切国家的先进文化和办学经验；在时间上向历史开放以继承和弘扬优秀传统，向现实开放以博采众长，向未来开放以引导现实；既向自然世界开放，也向人类社会和人的精神世界开放。国际化的办学理念还要求“以人为本”，以学生为中心，以教师为主体，把原来以教师为中心转变为以学生为中心，把原来教师有什么教什么改变成学生需要什么，教师就教什么，把“管理”转变为服务。

关于机制。大学国际竞争的核心不是资金、人才和技术，而是制度，管理制度创新乃是我国大学在激烈竞争中取胜的核心因素，大学乃制度之谓也！好的制度可以造就人才、创造财富、提高效益；落后的制度可能扼杀人才、浪费资源、滋生腐败。因此建立公平、科学、民主的现代大学制度是华中科技大学国际化办学理念的核心内容之一。通过制度创新为师生员工提供“公平竞争”的舞台和制度保障，只有竞争才能出一流、出成果。因此用先进的制度保障公平竞争、学术自由和学术自律是提高办学水平、在大学间竞争取胜的基础。要科学协调学术权力、行政权力的关系，科学分配校、院、系权力与责任，科学处理学校与公司、与后勤的关系，实现职工由单位人向社会人的转变，实现干部队伍向职业化、专业化转变，建立科学系统的政策法规体系，实现“凡事有章可循、凡事有人负责、凡事有人检查、凡事有据可依”。

关于大学文化。大学精神和内部文化氛围犹如“泡菜坛子”，同一个人在不同的“泡菜坛子”里泡过后就会有不同的“味道”和“品格”，就会有不同的价值观和精神追求。因此营造良好的校园文化和氛围对学校的健康发展十分重要。近年来，华中科技大学在继承和发扬过去优良传统的基础上，特别重视“无学术污染、无信用污染、无环境污染”的无污染校园文化建设，致力于人与事业、人与他人、人与自己、人与自然的相互尊重、和谐统一；积极营造敬业友爱、团结协作、相互尊重、共同进步的文化氛围，实现学术自由和学术责任的统一，使华中科技大学成为学生追求新知、享受成长快乐的理想乐园，教师和职工实现人生价值的理想舞台，学校提升教育品质的理想平台。

四、战略措施

战略规划并不是做未来的决策，而是为未来做现在的决策；战略规划的结果不是一本装订精美的战略规划书，而是工作和行动，是为了取得未来的结果决定现在该做些什么、怎么做、由谁来做？因此战略措施是“如何建设学校”的现实对策，是战略规划的落脚点，是实现战略目标的阶梯。战略措施的制定应该紧密结合一流大学内在要素，很多学者都曾经提出过一流大学的若干特征，结合中国国情，我认为一流大学应该具有十个内部要素：(1)一流的教师；(2)一流的干部；(3)一流的学生；(4)一流的课程体系；(5)一流的学科；(6)雄厚的财经实力；(7)良好的硬件设施；(8)先进的管理制度；(9)优秀的学校文化和氛围；(10)鲜明的办学特色。具有了这些要素就自然会产生重大的学术成果和显赫的学术声誉。

在上述十个要素中，中国大学现今相对薄弱的环节有：(1)科学高效的管理制度；(2)鲜明的办学特色；(3)科学系统的课程体系；(4)一流的干部；(5)一流的学科。

国内大学的课程总量及教师人均课程门数与国外知名大学相比，差别较大，如 MIT 约 960 名教师开出的课程门数约 5000 门；哈佛大学约 2000 名教师(不含附属医院职工)能开出约 15000 门课；华中科技大学有约 4000 名教师，但开出的课程门数约 3000 门。课程门数的缺乏使得学生的选择机会减少，不利于培养有个性和全面发展的人才，不利于教师知识面的拓宽和更新。

干部的地位在国外知名大学中并不特别突出，教授治校已成制度。但对于我国大学，干部素质和水平是办好大学的重要方面，“政治路线确定之后，干部就是决定因素”。与教师相比，干部属于“强势群体”，教师是“弱势群体”。因此提高干部素质和水平十分重要，甚至应该像争夺“知名教授”一样广为招聘和选用高水平管理人才。

与国际大学相比，我们的学科结构和水平应该特别重视。美欧大学的一个电气工程系(EE)在教学与科研方向上包括了国内许多大学的电机工程系（学院）、电信系（学院）、计算机系（学院）、控制系（学院）、固体电子系、光电子系等 5～7 个院系。本来自成一体的学科人为地划分成多个行政实体，不利于推进学科融合交叉和培养宽口径厚基础的学生。近年来不少学校进行了改革，如几年前华中科大将计算机学院、控制系等 5 个信息类院系整合为光电子与信息学院，今年秋又将机械学院、材料学院、交通学院、能源学院等四个机械大类院系在课程上打通，实行真正弹性学制和学分制，学生自由选课、选专业等。

五、战略规划

战略规划是指导大学自身行动的纲领，是确定和实施教育思想和办学目标的蓝图。战略规划的流程有四个阶段：

（一）规划制定。规划内容主要包括前述四个方面，即战略思考、战略定位、战略思想、战略措施；规划形式应尽量符合 SMART 原则，即目标、措施具体明确（Specific）且可测量可评价（Measurable），目标与措施在师生员工中达成共识，为大家所接受（Acceptable）且经过努力可以达到（Reachable），规划应该有明确的时间段（Time Limited）。规划制定过程是全校上下集聚智慧、提高认识、形成共识、凝聚人心的过程，所以有的专家甚至认为规划制定过程比规划书更重要（A Plan Is Nothing，Planning Is Everything）。华中科技大学在制定规划的过程中，经常以发展战略小组成员会议、师生员工沙龙等形式听取意见和建议，并经党代会、教代会审议通过。

（二）规划实施。规划实施是实现学校战略目标至关重要的环节，需要必要的制度政策保证、组织保证、经费保证、计划保证等等。华中科技大学在 2003 年上半年校领导带领有关职能部门负责人到各个院系（所）参与规划的讨论并提出指导意见，暑期又召开中层干部工作会议专门对院系规划进行交流、提高，从而保证学校总体规划的落实。

(三)规划监控。要不断对规划的执行情况进行跟踪、评价，以了解执行过程中出现的新情况、新问题。

(四)规划修订。根据规划在执行中存在的问题和外部环境的动态变化，及时对规划进行必要的调整，以保证学校总体目标的实现和在竞争中的胜利。

大学发展战略与规划是面向“竞争”、立足长远发展的谋划。在坚持“有所为，有所不为”的同时，努力营造院系之间、职工之间“公平竞争、优胜劣汰、学术自由”的环境氛围非常重要，竞争出一流、竞争出活力，垄断必将削弱前进和创新的动力。加强现代大学制度建设，加强大学精神与文化的建设，提高干部、教师的综合素质和水平是促进大学跨越式发展的核心因素。我相信通过大学发展战略与规划的研讨交流，中国大学必将以更快的步伐走进世界、世界也将走进中国大学。

美英高校规划工作概况及文献资料简介

上海交通大学高等教育研究所　刘念才

美英高校规划起步较早，从机构、人员到程序、内容等方面都形成了规范的体系。美英高校规划的文献也较为丰富，包括战略与规划理论、高校规划与院校研究、高校规划实践经验总结等方面。

一、美国高校规划的发展历史

美国高校规划始于20世纪50年代，经历了权威性年代——50年代，定量技术年代——60年代，实用主义年代——70年代，前瞻性战略年代——80年代至今。下面分别加以阐述。

（一）权威性年代——50年代

20世纪50年代以前，美国高校规模很小，处于经验型管理阶段，基本没有像样的规划。进入50年代，随着高等学校入学人数的大幅度增加，管理日益复杂，简单的经验型管理已经不能适应发展的要求了，高校开始重视规划工作。但是，50年代的高校规划缺乏规范的实践体系和理论支撑，仍然以权威领导的思路为主导、缺少广泛的参与性。

（二）定量技术年代——60年代

60年代高校规划的一个重要特点就是管理科学中的定量技术在高等学校规划中的应用。校园管理的计算机化给决策制定者带来新的信息，很多机构开始在大学的规划过程中实验各种定量模型和其他管理技术。高校在规划时所面临的挑战，更多的是在几个定量模型所确定的答案中做出选择。

（三）实用主义年代——70 年代

进入 70 年代，管理工具的引入仍在加速。但 70 年代高校面临的主要问题是有选择性的增长而不是全面的扩张、持续的财政压力等，简单的定量技术应用已无法适应规划的要求。大多数高校的规划变成在环境条件变得清晰时对聚焦问题的被动反应，带有明显的实用主义色彩。

（四）前瞻性战略年代——80 年代及其以后

随着 80 年代的到来，高校面临比以往更多的挑战，如大学入学人数的持续下降、学生的大龄化、少数民族学生的快速增长等。这些挑战迫使高校领导采用战略规划方法，在进行环境分析和制定规划时，不再是被动的应付，而是变成有前瞻性的主动反应，强调战略管理而淡化对定量技术本身的关注。90 年代的美国高校规划是 80 年代战略规划的延续。但是，随着经济全球化、高教国际化的日益加剧，高校规划的复杂性日趋增加，对战略规划的要求也在不断提高。

二、美英高校规划的程序与内容

美英高校规划工作一般包括环境评估、战略规划、专项规划、操作性行动计划、规划的实施、规划的监控等程序，下面分别加以阐述。

（一）环境评估

环境评估是所有规划工作的前提，它包括对学校外部环境和内部条件的评估，特别是对学校优势与不足、机遇与挑战的分析。具体内容包括政策或政府本身的变化，宏观或微观经济的变化，社会的发展（如人口趋势），科学技术的进步，校友和家长等相关利益群体对学校的期望，学校与国内外竞争者、拟赶超者的相对位置，学校的学科专业状况、人力资源状况、财政与资源状况等。

(二)战略规划

战略规划,又叫总体规划,通常包括以下要素:制定规划的目的,学校的使命,中长期发展目标,实现目标的责任落实和时间跨度(制定年度计划的依据),对关键活动与资源的战略安排,可行性分析(含财务与资源等),规划实施过程的监控等。高校战略规划一般以五年为期,也有少数学校的战略规划跨越更长的时间,如十年。

(三)专项规划

学校的战略规划确定之后,多数高校还进一步制定一系列专项规划,又称为战术规划,可包括学科规划、科研规划、教学规划、人力资源规划、财政规划、校园规划、信息技术规划等。制定专项规划的目的是为实现学校的战略规划服务,需要与战略规划进行有机的结合。每个专项规划应支持战略规划中至少一个目标的实现,或为其实现提供条件。与此同时,各专项规划之间需要相互协调,必要时要求相关部门的参与乃至会签。

(四)操作性行动计划

操作性行动计划是将学校的战略目标分解成有针对性的、可操作的、可测量的、可行的和及时的活动、目标和任务。这需要通过自上而下和自下而上的相互作用,使其在学术、行政机构中的分解方案达成一致。操作性行动计划通常以一年为限,也可以是面向某一具体问题的项目计划。专项规划一般也有相应的操作性行动计划。

(五)规划的实施

规划的关键在于实施。许多学校为贯彻落实规划,要求校内学术和行政单位结合学校的规划制定本部门的实施计划,一些学校还要求个人制定工作计划。合理分配资源、分清落实责任、整合开发力量、改革管理体制等都是实施规划的关键,而沟通、咨询、协商、指导、开发和激励等人的要素也要特别注意。

(六)规划的监控

所有战略规划、专项规划、行动计划的实施都要进行监控。有效监控的关键是制定健全和规范的监控制度及有关规划执行情况的信息获取和核实。当监控报告指出值得注意的问题时,必须同时建议解决方案。高级管理层定期评估规划实施情况，并及时对规划进行必要的调整完善。

三、美英高校规划的经验借鉴

我国高校规划还很不成熟，大多数是被动应付型的实用主义规划，总体上相当于70年代的美国高校规划阶段。而且许多高校的规划做好后，墙上挂挂，没有落实。相比之下，美英高校规划有许多特别值得借鉴的经验。

（一）规划思想的纲领

我国高校领导大多数忙于事务，少有时间深入思考教育思想、办学理念和长期目标等宏观战略问题。学校规划往往先找一批人起草，然后由学校领导进行讨论审定修改，书记、校长在学校战略规划制定中的领导作用远远不够。

美英高校的战略规划是学校领导办学理念、教育思想的集中体现，大学校长在战略规划制定过程中发挥着不可替代的领导作用。一般校长首先提出一个明确的中长期办学目标与总体思路，然后其他人员根据中长期办学目标与总体思路完成相应的规划工作。

（二）规划目标的可考核性

我国高校规划的发展目标往往模糊不清、难以考核。比如说，据估计有一百多所学校的发展目标为“国内一流”，但“国内一流”的内涵无从知晓，也就无法考核。再比如说，有数十所学校的办学目标为“世界一流或世界知名”，但是“世界一流或世界知名”的标志没有界定，也就无法考核。从我们的研究成果来看，我国大学在短期内成为世界一流大学是非常困难的。

美英高校规划的办学目标一般是可考核的，是对学校的外部环境和内部条件、特别是学校的优势与不足、机遇与挑战进行认真评估之后确立的。学校对自己的总体实力、学科专业状况、人力资源状况、财政与资源状况等进行系统分析并与国内外竞争者、拟赶超者进行定量比较后才确立有针对性的奋斗目标。

（三）规划的分解落实

我国高校的总体规划制定后，往往没有分解落实的办法。不少学校的专项规划与战略规划缺乏有机的结合和统一，专项规划之间缺乏协调。大多数高校的战略规划和专项规划没有相应的操作性行动计划。很少有高校明确要求各部门或个人将学校规划体现、落实到自己的学期或年度计划中，分清责任并配置资源。

美英高校不仅有操作性行动计划将学校的战略目标分解成有针对性的、可操作的、可测量的、可行的和及时的活动、目标和任务，而且要求校内学术和行政单位乃至个人结合学校规划和常规工作制定自己的实施计划。

（四）规划实施监控的制度化

我国高校规划的实施缺乏制度化的监控机制，有的学校根本就没有任何监控机制，根据实施的监控结果对规划进行修正完善也就无从谈起。

美英高校规划实施的监控在多个层面上进行，对所有战略规划、专项规划、行动计划的实施都进行监控。当监控报告指出值得注意的问题时，必须同时建议解决问题的方案，供决策者参考。

（五）规划的特色和多样性

处于起步阶段的我国高校规划工作，不论规划目标还是规划过程都有趋同性，缺乏特色和多样性。许多高校规划的总体目标都是综合性、研究型、国际化，更多高校的具体目标都是重点学科和基地、博士点和硕士点、科研经费等等。多数高校的规划都是在教育部的强力推动下被动开展的，缺乏主动和自觉。

美英高校由于其办学自主权很大，各校规划的特色非常鲜明、规划方法和过程呈现多样性。研究型大学和一般本科院校的使命、目标截然不同，规模不同的学校的规划方法和过程差异巨大。美英高校规划机构和人员也呈现多样性，英国高校由于拨款机制原因一般设有专门的规划机构，而多数美国高校采取规划委员会的形式。

（六）促进跨越式发展的战略规划

我国许多高校提出了创建世界一流大学的奋斗目标，国家也给予较大的支持，但这些支持与世界一流大学的财政资源相比差距甚远。我国高校努力奋斗的同时,世界一流大学也在前进。因此,要想快速缩小我国大学与世界一流大学的差距,必须有跨越式的发展战略。然而,我国高校规划中能让人耳目一新的跨越式战略很罕见。

在过去的几十年里,美英等国有多所高校实现了跨越式发展,值得我们借鉴。比如美国的卡耐基—梅隆(Carnegie－Mellon)大学从60年代并校到成为一所公认的世界一流大学只用了30年时间,英国的沃里克(Warwick)大学从60年代建校到跻身英国高校前列、成为世界著名大学也只用了30年时间。

四、美英高校规划的文献资料简介

美英高校规划的文献资料较为丰富,下面选取部分重要文献进行简要介绍。

(一)指南

英格兰高等教育拨款委员会(Higher Education Funding Council of England,简称 HEFCE)于2000年发行出版了一本"英国高校战略规划指南"("Strategic Planning in Higher Education—A Guide for Heads of Institutions, Senior Managers and Members of Governing Bodies")。这是世界各国高等教育中第一份关于高校规划的正式指南,在高校规划的发展历程上是一个重要的里程碑。

(二)主要期刊

高校规划的专门期刊有美国高校规划协会的会刊"Planning for Higher Education",为高等学校的规划工作人员进行理论探讨和实践经验交流提供了一个重要平台。

美国院校研究协会的会刊"New Directions For Institutional Research"也经常刊登高校规划有关的文章。

(三)协会及其网站

美国高校规划协会(Society of College and University Planning,简称 SCUP)成立于1965年,是一个高校规划方面的大型专业协会，现拥有来自30多个国家的4400余位会员，每年举行一次大型学术年会。SCUP的网站(http://www.scup.org)上有大量高校规划的文献资料。

美国院校研究协会(Association for Institutional Research，简称AIR)等对高校规划也有一定的作用。其网站是http://www.airweb.org。

(四)代表性著作

1. D. M. Norris和N. L. Poulton合著的“A Guide For New Planners”(1991，SCUP)是一本简洁、明了的规划入门读物，可以使首次做规划的人迅速地了解规划。同时，该书列举了大量的规划文献。

2. B. P. Nedwek主编的“Doing Academic Planning: Effective Tools for Decision Making”(1996，SCUP)从环境扫描、课程规划、人力资源规划、信息技术规划、学生服务等方面分析了学术规划。

3. R. P. Dober著的“Campus Planning”(1996，SCUP)首发于1963年，是校园规划方面的一本经典著作。

4. G. Keller主编的“The Best of Planning for Higher Education”(1997，SCUP)是“Planning for Higher Education”刊物的精华本。

5. J. V. Boettcher，M. M. Doyle和R. W. Jensen合编的“Technology Driven Planning: Principles to Practice”(2000，SCUP)是一本有关高校信息技术规划的优秀著作。

战略思维、战略时空与战略规划

——关于大学发展规划之我见

同济大学改革与发展研究室　章仁彪

中国高等教育的发展正面临一个重要的战略转折期。经济学界曾经有一个50年的“长波”理论，百年中国现代大学史也许也正在开始一个新的发展“长波段”。值此之际，教育部领导特别强调制订学校发展的战略规划问题是非常及时的。一个大学关于战略发展的思路形成和规划制定，往往需要持续若干年的反复研究和讨论才能逐步明确和完成的。大家知道，同济大学是1907年建校的，40年代曾经是一所国内著名、有一定海外影响的、具有理、工、医、文、法五大学院的综合性大学。1978年是学校的一个重要转折，李国豪校长抓住机遇，改革开放，提出“两个转变”(即由土木为主的工科大学转向理工为主的多科性大学，由普通的国内高校转向国际交往的“窗口”大学)，获得了当时邓小平、方毅等八位副总理的批示支持，从而赢得了一次重要的发展机遇。1995年，吴启迪同志出任同济大学校长后，坚持务实与务虚的结合，一是紧紧抓住一切影响学校发展的当前机遇，锲而不舍，金石可镂，终于获得了一些重要的跨越；二是非常关注学校未来的战略发展，未雨绸缪，殚思竭虑，逐渐完善起一套较为完整的办学理念和发展方针。但是战略规划的制定决不是几个人坐下来议议，想几句口号，就能想出来的。同济大学的一些办学理念与方针，实际都是琢磨了好多年，反反复复从实践中磨出来的。我想结合参与规划的实践，谈谈一些想法。

一、关于战略规划与战略思维问题

制定战略规划，很重要的一点就是需要建立一种战略思维。何谓战略思维？众说纷纭，莫衷一是。我以为有这么几条是重要的：

第一，战略思维首先是一种大跨度时空的思维，时空背景的把握很重要。我的本行是哲学，哲学上讲的时空就是运动着的物质的存在方式。我觉得这太简单化了，同时也把时空纯客观化了，忽略了时空对人的意识的影响。在制定战略规划的时候，战略思维实际上是需要大跨度的时空思维，还要注意时空对人的影响。除了有物理时空之外，还要考虑一个心理时空。作为一个大跨度的时空思维体系，就需要有一种战略时空意识。战略时空意识是一种超前和全局的统一。所谓超前，它必须要超越现在、谋划未来。或者按照文化学的一个概念叫做后喻文化：农业经济时代是一种前喻文化，特别尊重老年人，因为他经验丰富；工业经济时代是一种同代人的同喻文化，谁在实践中抓住机会，谁就会有更快的利润发展；而现在社会是一种后喻文化，人们谁看得最远、或者说只要谁能看得更远一步，也许就能够领先一步、步步领先，所以超前意识很重要。所谓全局，它必须是超越本单位、本部门、本领域的一个狭隘的空间范围，运筹帷幄、决胜千里。所以战略思维实际上也就是在一定意义上既要依托、又要敢于超越特定的物理时空，建构一种大跨度的发展时空，有时还要善于通过“借空间、抢时间”的方式获取更大的发展所需要的战略时空。

第二，战略思维是一种创新型的思维。从管理学角度来说，战略规划需要的战略思维实际上是一种领导思维。领导与管理有同有异，领导需要具有能确定什么是要做的正确的事的本领，管理需要具有怎样才能正确地做事的能力。领导更需要战略思维，需要一种强烈的创新意识，敢于做前人所未做过的事。就像刚才陈德敏教授说的，规划可以参照其他的，但又是照搬照抄不来的，也就是必须要有一种敢于创新的精神。现在国际上有一种新的大学称为“创新

（企业）型大学”（英语叫 Entrepreneurial Universities），就是既不依赖于政府，也不依赖于某个“老板”，而是立足于自己的创新思维与创新管理，具有企业一样的强烈的面向社会多渠道获取资源的经营意识和手段。学校要有一种强烈的不断地以创新求生存的意识，审时度势，运筹帷幄。有时还要能别出心裁，出奇制胜，这就是我们讲的所谓特色问题。特色不只是对传统的简单继承，更需要对传统的突破，或者说需要一种对传统的创造性解读，也就是一种传统的“返本开新”。发展战略必须有一种创新型的思维，战略定位也应该确定是一种具有不可模仿性的目标，而不是人家提什么我提什么。现在的大学发展规划中的目标定位就有许多的雷同，多校一面，少有特色，可能还有计划经济的影响在起作用。

第三，战略思维是一种复杂性的思维。复杂科学现在比较时兴。我认为复杂系统是一种多变的、具于自组织功能的大系统和巨系统，需要多学科的交叉和综合性的研究才能把握。战略思维必须具备对复杂系统进行多领域的复杂交叉思维的意识和能力。就象提出复杂科学理念的美国桑塔费研究所的那群科学家那样，既要有严谨厚实的各学科的专业基础和前沿知识，更要有吸收其他学科不同思维成果加以创造性转换和跨学科思考与把握巨系统复杂关系的能力。

总之，战略思维不应该是一种常规思维，需要一种真正的大智大慧的战略智慧。我曾经看到一个美国管理学女学者写的关于知识经济与组织创新的一本书（书名叫《智慧的觉醒》），她谈到现代人思维需要一种即能突破传统，又能环环相扣、持之以恒的动态的创新模式，她称之为“莲花式的创新”。我认为制定战略规划必须要有这么一种大智慧，而不仅仅是一般的知识的堆积。知识可以传授，智慧有时候更需要悟性，怎么把知识转化为智慧，即把我们已有的对学校、对当前时代把握的知识转化为学校制订战略规划的这种智慧，是非常重要的。因为只有知己知彼，“转识成智”（借用佛教的概念），才能真正出大智慧、大战略。

二、中国大学发展规划的时空背景与基本战略

战略思维需要一种大时空背景观，什么是当今的大时空呢？我以为“全球化”与“新经济”（或叫知识经济）就是两个基本的带有时空特征的概念，但又不只是简单的时空概念。

（一）“全球化”是现代高等教育发展不可忽略的背景

“全球化”是当前点击率最高的话语之一，也是我们做战略规划必须要考虑一个基本背景。但何谓“全球化”？争议颇多。我想把全球化概括为三个特征：第一，市场经济的全球扩张，这是最显著的“全球化”特征，包括 OECD（经合组织），WTO，IMF（世界货币基金组织）等等，都在促成市场经济的全球扩张，高等学校的发展不能不正视这个背景。第二，现代科技的全球同步，这是“全球化”的基础和动力，信息的网络化促成了一种科技的同步化。比如，现代的生物技术、纳米、IT，这都是各国科技界都在趋之若骛的高新技术领域，大家都在盯住这些方面展开竞争。第三，生态环境的全球联动，这是“全球化”的必然结果。我曾经在澳大利亚跟一些校长闲谈时开玩笑说，你们也在讲可持续发展，你们澳大利亚那么大的地方，只有 1800 万人，同上海人口差不多。我们中国比你们没大多少，却要负担 13 亿人口，你们占用的地球资源太多了，Only One Earth（“只有一个地球”）你们应该多接受一点各国移民。他们都说：NO，NO，NO，我们澳大利亚缺水，澳大利亚资源不足，我说缺水是全世界问题，这就是全球的生态环境联动。当然，现在犯罪也是全球化的了。

所以，“经济全球化”时代的高教发展，必须要重视三点：第一，市场的竞争意识；第二，科技的前沿意识；第三，可续的发展意识。但同时不要忘了高等教育面临另一个背景，是政治的多极化和文化的多样化的同时并存。美国最喜欢讲“全球一体化”，一切照他的样子就是全球化了，不符合美国标准就不是全球化。事实上，政治的多极化是一个客观现实，而文化的多样性也是教育所必须正视的一个基本背景。要注重教育中的政治与文化因素。教育绝不只是应

付经济全球化的需要，教育更是对人的塑造。教育本身是一种民族文化的积淀和传承，所以对教育中的语言问题，也要有一个更宽广和深远的战略眼光。强调“双语教学”是对的，有利于培养国际化的人才，但引进洋教材要慎重，接受文汇报记者采访时，我就谈了一些观点。我说在使用外国原版教材问题上，不能简单地要求重点大学30％的课程用外国原版教材，这是否有些妄自菲薄之嫌？中国高等教育办了那么多年，比如高等数学，中国大学生的数学水平并不见得比美国大学生低，我们是否也要引用美国教材呢？我的观点是要根据实际情况，为了加强学术的国际交流，首先在我们的专业课程名称、专业术语上实施双语化。其次要分辨不同的学科、不同的领域，比如知识产权、经济管理、金融会计贸易，以及IT、生物、材料等高新科技领域，必须引进一些外国原版教材是完全应该的，否则就难以接轨世界前沿。但双语教育绝不能忽视现在大学生的中文水平总体有所“滑坡”的现状。语言是文化的载体，法国人就非常重视保护自己民族语言文字的纯洁性，大力倡导使用纯正法语，抵制美式英语的全球扫荡。在现代教育中，文化问题是十分值得深思的。去年，美国驻上海总领馆举行过一次主题为“高教的全球化”的讨论，邀请杨福家院士、吴启迪校长参加。吴启迪校长在发言中专门就“经济全球化”与“高教国际化”的关系与区别阐述了自己的观点，即教育不可能、也不应该简单地讲“全球化”，而只能说是要努力促进各国高等教育国际化交流与合作。经济可以全球化，高等教育绝不可能全球化，因为文化是多元和多样化的，教育总是具有鲜明的民族文化特色的。文明需要对话，文化也需要沟通。同时不同文化之间还存在一种不可通约性，不能说哪个文化最先进、大家的文化只能走同一条路。文化的趋同对于人类决不是什么好事，相反将是一种文化的灾难。“和而不同”、“和实生物，同则不继”的中国传统文化智慧对于21世纪的人类发展将是很有价值的。试想，一个单色的世界将是多么的乏味。

(二)知识经济更是现代高等教育发展中不可忽略的挑战与机遇

至于“新经济”其实也不仅仅是一种时间阶段的表述，美国人叫新经济，我们中国人更习惯于用“知识经济”的概念，这个本来是OECD提出的，即“以知识为基础的经济”，我认为更是一种开发智能、以人工智能为基础的经济，一个需要综合智慧的经济。

知识经济给教育带来的是新的挑战与机遇。传统高等教育的“合法性危机”应该说从上个世纪60年代就开始的，其表现为中国的“文化大革命”，从高校的教育革命引发了一场革文化之命的大动乱。同时在欧洲出现了一场1968年的学生造反运动，东西方不约而同出现在高校的这种巨大变化，正说明了传统的高等教育遇到了合法性危机问题。之后，联合国科教文组织组织了多名专家反复探讨这个问题，写出了从《学会生存》(1972)到《教育，财富蕴藏其中》(1996)的一系列报告，都是在反思传统教育的合法性问题，都在寻找新的高等教育发展战略。知识经济更是把这种传统的“象牙塔”学校打碎了，带来新的机遇，那就是现代大学重返社会中心。这就带来现代大学发展的几大基本趋势：一是大众化趋势。中国已经实现了大众化趋势，这是一个跨越性发展。前天，我接待了一个国外的教育界负责人，他想了解中国教育的变化，推进他们自己的高等教育改革，我们就谈到了我国高校招生数的快速增长，我们用五年时间，招生数从108万到320万，他觉得简直是不可思议的变化。我们是跨越性地实现了大众化，这也是人民群众的要求。二是终身化的趋势。我认为现在搞大学校区扩建，把大学搞到离市区很远去未必是好事，因为你还承担着现代社会终身教育的任务。就是人们要不断“充电”，大学应该成为为人们终身学习的重要场所。我在上海讨论城市建设和管理问题时特别提出，城市的轨道交通一定要考虑大学的需要，现在规划与建设时往往较多考虑的是商业需要，线路规划沿着商业街走。却没有想到走出了“象牙塔”的现代大学更需要的准点的大容量的轨道交通，像现在许多大学的多校区发展就更需要轨道交通的连接了。随着后勤社会化的推进，教师住房的商品化、学生宿舍的公寓化，以及学习型社会的构建，大学中心化、高教终身化对轨道交通的需求更是社会性的了。国外大学一般都通有轨道交通，而且地铁站可以直接设到学校的中心地带，大大便利了教育对准点交通的需要，也促进了大学的开放和与社会的融合。

中国的各大城市规划也应该努力为构建终身学习的学习型社会创造条件。三是网络化趋势。现在有人已经提出“虚拟校园”概念了，“零距离”的远程教育的发展将是终身学习时代的必然，也是信息网络化对现代高教的一个巨大贡献。四就是国际化趋势。发展中国家尤其要关注这一点。我们学校有位教授一直在跟踪国际上的教学评估，他最近写了一篇文章，提出国际化是提高教学质量的一个必要途径，在审稿时就发生了争议，有的同志提出说这把国际化的作用提得太高了，好像没有国际化我们的教育水平就不能提高了。我说不能绝对地把命题倒过来，但在目前阶段，国际化的确是促进我国提高高等教育水平的一个比较有效的捷径。

当然，还有许多口号是值得斟酌的，像“教育产业化”，我觉得这个提法导向有问题。“教育拉动内需”的口号也是存在疑义的，我的看法是，也许正是“教育产业化”的误导成了阻碍“内需”启动的最大障碍（我在《中国高等教育》上发表过“中外合作办学之我见”一文中专门分析过这个问题）。“大学市场化”也是国外一个很热门的课题，就是我们现在经常讲的，把“新公共管理”思想引进大学管理，也就是要有市场化、经营化的管理。我认为大学的管理的确是很值得认真研究的，大学管理既有行政管理的性质，也有一个经营管理的问题。在大学的管理中，完全的市场化是不行的，但是必须要正视市场经济的挑战。还有“专才”与“通才”的争论，涉及到高职教育的定位问题，有人说我们中国近年来才刚刚开始重视职业教育，我当时开了个玩笑，我说我们 1952 年起的高等教育基本上就是高等职业教育，行业办学的教育宗旨本身就带有很大的职业培训色彩，实际上是一种以职业导向为主的教育。我觉得现代人才的需求，“通才”和“专才”两者都需要。我认为，现在本科教育可能越来越多强调先不分专业的通识和通才教育（当然研究生可更多地是培养一些专才）。但我认为本科教育也不能一概而论，也要注意不同专业的教育规律，有的专业还是应该提早进入专业课程阶段的，因为高等教育总体上还是一种专业教育。知识经济需要更为宽广的基础知识，也需要更为精湛的专业才能。

(三)“全球——本土化”:教育国际化时代的一个基本战略

看清这个“全球化”和“新经济”并进的大背景,我们怎么来面对选择呢?我想起联合国教科文组织的一个报告《教育,内在的财富》,讲到现代人在“全球化”面前的两难困惑,一方面世界化,人们要承受这种世界化的多种表现,另一方面仍要寻根,寻找参照,寻找归宿。现在西方学术界有一个词很红火,叫“认同(Identity)”,人总还是需要有一种自我认同的。美国在“9·11”后表现出的那种超乎寻常的非常强烈的民族国家认同感,也在告戒人们不要对“全球化”抱有过多的期望,而应该有所警惕。教育在帮助建立正确的自我认同意识方面具有不可替代的责任。我们的教育应该帮助现代人建立一种文化认同和文化宽容相协调、自我实现与社会责任相结合的更为完整更为理性的自我认同感,这在“全球化”时代尤为重要。因此,我认为中国当前的高教发展战略应该是一种“全球——本土化”的战略视野。也就是我们既要立足国情,同时要面向世界,全球化的思考加上本土化的实践,这就是我们的“全球——本土化”视野的基本战略思维。“全球化”这个词不同于“国际化”,两个概念是有所不同的。全球化(global)强调的更是趋同统一性,而国际化(international)的主词是民族,也就是 nation,而 inter 是个前缀,表示“之间”,所以以民族国家为主体进行相互之间的交往就是国际化。既要尊重教育规律的共性,但又不能忽视民族文化的个性,这是教育战略、也是大学发展战略一个最基本的出发点、立足点。

那么这种“全球——本土化”战略在当前有哪些要注意的呢?我想用 3 个成语来表达对当前中国高等教育面临使命的双重性的一种理解,即“一仆二主”、“一箭双雕”和“一身二任”:第一,当代中国高教应该同时肩负起服务于工业经济和知识经济的“一仆二主”的责任来。信息经济时代的制造业仍然是不可荒废的,因为“比特”代替不了“阿童木(原子)”。没有工业化的基础 是不可能建立起真正意义上的知识经济的,因此信息化改造制造业、带动工业化才是中国现代化的正确选择。第二,中国高教开放应该争取以同时实现促进交流引进和自主创新的“一箭双雕”为目标。一方面要继续推进对外的交流引进,交流应该是双向的,引进要引进“外资”与“外智”的结合，我们最近不断地进行高教评估的国际间的比较研究，工程师资质的认证鉴定的比较研究等，就是为了更好地促进中外高等教育在更多的方面“国际接轨”。而自主创新则是充满自信地走向世界进行双向交流的基础和前提，同时也是对外开放的根本宗旨和真正实现“国际接轨”，而不是简单的“对外依附”。第三，中国高教改革还要努力担当起适应社会需求和导引社会变革的“一身二任”，实现“就业”和“创业”的“双赢”。如果简单地把教育的任务等同于适应就业市场的需要，就会完全被市场逻辑牵着走，这样大学的发展将要走入歧途的，那就成了一种职业培训所。教育(Edeucation)中包含有训练(Traning)的成分，但训练不等于教育，不能把教育仅仅归纳为训练，训练只是教育的一个小的部分。此外，随着教育对创新能力培养的重视，现代教育本身正在创造出许多新的就业机会，比如IT产业和生物科技产业。所以教育对社会的贡献中，还应该是“就业”与“创业”的“双赢”。

总之，战略规划不能是短视的权宜之计，而更应需要广阔的视野和长远的考虑的。这里要注意的是“战略”与“策略”的区别，尽管这两个概念在英语中是同一个词，但在中文语境中的差异是显著的，即战略应该是对未来的设计、对全局的谋划，而策略更多的是着眼于当下的应对。

三、守护理念与创新制度：大学规划的魂魄之所在

在规划当中，对办学理念和大学制度的建设应非常重视，这是当前中国大学发展中非常关键的问题，学校的发展目标定位就涉及到学校对大学的使命和功能的理解。按照高教法，大学应该有自己的章程，确定自己的办学理念与宗旨。但实际上中国的大学很少订过这样的章程，那么现在做的规划从某种意义上也可以视为对大学章程缺位的弥补，应该具有一定的学校法规的意义。同时，大学规划中还应该把现代大学的制度建设列为重要内容。企业现在都在

讲现代企业制度，那么现代大学制度是什么呢？这个问题值得我们深思。我想结合同济大学的实践作一些思考和探索。

（一）科技教育与人文教育的协调发展

我认为大学精神应该是大学核心竞争力的一个不可或缺的组成部分，也是大学发展规划的魂魄所在。去年教育部和高教学会在清华大学专门召开了关于促进科学教育与人文教育融合的高级研讨会，今年又在西安开了更大规模的国际研讨会。我想这也应该是现代教育、特别是高等教育理念的一个核心精神。在同济大学的办学理念中，“科技教育与人文教育的协调发展”是最重要的一条。高科技时代不要把技术给忽略了，知识要转化为生产力没有技术是不行的，知识经济的重要特征之一就是知识的物化过程加快了。“比特”转化为物质必须要有技术的手段，高科技的出现既是现代人的机遇，也是对现代人一个尖锐的挑战。安东尼·吉登斯被称为西方“第三条道路”的理论设计师、英国首相布莱尔的精神导师。他在《现代性与自我认同》一书中提出，现代性完全改变了正常社会生活的实质，影响到了人们经历中最为个人化的那些方面，其显著特征之一在于外延性和意向性这两极之间不断增长的交互关联，一方面全球化的众多影响，另一方面是个人素质的改变。的确，我认为“现代性”无疑是以高科技为支撑的，但高技术与低情感的交错、高效率与高风险的并存都给现代人带来了巨大的压力。我们当然无法拒绝高科技带来的高效率，但我们又何以避免高风险的代价？何以弥补低情感的困惑呢？这是现代人个人素质提升的关键，也是现代人完成自我认同、健全自我人格的关键。

至于什么是人文教育的核心已经讨论很多，我以为根本的一条是要以弘扬人文精神为本，而不能停留在人文知识的传授上。人文精神的基础是对人的生命价值的尊重和关怀，对人的社会责任的承担和自觉。此外，尊重个性也是一种人文精神的体现，改造本能和开发潜能一直是教育双位一体的职能。倡导个性教育并不等于放弃教育的责任，个性发展也不是随心所欲、为所欲为，孔夫子“七十而随心所欲”还要讲“不逾矩”呢！广义的人文教育当然包括艺术教育，吴启迪校长一直倡导在理工强势的同济大学内加强艺术教育，学校专门成立了以工程院院士为主任的艺术中心，聘请了许多音乐家、表演艺术家来校兼职并举行音乐会、艺术节等活动。大学积极开展艺术教育不仅能创造良好的校园文化氛围，同时也将有利于促成"右脑革命"，催发创新灵感，开发人的潜能。

(二)"知识、能力、人格"三位一体的人才培养观

教育正在成为基础性和先导性的产业，我认为教育的第一产品还是人。就是研究型大学，在大量科技成果的产出的同时，最大的产品仍然是人才，也就是说，研究型大学与专事研究的科学院所的最大区别，就在于大学始终是把育人为第一本职的，所以大学规划中对于人才的培养是第一位的。对于现代人才观，我们的看法是"知识、能力、人格"的三位一体的协调发展，也就是我们同济大学提出的素质教育的 KAP 模式。这同兄弟院校提出的 KAQ 即"知识、能力、素质" 模式并没有本质的区别。我认为 KAQ 实际上反映了我们对高教育人观认识的不断深化，从上世纪 70 年代末提出"尊重知识、尊重人才"到 80 年代针对部分大学生"高分低能"现象提出重视实践、重视能力培养，再到 90 年代高校开展文化素质教育，这是教育思想的发展，也是对教育内涵理解的深化。我认为素质教育的提出也是对教育本质的复归。而我们提的 KAP 则是对教育所要培养的人的最基本三种素质的一种理解(其他素质也重要，但有些不是学校教育所能解决的，有的是先天因素的制约，比如残疾人也应该有受教育权，也能成材)。

大学里学生首先来学知识。不能说家长出了钱，先不要学知识，你们就教教我孩子怎么样礼貌待人，我觉得这是不现实的，也是不符合教育规律的。做人是要的，但是学校教育总是要从学知识开始的。所谓"知识"应该包括"博"与"专"两方面，前者指自然科学、工程技术和人文历史、社科艺术的一般性知识，不管什么学科，都要有基础的一些人文、自然、社会、数学、艺术，也就是通常讲的"通识教育"，现代人才要能触类旁通，才能不断提升创新意识和实践能力；后者的"专"指所学专业的专门知识，大学总还是一种专业教育，要学专业知识，专业知识应该包括该专业领域的基础和前沿知识。但专业知识不能局限于教材，有一种观点我不敢苟同，就是所谓写进教材的必须是最成熟的、最可靠、确定无疑的知识。我觉得这个指导思想要变一变，谁能保证写进教材就一定正确呢？学科本身是发展的，专业知识也在不断地更新着，要培养学生敢于创新，教材的编写指导思想就要变，本学科的基础知识和本学科的发展前沿知识都应该向学生传授。关于什么是知识的问题，OECD 曾经有个新的定义，提出知识经济时代的知识有四种，第一是关于事实的知识(know what)，第二是关于原理的知识(know why)，第三个技能的知识(know-how)，第四是要知道人力的知识(know who)，谁有知识，谁有什么知识，这是知识经济发展中最重要的，就是人力资源的知识。前面两种是逻辑可编码的，后面两种是默会知识，默默地领会需要体悟的知识。

关于能力培养，我们的认识是，所谓"能力"亦可分为"知(或曰'思')"与"行"两方面，一是指思维能力，包括形象思维与逻辑思维，灵感、直觉、乃至"幻想"等原创性思维和归纳、演绎、分析、综合等推理思维能力，知识爆炸时代，对信息的选择、辨别、判断能力尤为重要，这也是一种"终身学习"的能力；二是指实践能力，包括实验、操作等动手技能和协作共事、社会交际等团队组织(所谓的 team—work)能力，这是现代科学和现代社会发展的必然要求)。现在大学生思维能力训练比较多一点，实践能力有点退步，某种意义上有点孔夫子说的："四体不勤，五谷不分"。中国的学生到国外留学，理论知识考试一般还能比外国学生考的好，但做实验能力较差，也许同重演绎轻归纳有关，但跟从小的训练有关，西方学生自己动手做的特别多，DIY(do it yourself)锻炼较多。

所谓"人格"则既指坚持思想、品德、理想、情操，以及信念等传统的理想人格教育，这是教育作为"成人之道"而非职业培训的本质要求；也指更加突出自立、责任、敬业、诚信等精神的现代独立人格的培养。现代人的自立意识直接关系到创新的意识与能力何以可能的问题。问责精神非常重要，SARS 的来袭是对现代政府与公民的责任意识的考验。敬业爱岗是现代职业精神的核心，诚信精神则是市场经济下现代人安身立命的根基。比如人才流动里面就有一个守约诚信的原则，你签约几年就不能说我到时候赔钱就是了，赔钱是一回事，赔钱的前提是你违约，违约是一个违约责任问题，是人的诚信度问题。人格培育首先要从师德抓起，教育者首先受教育。我们的名誉校长李国豪院士一直非常重视教育的人格培养功能。他反复强调人格教育很重要，每年的开学典礼他都要讲做人，讲人格、国格，教师节上讲师德，讲为人师表的责任，实际上从当年留德时的穷学生刻苦攻读成就“悬索李”的奇迹，到“文革”动乱、身陷囹圄中解决南京长江大桥的关键理论问题，乃至于在国家建设宝钢、洋山深水港决策中的关键作用，都体现了他的科学精神与高度的事业心、责任感的人文精神相统一的人格魅力，成为学校人格教育的楷模。他对子女要求非常严格，出国去，公派去的你就给我准时回来，你要是申请自费留学，也要等完成任务回来以后再去。他对自己的儿子就这么要求的，是公是私，分的很清楚，这就是做人的人格。他的学生项海帆院士是著名的桥梁专家，也是非常强调师德、人格上的自我完善的榜样。中国今天在桥梁学科中有显赫的国际地位（他是世界桥梁学会的副主席），是与他当年的愤笔上书要求由中国人自己设计制造黄浦江大桥分不开的。当年他在日本访问，看到日本的桥梁专家都已经把黄浦江上的大桥的模型都设计好了，他感到非常愤慨，他说为什么要请日本人来做，中国人完全有能力自己造大桥。他给当时的上海市长江泽民写了一封信，反映了自己的想法，于是才有了中国人自己设计的第一座黄浦江大桥——南浦大桥，以及后来杨浦大桥，现在中国的造桥已经是世界闻名的。这是什么精神？这不仅是一种知识与能力的问题，实际上就是一种以天下为己任的人格精神的体现。这种人格精神在他承担宁波招宝山大桥纠偏专家组长时也充分体现了出来，不计较个人声誉所冒的风险，从而为国家节约了拆掉重建所需的大笔资金。项海帆院士经常讲，现在大学里面一些人光以钱多为荣，到处忙这接项目，攀比洋房汽车，他认为这样比下去是没出息的。他认为现在知识分子当中、包括教师队伍当中，必须要扭转这种情况。我觉得我们今天尤其要在大学里面强调人格的教育和弘扬真正的大师风范、人格魅力，这是大学精神本身的魂魄所在，值得深思。

关于知识、能力、人格的统一也是现代教育理念的基本追求。

联合国教科文组织提出现代教育的4大支柱是学会认知，学会做事，学会共处和学会发展(Learning to be ，另一种翻译是学会生存)。或者现在讲还要学会创新，我认为创新首先要学会怀疑、学会提问，学问之道贵在“学问”。总之，现代教育要造就知识、能力、人格三位一体协调发展的创新人才，归根结底还是要力争实现教育“转识成智”与“化性为德”的双重使命，要化理论为方法，化知识为德行。教育是“问学之道”，更是“成人之道”。

(三)现代大学功能拓展与发展规划

在规划中不仅必须考虑大学的理念和大学的制度建设，同时也需要对现代大学的功能认识有新的定位。现代大学制度的基本标准法律依据已经有了，我们现在讲依法治国，已经有法律依据了。高教法中规定的学术自由和办学自主就是我国现代大学的基本标志。现代大学的概念用的很广，某种意义上应该是说启蒙运动以来的所有大学，主要是洪堡开创的教学、研究并举的现代大学理念。另一种主要是指60年代以后出现的、同社会紧密结合的大学，又叫多元化、多功能性大学。美国前加州大学校长克尔在他的《大学的功用》一书中详细讨论了这种新型的非单一权力中心、非单一目标、非单一委托人的multiversity，中文译为“巨型大学”，我认为这个翻译不准确，可能是为了回避“多元”这个比较敏感的概念。现在西方又有提出omniversity的大学概念，即公共的、总体的、全能的大学，这说明现代大学对社会的发展的影响是越来越多层面了。我们应该考虑现代大学制度的完善，按照1998年实行的高等教育法，就明确规定了学术自由、面向社会、自主办学、民主管理这4条基本原则。现代大学的功能在不断扩展中，从传统的大学强调传授学问，到强调造就人才和发展知识的统一，就是把研究作为大学的重要任务。这是洪堡的大学理念。克尔提出现代大学的第三大功能为“服务”，我们认为在当代“全球化”时代，大学又面临新的使命，即交往世界，沟通文明，正在成为现代大学的第四大功能。当然这个提法是有争议的，第四大功能众说纷纭，有人说大学应该保持他的批判功能，对现实的批判功能是第四大功能。我同美籍华裔学者杜维明先生当面讨论过，我认为大学的研究、服务功能中都包含着学术独立的批判功能，中文中的批判、批评往往带有拒斥、贬损乃至于政治上的否定、“打倒”的含义。所以我们认为，教学、研究、服务、交往，是现代大学四大基本功能，这就是同济大学提出的现代大学“教学(Teaching)、研究(Research)、服务(Service)、交往(Communication)"四大功能并举的TRSC发展理念。在去年校庆95周年时举办的有来自四大洲近30余位中外校长参加的、以“新世纪大学使命”为题的圆桌论坛上(详见2002年第3期《同济教育研究》)，吴启迪校长发表了《交往;新世纪大学的新使命——同济大学的观点》的演讲，进一步阐述了现代大学“交往”功能丰富内涵，不仅是不同的文明之间要对话交往，就是文理之间、理工之间、科学与技术之间、个人与整体之间、自我与他人之间也都需要沟通和交往，这就是现代大学的重要使命之一。发展规划要反映现代大学的基本理念、制度要求和功能拓展的统一。

此外，大学规划中关于“综合性”、“研究型”等提法我认为也要给予必要的界定。大学规划的核心是学科建设，综合性大学不仅是学科的综合，更在于大学功能的综合和用综合的手段和方法培养综合的人才。研究型同样如此，扩招研究生是对的，但我说从中国目前的国情来说，我们还要注意避免人才的高消费。我们学校一直在强调本科教学是立校之本，事实上也证明，不断地压缩本科教学，特别是名牌大学，把本科教育过分压缩以后，研究生的生源就差了。倡导研究型学习应该是现代研究型大学最基本的标志。我们必须要强调，研究型教学也应该是本科教育的基本方法。我想，这一看法谈出来供参考。记得几年前在上海参加的一个教育创新的研讨会，有一位校长说的一句话给我印象很深，他说上面老是在讲培养创新人才，但扪心自问，我们作为校长，又有多大的创新空间呢？或者说，作为校长，我们在办学思路上又进行了多少创新呢？这个话大概是五年前讲的，是由如何扩大办学自主权谈起来的。其意思大概是，办学定位等一切都是政府规定的，各校很难有真正的创新空间。今天的办学自主权已经大多了，但我们同样可以问，我们又该任何推进创新呢？比如现在各校都在做规划，但包括我们学校的发展目标定位的提法等，我们有多少自己独立的判断、独立的见解呢？

有没有自己独具特色、不可模仿的创新的理念呢？还是这句话，创新意识的前提是独立意识。可喜的是，现在各学校已经开始注意提炼具有自己特色的办学理念了，这里，同样需要继承与创新的结合，注意大学传统的“文脉”相续和与时俱进的时代精神相结合。

对不起，已经讲了够长了，简单的结语是：现代大学规划要贯彻“以人为本”和“可续发展”的指导思想，应该坚持大学“教授治学”的传统精神和“学生为本”的现代理念的统一。这就是吴启迪校长一直强调的：第一，以学生为主体，育人是教育之本，学校的所有工作都要以学生为主体。第二，以教师为中心，学校的管理工作中，必须确立以教师为中心的管理理念。我想，这里也有一个大学理念确定与大学制度建设的问题。总之，具有战略思维的视野，把握战略时空的全局，以大学理念守护为核心，以大学制度创新为保障，才能做出经得起历史检验的战略规划。

谢谢大家，欢迎指教！

（本文系作者在第三次直属高校发展战略规划研讨会上的专题报告）

教育创新与
北京大学创建世界一流大学

北京大学发展规划部 倪斌 岳庆平

1998年5月4日，江泽民同志在庆祝北京大学建校一百周年大会上指出："我们的大学应该成为科教兴国的强大生力军。教育应与经济社会发展紧密结合，为现代化建设提供各类人才支持和知识贡献。""为了实现现代化，我国要有若干所具有世界先进水平的一流大学。这样的大学应该是培养和造就高素质创造性人才的摇篮……"讲话不但明确提出了创建世界一流大学的奋斗目标，揭示了世界一流大学的基本特征，更指明了面向21世纪教育改革和发展的方向，并再次向全党全国人民发出了实施科教兴国的动员令。

2002年9月8日，江泽民同志在庆祝北京师范大学建校100周年大会上的讲话中，又高瞻远瞩地提出了教育创新的战略思想，指出："教育是培养人才和增强民族创新能力的基础，必须放在现代化建设的全局性战略性重要位置。"而"要完成这一历史任务，必须不断推进教育创新。教育创新，与理论创新、制度创新和科技创新一样是非常重要的，而且教育还要为各方面的创新工作提供知识和人才基础。"这次讲话是"教育创新的时代宣言"。教育创新，发展完善了国家知识创新体系，确立了我国新世纪教育发展的战略目标，不仅为高等学校深化教育改革指明了方向，也对创建世界一流大学提出了更高的要求。

在党和国家的亲切关怀下，1999年，北京大学正式启动创建世界一流大学计划，提出了分两步走，到21世纪初叶把北京大学建成世界一流大学的战略构想。创建世界一流大学是一项集“调整、改革、建设、提高”为一体的非常复杂的系统工程和艰巨任务。实现这一目标，必须抓住机遇，深化教育改革，实现学校在学科建设、教学改革等方面的跨越式发展。而要实现跨越式发展，就必须以“三个代表”重要思想为指导，按照“改革要有新突破，发展要有新思路，开放要有新局面”的要求，不断推进包括教育创新在内的各方面创新。实际上，创建世界一流大学过程本身就是一个不断创新的过程。世界一流大学不但要成为“培养和造就高素质的创造性人才的摇篮，认识未知世界、探求客观真理，为人类解决面临的重大课题提供科学依据的前沿，知识创新、推动科学技术成果向现实生产力转化的重要力量，民族优秀文化与世界先进文明成果交流借鉴的桥梁”，更应该成为包括教育创新在内的知识创新工程的领跑者和示范园。

一、培养高素质创造性人才，是一流大学的首要任务，实现这一目标，必须转变观念，深化以课程体系为核心的各项教学改革，教育创新是全面推进素质教育的客观要求

教学是学校第一位的工作，培养人才是大学的首要任务。当今世界“科学技术突飞猛进，知识经济已见端倪，国力竞争日趋激烈。”综合国力的竞争越来越取决于人才的竞争。大学是培养高素质创造性人才的摇篮，人才是高等教育发展的核心之一。而且，“知识经济使知识传播手段在空间和时间上发生变化，知识更新周期缩短，社会职业流动加快，大大增加了对教育结构的弹性要求和从业者的灵活性、适应性要求。在知识经济时代，大学期间的教育将成为社会化的终身教育的一部分。因而在教学观念、内容、方法和目标上都需不断地革新”，①可见，科技进步的日新月异和知识经济的出现都要求大学培养的人才能够全面掌握科学技术知识，德、智、体、美全面发展，即大学教育，不仅要培养学生“做人”(to be)的素质，又要培养学生做事(to do)的能力，前者要求学生掌握较为广博的知识，不局限于狭窄的专业知识范围，后者要求学生具备一定的专业能

① 闵维方:《发展知识经济的关键与大学的使命》,《科教兴国动员令》,北京大学出版社,1998 年版,第 114 页。

力，以适应未来就业的需要。完成这一任务，必须大力推进教育创新，全面实行素质教育。教育创新已成为全面推进素质教育和培养高素质、创造性人才的客观要求。

教育创新从“宏观上讲需要加快教育制度改革的步伐，微观上说则必须深化课程体系改革，充分利用现代科学技术手段，大力提高教育的信息化和现代化水平。”因此，教育创新既包括教学手段的创新，又必须转变观念，深化以课程体系建设为核心的教学改革。

不论在学术训练领域，还是在职业培训领域，课程按照专门化程度可以分为两种形式，一种是“专门型的”(specialized)，另一种是“通识型的”(general)。全面推进素质教育，课程体系的改革应包括两个方面：一是下大力气进行通选课建设，课程选择的面要宽，课程选择的范围要大；二是建立相对完善的学分转换体系，逐步允许学生在跨专业、跨院系选修课程方面有更大的自由度。

在创建世界一流大学的过程中，北京大学充分利用综合性大学学科齐全，以及人文科学、社会科学、自然科学、技术与工程科学之间的相互交叉与渗透为人才全面发展创造的良好环境，遵循“加强基础、淡化专业、因材施教、分流培养”的教改方针，按照“培养知识结构合理，创新意识强烈，适应能力强的高素质人才”的教育理念，积极推进素质教育，在低年级实行通识教育和基础教育，在高年级实行宽口径的专业教育，逐步实行教学计划和导师指导下的学生自由选课学分制。”明确提出要加强“宽广的知识领域、扎实的基本技能和较好的文化素质”三个方面的基础教育，逐步进行以课程体系为核心的改革，大力加强通选课和主干基础课建设。“九五”期间，北京大学全校通选课规模已从最初的一学期 30 余门发展到 130 门。截至 2003 年 9 月，北京大学每学年全校通选课规模已经达到 200 门左右，其中重点建设 100 门左右精品通选课；计划到 2005 年，精品通选课达到 150 门，涵盖数学、物理、化学、力学、地球科学、空间科学、环境科学、生命科学、信息科学、政治学、法学、经济学、社会学、哲学、心理学、历史学、教育学、语言学、文学和艺术等学科，推动知名教授和优秀教师建设和承担通选课，使通选课走向规范运转的轨道。主干基础课建设也取得了实质性进展，不但确定了 300 多门主干基础课程，而且，超过 50％的教授讲授本科基础课。主干基础课制度已成为北京大学培养高素质创造性人才的基础。

此外，北京大学课程改革与建设还将文科、理科和医科结合起来考虑，努力促进文科、理科与医科之间的交流。

为进一步推进教育创新，深化教学改革，2001 年在充分调研论证的基础上，北京大学推出了以“开风气之先”的北大老校长蔡元培先生的名字命名的教改计划——“元培计划”，全面实践本科阶段低年级通时教育和高年级宽口径专业教育相结合的教育理念。

“元培计划”是对专业教育模式的一种挑战，它改变了传统的培养经营人才的观念，为最终实现本科学分制做准备和积累相关经验。其核心内容，一是突出本科教育在整个高等教育的基础地位，在学生入校后的前两年，不分专业，文理兼备，打通培养；二是进行本科生学习制度的根本改革，把现有的学年学分制度改为教学计划和导师指导下的学生自由选课学分制，全面推进素质教育，鼓励学生勇于创新，善于创新。努力使学生在德智体美等方面全面发展，使他们不仅掌握比较丰富的科学文化知识，而且具有远大的理想、坚定的信念和高尚的情操，还要塑造健康的体魄、完美的人格，引导学生努力追求通晓古今中外，兼备科学精神和人文精神，切实克服专业面偏窄、教学内容偏旧、教学方法偏死、培养模式单一、缺乏个性和创造性、人文教育与实践环节偏弱等弊端，从而使专业教育与通识教育、理论与实践、教学与研究紧密结合起来，使学生具有合理的知识结构和能力结构，具有宽广的视野和深厚的学术功底。

二、学科建设是教育创新的基础，深化教育改革，推进教育创新，必须紧紧扭住学科建设这一中心，努力提高教学科研的整体水平。教育创新也必须与理论创新、科技创新和体制创新相结合

学科建设是学校安身立命的根本、改革发展的龙头，对于人才培养和学术研究至关重要。只有拥有强大的学科和雄厚的科研力量，深化教学改革，推进教育创新才有强大的基础和后进。教育创新必须与科技创新、制度创新相结合，齐头并进。

推进教育创新、科技创新，要十分关注学科在高度分化基础上的交叉与综合，遵循现代科学技术的发展方向，大力促进学科整合。

学科的分化和综合是学术发展的两种趋势，是实现知识创新的两种途径。19世纪出现了知识学科化和专业化的趋势。学科的分化无疑大大促进了学科的发展。在学科分化的过程中，人们选择不同的角度、使用不同的方法来解剖和分析认识对象，以达到深入认识事物属性的目的，但同时也造成了知识体系的肢解，不同学科之间缺少交流，形成了互相分离的局面。现代科学技术正朝着既不断分化，又不断综合的方向发展，新知识的生长点往往出现在学科的边缘和学科之间的交叉处。目前，许多学科之间已经没有截然分明的界限，自然科学、技术科学、社会科学、人文科学内部各分支领域以及相互间的依赖程度越来越大，解决经济社会发展中遇到的人口、环境、生态、能源、空间等重大问题有赖于各种专业和社会力量的协同努力。在学科综合的过程中，人们把事物的各个侧面联系起来，可以建立对客观事物的完整认识。相信这种综合的趋势在21世纪将会有增无减。过去，我们对于学科分化的负面影响认识不足，产生了一些人为设置的界限，加上目前在职称评审、奖励制度中存在的弊端，阻碍了不同学科之间的交流和交叉学科的成长。目前，国外许多著名大学正在采取各种措施，改变这种状况，如哈佛大学，每年都由教务长办公室拨专款，扶持跨学科研究活动的开展，包括环境、伦理和职业、健康政策、思维/大脑/行为、教育和儿童等等，组织形式灵活，反映了未来学科发展的方向和趋势。因此，推进教育创新必须正确认识和处理学科分化和综合的关系，鼓励跨学科的交叉和融合，扩大学生的知识领域，培养高素质复合型人才，把学科的整合与新生长点的孕育创新作为学科建设工作的主要着眼点，大力促进跨学科研究中心的建立。

“九五”期间，北京大学认真贯彻国家关于高等教育“共建、调整、合作、合并”的八字方针，努力组建一个学科更加齐全、结构更加优化、综合实力更强、办学效益更高的新北京大学。2000年4月，原北京大学与原北京医科大学成功实现合并。合并后，校本部和医学部的融合平稳顺利，医学与其他学科的相互交叉显著地促进了高层次人才培养、科研与学科建设，学校的面貌也发生了显著变化。基本完成学科整合，使北京大学成为包括人文科学、社会科学、管理科学、教育科学、自然科学、技术科学、工程科学、医学科学等学科门类齐全、结构合理的综合性大学。目前，北京大学拥有包括人文科学、社会科学、管理科学、教育科学以及自然科学、技术科学、工程科学、医药科学门类比较齐全的学科体系。共有100个本科专业，4个第二学士学位专业，221个硕士专业和199个博士专业；81个全国重点学科，13个国家重点实验室，8个教育部重点实验室，8个卫生部重点实验室，2个国家工程研究中心，1个国防重点实验室，3个教育部开放实验室，6所附属医院（所），10所教学医院。未来几年，北京大学将在学术思想不断创新的基础上，发扬基础学科的传统优势，瞄准学科前沿，建成一批公认的具有国际水平的基础学科，使其成为促进其他学科发展的强大源头；并加强对现有应用学科、技术学科和新型工程学科的支持和整合；有选择地重点发展一些新兴的边缘学科、交叉学科，适当增加一些国家急需的应用学科、高新技术和工程学科，把信息科学、生物医学、新材料科学、环境科学、地球与空间科学及国家经济与社会发展的重大人文、社会科学研究领域等作为学科建设中重点支持的研究方向。提高为国家发展做出贡献的能力，积累迎接世界科技革命挑战的潜力，从而增强培养高素质创新人才和开展高水平科学研究的实力，力争在科学前沿和承担的国家重大项目中取得一批标志性的、具有世界先进水平的创新性成果，并形成若干居于国际先进水平的交叉学科和新兴学科生长点。

全面推进学科建设，是一项头绪繁多、情况复杂的系统工程，必须从学校发展的全局着眼，正确认识和处理自然科学、技术与工程科学同人文科学、社会科学之间的关系，坚持科技与人文并重。科学是内在的统一体，科学和人文是相辅相成的。长期以来，我国部分大学在学科建设上普遍存在着重科技轻人文、重工轻理、重理轻文的现象。当我们谈到创造性时，往往认为只有自然科学、技术与工程科学才有创新，常常忽视人文科学、社会科学的创新，忽视人文因素在创造性培养过程中的重要作用。实际上，培养创造性人才既包括创造能力的培养，也包括创造精神的培养，而后者是与培养对象对社会、国家乃至人类的责任感以及探索未知、追求真理的强烈兴趣密切相关的，人文科学、社会科学在其中起着重要作用。因此，科技与人文应该协调发展，不可偏废。大学的学科建设要坚持科技与人文并重，力求二者相互促进、共同发展。

北京大学的人文科学和社会科学学科有着独特的优势，在弘扬中华民族优秀文化、传播马克思主义、推动科学进步、为改革开放和现代化建设服务方面，培养了大批优秀人才，取得了丰硕的科研成果，形成了光荣的传统和优良的学风。人文社会科学的科研要力争把改革开放和现代化进程中的重大理论问题和实践问题作为主攻方向，加强综合研究，为两个文明建设服务，为党和国家的决策服务，积极探索有中国特色社会主义政治、经济、文化发展的规律，不断产生重大的思想文化成果，成为国家重要的思想库。

三、人才队伍是实现教育创新的保障，推进教育创新必须大力加强师资队伍建设，重视师德师风建设，不断优化育人环境

一流大学一流学科的运行和推进教育创新的主体是高素质的教师队伍，因此，不断加强师资队伍建设是教育创新的基础和关键，也是实现教育创新在内的其他各方面创新的保障，因此，必须大力加强队伍建设，高度重视师德师风建设，不断优化育人环境。

建立一支具有国际先进水平的学术带头人队伍，是一项艰巨的任务。几年来，北京大学根据创建世界一流大学规划，把队伍建设作为重大战略任务来抓，立足于提高各类人员素质，按照“着眼一流，立足改革，淡化身份，强化岗位，突出人才，优劳优酬，存量不动，增量拉开”的原则，大力进行人事制度改革，在“跨世纪人才工程”的基础上，积极实施教育部指定的“高层次创造性人才工程”，努力吸引和培养一批具有世界先进水平的优秀学术带头人，形成人才队伍的激励竞争机制，调动各方面积极性。经过多年的努力，队伍建设的重点目标已基本完成，已具有一定程度的人才优势。两院院士、长江特聘教授、国家有突出贡献的中青年专家、国家杰出青年基金获得者、“973”首席科学家等都居全国高校前列。教师队伍的学历结构也有显著变化，具有博士学位的比例已达 44.1％，教师队伍中教授的平均年龄已下降为 52.6 岁，45 岁以下教师占教师总数的 63.1％，教师队伍新老交替已平稳实现，初步建立起了一支适应创建世界一流大学需要的高素质师资队伍。下一阶段，在此基础上，北京大学将进一步牢固树立人才资源是第一资源的思想，坚定不移地持续实施高层次创造性人才工程，把培养、吸引和用好人才作为重大战略任务切实抓好；创造良好的学术氛围和竞争机制，制定合理的评价体系，鼓励优秀人才脱颖而出；不断加强吸引人才和对优秀学术带头人及骨干的支持力度。

北京大学优秀的学术传统、浓郁的学术氛围、良好的事业环境是吸引人才的重要条件，并已经聚集了一批具有强烈使命感、责任感和献身精神的优秀教师，他们胸怀宽广、崇尚学术、勇攀高峰，有很强的适应性、持久的创新能力，做出了令人瞩目的业绩。以这支队伍为核心，形成了吸引和培养人才、为各级各类人才发挥才干的良好环境。大力推进教育创新，要不断改善学术环境，宣传教职工的高尚品质和奋斗精神，以才引才，使更多更优秀的人才加入到创建世界一流大学的队伍中来。

人才培养质量和科研成果水平的高低是衡量教育创新的标尺。教育创新是大学软环境建设的核心。推进教育创新还应大力加强学校的学风建设，坚持严谨而不保守，活跃而不轻浮，锐意创新而不哗众取宠，追求真理而不追逐名利，甘于寂寞，淡泊名利，力戒浮躁，潜心钻研，多思慎思，注重学术积累；坚持厚积薄发，清除赝品，拒绝平庸，坚持"百花齐放，百家争鸣"的方针，努力营造相对自由、宽松和激励创新的学术环境氛围。大力加强师德师风建设，使教师不但成为传授知识的"经师"，更要做善于育人的"人师"，努力做到江泽民同志提出的"志存高远、爱国敬业"、"为人师表、教书育人"、"严谨笃学、与时俱进"，以自己良好的思想和道德风范去影响和培养学生，不断优化育人环境，为人才培养、科学研究和包括教育创新在内的各类创新提供良好的环境和土壤。

建设世界一流大学的战略思考与实践

——在一流大学建设的理论与实践学术研讨会上的讲话

清华大学 王大中

党的十六次全国代表大会是一次承前启后、继往开来、具有重大历史意义的会议,为全党全国提出了宏伟目标和工作方针。党的十六大指出:"教育是发展科学技术和培养人才的基础,在现代化建设中具有先导性全局性作用,必须摆在优先发展的战略地位"。近年来,在中央科教兴国战略指引下,我国高等教育取得了历史性的快速发展,其中实施"211工程"和"985计划",创建若干所具有世界先进水平的一流大学和高水平大学,是中央作出的具有战略意义的重大决策。下面,我想就建设世界一流大学的发展战略问题谈一些看法。

一、创建世界一流大学具有重大战略意义

是否拥有世界先进水平的一流大学,是一个国家高等教育发展水平的标志,是国家综合国力的重要体现,也是一个国家经济、科技、社会发展到一定阶段以后的迫切需要。当今世界,科学技术日新月异,大学教育、科技、经济一体化的趋势日益加强,建设世界一流大学已成为实施科教兴国战略的必然要求。

江泽民同志高瞻远瞩,站在民族复兴的高度,在即将进入21世纪的关键时刻,1998年在北京大学百年校庆大会上提出:"为了实现

现代化，我国需要建设若干所具有世界先进水平的一流大学。”2001年，江泽民同志在清华大学90周年校庆大会上又进一步指出：“加快高等教育事业的发展，努力在全国建设若干所具有世界先进水平的一流大学。”并从“三个代表”的高度，对建设世界一流大学的重大战略意义和任务进行了深刻的论述，并且在题词中勉励清华师生：“建设世界一流大学，为实现中华民族的伟大复兴而努力奋斗。”其后，江泽民同志又在中国人民大学师生座谈中、北京师范大学校庆大会的讲话中再次论述了发展人文社会科学学科和创建世界一流大学的战略意义，一次又一次地向我们发出了新的动员令。

作为一个发展中国家，在大力推进高等教育快速发展的基础上，发挥我国集中力量办大事的优势，支持若干重点大学的建设与发展，使其跻身于世界一流大学行列，这是中央做出的具有重大战略意义的正确决策。近代世界发展历史表明，一个伟大国家必须有伟大的大学。尤其是在当今世界，科技创新能力已越来越成为国际综合国力竞争的决定因素，越来越成为一个民族兴旺发达的决定因素，而先进的大学正是提供可持续发展的创新成果和创新人才的重要基地。创建世界一流大学，对推进我国的科技进步和创新，对弘扬我国优秀文化具有十分重要的意义，因此是我们发展先进生产力和先进文化的必然要求，是维护和实现最广大人民根本利益的必然要求。

二、关于世界一流大学若干问题的思考

我国是发展中的国家，在发展中国家建设世界一流大学，这既是一项“创新”，也是一项“创举”，这中间有一系列的理论与实践问题需要我们去思考、研究和解决。下面，我想就关于如何理解与界定世界一流大学，如何认识世界一流大学的共性与个性，以及通过跨越发展创建世界一流大学等问题谈些看法。

首先，如何理解与界定世界一流大学。应该说，目前国际上对世界一流大学（World Class University）尚没有一个被普遍公认的

严格定义和量化的评价标准。目前国内各界正在对世界一流大学的标准开展了多种研究，概括而言，就其评价思路大体可分为："自身实力论"、"社会贡献论"与"社会主观评价论"等三类。我们认为，世界一流大学应是学校实力、社会贡献及国际声誉的一个综合概念。也就是说，世界一流大学都是一些高水平的研究型大学，且对社会做出了重大贡献，并得到国际社会公认的大学。此外，国际上属世界一流大学概念下的应有一批大学，世界一流大学应是一个群体概念。在这个群体中，既包括了顶尖级的世界一流大学，也包括了一些后起之秀的世界一流大学。对我国来说，要创建世界一流大学，我们既需要研究像哈佛、MIT 这样的顶尖大学，也要对世界一流大学的群体进行研究，尤其要对一些后起之秀的一流大学进行研究，以利于我们能尽早跻身于世界一流大学行列。为此我们考虑，应找出一个世界一流大学群体的参照系。

在综合考虑了各种不同的评价体系后，我们认为美国大学联合会(AAU)是一个可供选择的世界一流大学群体的参照系。AAU(Association of American University)于 1900 年成立，是由美国高水平研究型大学组成的一个专业协会。经过一个世纪的发展，至今拥有了 61 所美国大学成员和 2 所加拿大大学成员。该协会以提升大学的学术研究和教育水平为宗旨。AAU 的成员有严格的入选标准，通过一个常设的"成员资格认定委员会"来考察和挑选入会的成员大学。AAU 的指标体系主要集中在评价学术研究和学生教育水平方面，包括：竞争性联邦科研资助数量、美国国家研究院院士数量、教师队伍质量和获奖情况、研究论文学术水平等。

通过综合分析比较表明，AAU 的 61 所美国大学处于美国研究型大学中"第一集团"。在 2002 年"美国新闻与世界报告"公布的美国大学排行榜中的前 50 名大学中有 39 所为 AAU 大学。我们将 AAU 大学与其他非 AAU 的美国全国性大学进行了整体比较，结果表明 AAU 大学整体实力都大大高出于其他学校，如 AAU 大学的院士数量是非 AAU 大学的 21.68 倍，发表论文数为 5.47 倍，联邦资助研究经费为 3.46 倍等。

在 AAU 的成员学校中，从建校历史，学校传统，学科设置，各具特色，其中既包括了有哈佛、MIT、斯坦福等顶尖的世界一流大学，也包括了一批后来居上的后起之秀。以美国的优秀大学群体作为参照系，开展一流大学的研究，有助于我们能从总体上研究一流大学发展的外部和内在原因，有助于我们研究与吸取他们的经验，尤其是一些新兴崛起的一流大学的办学经验。

其次，如何对待世界一流大学的共性与个性。世界一流大学应该是强大实力和卓越贡献的统一，应该是既具有世界一流大学的共同本质特征，又要突出各自大学的个性与特色。辩证唯物论告诉我们，矛盾的普遍性与特殊性是同时存在的，世界一流大学也是共性与个性的统一。

在中国建设世界一流大学，我们必须达到世界一流大学的共同特征的要求，包括：要有一批一流学科；培养高层次创造性人才；出高水平原创性科研成果；拥有一支高素质师资队伍；以及充足的办学经费等。这些也正是我们的差距所在，需要我们努力建设与发展。

与此同时，我们也要认识到，世界上的一流大学都是各具特色的。从某种意义上说，正是由于独具特色的办学理念，才使其成为一流大学。一流大学的个性特征主要体现在时代内涵、国家目标和发展战略的差异上。一流大学都是应本国需要应运而生的。在美国正是二战时期核武器和雷达等研制、冷战时期大科学研究项目、以及 70 年代高技术产业发展，造就了一大批美国的一流大学。正如美国 MIT 校长福斯特所说：MIT 首先是一所美国大学，我们已经并将继续为美国做好服务。可以说，为所在国家和民族做出突出贡献是一流大学的基本特征。在中国创建世界一流大学首先是要为国家发展和民族复兴做出卓越贡献。要把面向国家的战略需求放在首位，这是我国一流大学的首要任务，并由此而形成我国的世界一流大学的中国特色。这种特色将体现在很多方面，如：要坚持正确的办学方向；培养德智体美全面发展的社会主义建设者和接班人；科学研究中要正确处理基础研究与应用、开发研究关系；师资队伍建设中处理好尖子人才与团队关系；以及学校管理体制上要贯彻民主集中制，等等。总之，建设世界一流大学必须正确处理共性与个性问题,那种完全照搬国外一流大学的指标与办学模式的做法是行不通的,也是不合适的。

第三,如何通过跨越式发展创建世界一流大学。不少国外一流大学发展的历程中,都经历过一段快速发展的时期,在AAU成员大学中就有一些建校历史不足50年的后起之秀,它们的经历说明,通过跨越式发展建设世界一流大学是可能的。

如美国加州的9所研究型大学中有6所为AAU成员大学,其中UC San Diego(1960年),UC Irvine(1965年),UC Davis(1959年)均为建校历史较短和发展速度较快的大学。此外,还有Brandeis University(1948年),纽约州立大学Stony Brook(1957年)分校均属建校历史不足50年的后起之秀,Carnegie Mellon University也是1967年才由卡耐基技术学院与梅隆学院合并成立的。

跨越式发展应是中国建设世界一流大学的战略选择。当前,我国大学正面临着难得的发展机遇,拥有着国内外的环境优势、制度优势和后发优势。我国经济长期健康持续快速发展,综合国力不断攀升,国际地位迅速提高,为高等教育发展提供了良好环境优势;国家实施科教兴国战略,实施"211工程"和"985计划",拥有集中力量办大事的社会主义制度优越性。加之,注意认真学习与借鉴国外一流大学成功的办学经验,正确制定适合我们国情和校情的战略规划,注意发挥后发优势,在我国通过跨越式发展实现建设世界一流大学的目标是完全可能的。

三、关于建设世界一流大学的战略思考与实践

正确地制定发展战略对一所大学的发展具有决定性作用。大学发展战略是涉及一个学校在较长历史阶段内带有全局性的规划,其内容包括大学战略目标及办学思路、战略发展阶段、以及重要战略实施举措等。由于战略规划是一种相对长远的宏观谋略,因此它应具有相对稳定性,同时,又要与时俱进,不断在实践中开拓、创新和完善。下面结合清华大学建设世界一流大学的实践,谈一些有关

发展战略问题的看法。

关于战略目标与办学思路：早在1985年，我校第七次党代会就提出要逐步把清华建设成为世界一流的具有中国特色的社会主义大学。1993年，我校经过认真研究，提出有限期的创建世界一流大学的奋斗目标，并结合学校情况，提出建设综合性、研究型、开放式的世界一流大学的总体办学思路。

关于战略发展规划：根据党的十六大提出全面建设小康社会的奋斗目标，结合我校实际情况，初步拟订了“三个九年，分三步走”的总体发展规划：

第一个九年，1994—2002年，调整结构，奠定基础，初步实现向综合性的研究型大学的过渡；

第二个九年，2003—2011年，重点突破，跨越发展，力争跻身于世界一流大学行列；

第三个九年，2012—2020年，全面提高，协调发展，努力在总体上建成世界一流大学。

有关的重要战略举措：

（一）构建综合性的学科布局，提高学科建设水平。学科建设不仅是高水平科学研究的基础，也是培养高质量人才的平台，在一流大学的建设中具有重要的战略基础地位。几年来，我校以内涵发展为主，完成了综合性学科布局调整。学校现有12个学院，48个系，学科覆盖理、工、文、史、哲、法、管理、经济、医学等9个学科门类，共有博士点107个，硕士点139个。通过“211工程”和“985计划”一期的建设，发展了工科优势，加速了理科和管理学科的发展，促进了交叉学科发展，学科整体水平有了较大提高。目前，我校正在进行“211工程”和“985计划”的二期规划，学科建设方面的总体思路是：以国家现代化建设的战略需求为导向，强化工程技术学科的群体优势；以医学、生物、工程学科密切结合为基础，建设高水平的医学学科；以原始创新为目标，加强基础学科建设；以提高水平、突出特色为宗旨，发展人文与社会学科、管理与艺术学科；瞄准国际前沿，促进学科交叉，力争在信息、生命、纳米科技领域有重要突破。在“211工程”和“985计划”的规划和实施中，按照“有所为，有所不为”的思想，凝炼学科方向，集中力量，重点突破，建设一批高水平的一流学科。

(二)构建研究型大学人才培养体系，培养高素质拔尖创新人才。人才培养是建设世界一流大学的根本任务。几年来，为了转变教育思想，深化教育教学改革，先后召开了两次全校性教学改革讨论会，每次历时一年多，围绕建立研究型大学人才培养体系，进行了一系列教学改革，制定并实施《清华大学 2001—2005 年教育改革与发展纲要》(简称四十条)。其主要改革措施包括：

坚持以本科教育为基础，改革本科生教学培养方案：完成本科教育从 5 年制到 4 年制的转变；实行本科—硕士统筹培养；推行大学生训练计划(SRT)；鼓励学生个性发展，允许部分学生二次选择专业；改革本科生培养方案，必修学分从 240 降到 170，给学生更多探索时间；促进人文教育与科学教育的结合，规定理工科学生须选修占总学分 25％以上的人文课程，文科学生须选修 10％以上的自然科学课程等。加快发展研究生教育，提高博士生水平：九年来，我校研究生教育得到较快发展，在校研究生 2002 年 11200 人，全日制在校本科生与研究生比为 1∶0.8。同时，采取一系列措施提高研究生的培养质量，特别是提高博士生培养水平。在 1999—2002 年的全国百篇优秀博士论文的评比中，共有 31 篇入选，优秀博士生论文入选率为平均每百名博士 2.1 篇。

积极发展远程教育和继续教育，增强办学活力。已初步建成现代化远程教育系统，在全国共设有 130 个远程教育站，在学人数达 21000 人。

(三)构建研究型大学的科技创新体系，提高科技创新能力。创新是一所研究型大学的生命力所在。在我国创建世界一流大学的首要任务就是，面向国家的战略需求，加强关键技术创新和系统集成，促进科技成果产业化，为国家和地区经济发展做贡献；与此同时，要大力加强前沿性、原始性的基础研究，努力提高学术水平。几年来，我校科研实力有了较大增长，2001 年全校科研经费 8.5 亿元，申报发明专利 441 项。发表学术论文数量有较大增长，质量不断提高。2001 年被 SCI 收录论文 1427 篇，EI 收录论文 1449 篇。2002

年我校在 Nature、Science 上共发表论文 4 篇。此外，我校不断推进与地区及企业的合作，与全国 44 个省市、150 个国内外著名企业建立了科技合作关系。当前，在党的十六大精神指引下，我校正在召开全校第十五次科技讨论会，会议以科技创新为主题，以科技管理体制改革为突破口，构建我校科技创新体系，开创我校科技工作的新局面。

（四）以人为本，建设高水平师资队伍。世界一流大学，无一例外都拥有一支高水平的师资队伍。与之相比，我们的师资队伍的水平还不够高，特别是缺乏一批在世界上有影响力的学术大师。因此我们一直把师资队伍建设作为创建世界一流大学的关键环节。近年来，在国家和社会的支持下，先后进行了岗位聘任和岗位津贴等一系列重要的人事制度改革。实施了"百人计划"、"长江学者"、"特聘教授"、"讲席教授组"等方式，吸引了一批在国内外有一定学术影响力的中青年骨干来校任教。当前我校师资队伍正处于新老交替的关键时期，加强师资队伍建设是当务之急，我校要按照"一流、竞争、流动"的原则实施人才战略，在"十五"期间重点推进"教师职务聘任制"的改革，将按照教授系列和研究员系列分流教师队伍。要建立一支教研结合，学术水平与教学水平兼备的教师系列队伍，同时结合科研体制改革，建立一支固定人员与流动人员相结合的研究队伍。要下大力气培养与引进青年优秀人才，使他们担负起我校建设世界一流大学的历史任务。

（五）加强校园基础设施建设，营造良好的校园环境氛围。发展中国家要建设世界一流大学，必须创造一个良好的、一流的小环境。这个小环境既包含硬环境，又包含软环境。近年来，在国家和社会的支持下，我校的硬环境有了较大的改善，校内公共设施与基础设施建设，教学科研用房，学生教工生活设施，以及绿色大学建设均取得了积极的进展。与此同时，我们更要关注软环境的建设，包括：要努力营造一种良好的学术环境，一种崇尚科学、探索真理、学术自由、科研严谨的浓厚学术环境；要努力营造一种奋发向上的校园文化氛围，弘扬爱国奉献的精神，继承"自强不息，厚德载物"的传统，坚持"行胜于言"的实干作风。为此，我们在全校学生中开展了"严谨为学，诚信为人”的学风教育，在教师中开展教书育人的师德教育，以及在全校开展科学道德规范教育。

清华九十多年的历史证明，大学精神是学校的灵魂和动力。我们要十分重视精神文明建设，如果我们不能在精神文化建设上保持第一流的工作水平，则建设一流大学的目标也是不可能实现的。

党的十六大为我国未来发展绘就了宏伟蓝图和明确了工作方针。新世纪头二十年是一个必须抓紧并且可以大有作为的重要的战略机遇期。作为在国家现代化建设中是有先导性全局性作用的高等教育，作为国家重点支持的高等学校，我们肩负着重要的历史使命，任重而道远。我们要高举邓小平理论伟大旗帜，全面贯彻“三个代表”重要思想，认真贯彻党的十六大精神，解放思想，实事求是，与时俱进，为开创我国高等教育发展的新局面做出我们的贡献。

高等院校战略规划制定的方法与取向问题

南开大学战略发展研究部　翟锦程

我国教育体制改革,特别是社会主义市场经济条件下高等教育体制的改革,为高校自身的发展提供了广阔的空间。适应市场经济的发展,适应高等教育自身的发展,战略规划的制定就显得十分重要。

一、高等院校战略规划制定的方法问题

高等院校战略规划的制定不同于一般企业的战略规划,其价值取向不主要以量化的指标来衡量,尽管一些基本的数据和指标是必需的。高等院校战略规划更关注的应该是提升办学质量的能力、可持续发展的能力和不断的创新能力,以及对经济社会发展和对人类文化发展的贡献。这也是我国研究型大学在现阶段的基本目标。同时,战略规划又不同于一般的工作计划和年度计划,它的制定必须要有科学的指导思想、合理的方法。在这方面,我们做了一些初步的尝试。

2002 年,我们系统地研究了美国高等教育卓越绩效评估体系。这套体系是适合美国教育市场化的一套完整的指标。内容上与我国现行教育体制不尽相同,但方法和原则有可借鉴的地方。

卓越绩效管理的主要内容是对大学或大学的院系进行评价,通

过评价来发现问题、解决问题，进而达到实现卓越绩效的目的。卓越绩效管理评价主要是用于学校自评，这类方法实际上是一种管理工具。其中的核心内容与制定战略规划和事实高等院校的战略管理有着直接的关系。

企业中用于自评的方法大都源自全面质量管理的理论。1987年，美国开始设立国家质量奖，该奖项的评价标准在美国乃至世界范围内产生了巨大影响。1992年在欧盟委员会的支持下设立的欧洲质量奖，是欧洲很多国家和地区质量奖的蓝本，其评价体系的基本内容与美国国家质量奖有许多相同之处。目前，全世界有几十个国家和地区自己的评价标准，但其基本结构仍然保持着与美国国家质量奖相同的特征。至于这种方法的应用效果，美国国家质量奖每年至多颁发六个奖项（两个制造业、两个服务业、两个小企业），一方面，摩托罗拉、AT&T、施乐等几十家企业曾先后获奖，在对各类企业产生了一定的示范效应；另一方面，每年有近20万个企业参加评奖，其中大多数企业参评的目的并不是为了获奖，而是把这个奖项的评价标准作为指南，力求通过持续不断的改进，带动和实现企业整体水平的提高。从1997年起，美国国家质量奖把推进管理升级的思想更清晰地表达出来。在1997年之前，这个奖的评价标准名称均为“质量奖评审标准”，但在1997年后更名为“卓越绩效准则”，而且众多申请者和获奖者的实践也证实了应用这种评价体系能显著提高管理水平和经营绩效。

2000年，美国开始把这种评奖标准推广到高等教育和医疗服务机构，分别制定了适用于高等教育和医疗机构的卓越绩效评价体系。

这种评价体系的内容主要集中在七个方面，即领导方式、战略计划制定与实施的方式、学生与利益相关者、信息分析与使用、人力管理、过程管理以及学校的总体绩效，每一方面都用一组具体的指标来反映，每个指标都有自己的权重和评分标准。评价人员将学校在各方面的得分相加后可以得到学校的总分，用以反映学校的管理水平。这个体系与一些机构组织的高等教育质量评价有着相似的结构，如香港的大学教育资助委员会在检查大学的管理状况时主要是从制定策略、资源分配、推行计划、角色职责与培训、提供服务、管理资讯与系统六个方面进行。

卓越绩效管理的评价体系有着四个主要的特征：第一，这是一种面向业绩的管理评价体系，所谓面向业绩，既不是仅仅对业绩进行评价，也不是仅仅对动因进行评价，而是将两者结合起来。业绩指标具有一定的滞后性，它所反映的其实是前一阶段人们努力的结果；而动因指标又有一定的超前性，通过对动因和业绩这两者关系的检查、分析，可以对管理水平作出更准确的判断。第二，这是一种基于事实的管理方法，对管理环节的评价不是以查阅书面材料为主，而是通过对不同层面人员的调查，了解事实真相，然后做出评价。第三，这种方法强调非规定性和系统性，这种评价强调一个组织应该系统地使用某种方法。第四，遵循持续改进的原则，以发现改进工作的机会为目的；全员参与，自评为主，不是找哪个人应该负什么责任，而是通过评价来发现问题，提高我们的管理水平。

这种评价体系与以往的教育评价在观念上有一些不同之处，最为突出的差别是强调顾客导向。当代企业理论认为，顾客导向是现代企业培养竞争力的主线，企业只有在调查顾客与市场的要求、期望和偏好，检视企业与顾客的关系，以及在如何确定导致顾客购买、满意和稳定等方面采取一些行之有效的措施，才能真正把顾客导向融入日常管理工作中。对于大学而言，顾客导向有着更为宽泛的含义，大学的内部顾客包括教师、行政管理人员、学生等；外部顾客则包括用人单位、学生家长、科研项目的委托单位等。深入研究这些顾客的需求，把顾客的需求置于比以往更高的层级上，我们才可能明确培养竞争力的方向。

在近一年的工作中，我们对卓越绩效管理的有关资料进行了编译，讨论了研究型大学中应用这种方法的可行性，并理清了需要进一步研究的问题。我们认为：

1. 在多学科的综合性研究型大学中，学科门类或学科群可以作为推进卓越绩效管理的单位；

2. 实施卓越绩效管理有利于尽快形成有自己特色的学科知识体系与核心竞争力，这与高等教育改革的基本方向是相一致的；

3. 卓越绩效管理将会对提高教学质量起到直接的推动作用；

4. 如果能够增加一些关键业务流程的评价，则卓越绩效管理将促进这些关键业务流程的改革，进而提高办学效益；

5. 卓越绩效评价体系本身还可以完善和发展，如果把教学与科研结合、互动方式纳入评价体系，把学术团队的组织、激励与业绩纳入评价体系，则这一评价可以对学科建设产生更积极的影响。

卓越绩效管理的原体系共有七个部分，其结构为：

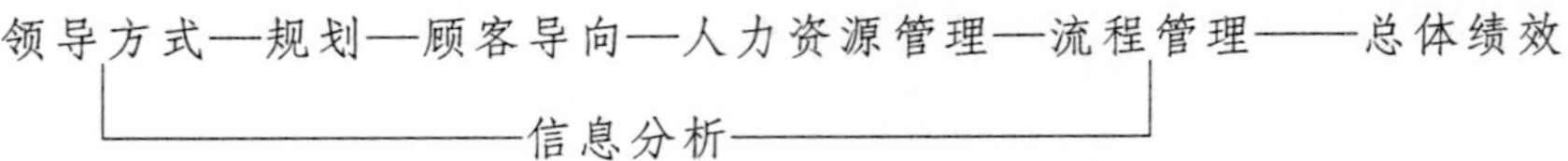

其特点是通过评估，发现问题，进行分类，提出改进建议，从而扩大和发现发展的机会。

结合我国高等院校发展的实际和今后的趋势，我们用卓越绩效管理的基本方法和原则，对原有的评价结构进行了初步改进。改进后的框架为：

导向—领导方式—规划—人力管理—流程管理——总体绩效

信息分析

在导向部分我们增加了符合我国高校实际情况的内容。这一部分主要包括作为投资和管理主体的国家和政府部门对高校的基本要求、以及国家相关政策对高校发展的影响，地方经济社会发展对高校的要求、社会机构、组织以及用人单位对高校的要求等，同时也保留了原体系中的主要内容。这些方面对我国高等院校的发展都有着直接的影响。同时，也体现了高等院校在国家和地方经济社会发展与科技进步和文化建设中的地位和作用。

从总体上来说，这套指标体系不是一个用于学校排名的评估体系，而更重要的是为学校或学科的自身发展提供一个具有宏观导向性的战略管理摹本。

二、战略规划的核心取向是打造学校的核心竞争力

高等学校战略规划的根本指向应该是提高办学质量，追求卓越绩效。而这两方面的集中体现则是培育学校的核心竞争力。尤其是研究型大学，核心竞争力的问题更加重要。

20世纪以来，研究型大学在世界各国的发展中起着重要的作用，研究型大学是以研究工作为重点、具有高水平科研成果、培养高层次创新人才、科研和教学紧密结合的一种大学。研究型大学是国家高等教育发展水平的重要标志，是体现国家综合国力的一个重要方面，世界一流大学必定从研究型大学中产生。另一方面，大学教育半径逐步扩大、学术研究领域重合度日益提高、学术研究团队扩大和学术辐射范围的扩大必然使教育机构和教育从业人员暴露在日益广泛的竞争对手面前，极大地提高了教育主体彼此替代的可能性，从而必然带来教育主体之间的高度竞争。研究型大学作为教育竞争的一个战略性高地，自身面对着更大的竞争压力，如何通过改革、创新来提高研究型大学的竞争力，更是这类学校时时刻刻要考虑的问题。

可以说，研究型大学面对的是旷日持久的竞争，不是一场百米短跑，而是一场马拉松长跑。研究型大学要晋升为世界一流大学，就需要构筑并不断增强自己的核心竞争力，最终在这场马拉松赛跑中逐步取得名列前茅的地位。

近一时期，如何构筑大学的核心竞争力已经成为国内一些院校关注的焦点。对于核心竞争力的含义，大家的理解不尽相同，正如在企业界中，有人把核心竞争力仅仅解释为一个品牌、一个配方或是一项专利，这种过于简单的认识不利于培养核心竞争力。这里谈一谈我们的认识。

核心竞争力（Core Competence）最初是由美国密执根大学的教授普雷赫莱德（C. K. Prahalad）和当时执教于伦敦商学院的哈默

(G. Hamel)在 1990 年的一篇题为《公司的核心竞争力》的文章中提出的概念。他们把这种能力解释为：其一，核心竞争力是一组相互关联的技术、知识、能力的集合体。与人们认识中的一般能力不同，它是这些要素的和谐组合，具有整体性。其二，核心竞争力是向顾客传递基本利益的技术群体，企业生产并销售产品的目的是为了给顾客带来某些利益，核心竞争力正是这一过程中的关键，它能给顾客带来最基本的利益。其三，核心竞争力可以被投射到范围广阔的领域中去，为企业在新市场上打下坚实的竞争基础。同时，两位学者强调，核心竞争力是一种难以为竞争对手模仿的能力。

巴顿(Leonard－Barton)认为仅仅强调核心竞争力“独一无二”、“难以被竞争对手模仿”或是“配置资源技能”无助于人们理解这种能力，而把核心竞争力定义为识别和提供竞争优势的知识体系。这个体系可以从四个方面加以衡量：1)组织成员所掌握的知识和技能，包括企业的专有技术和员工掌握学习科学技术的能力；2)企业技术系统之中的知识，即组织成员知识的系统合成，如工艺流程、数据库和产品设计规则等；3)管理系统，企业管理制度影响着创造知识、学习知识的途径和热情，比如对创新的奖励、有计划的员工教育都可能构成核心竞争力的一部分；4)价值系统，企业成员共有的价值观和行为规范实际上贯穿于以上三个方面，这些观念和行为规范的继承性又与核心竞争力的继承性有着不可分割的联系，巴顿指出“核心竞争力的优势之一在于它独特的继承性，这意味着不易为将来的竞争对手所模仿”。

考虑到研究型大学是以学科门类或学科群为单位来对教学和科研工作进行整体性组织，因此这类大学的核心竞争力似可以学科门类或学科群为单位来构筑，也就是说研究型大学的核心竞争力表现为若干个学科门类或学科群的核心竞争力，而不是一种超出学科范畴之外的能力。

核心竞争力不是一种一成不变的能力，动态地看，可以认为核心竞争力是由三个组成部分构成，即学习与吸收能力、创新与整合能力、延伸与辐射能力，这好比一棵大树，学习与吸收能力好比树的底部或者说根系部分，是植根于各科技领域的学术搜索信息网络，它们从这些领域中获取生长所需要的养分，把学校外部的知识、理论和技术成果吸收进学科的知识体系之中；经过吸收和初级开发后的技术成分被传输到树的中间部分或树干进行系统开发，在这里零散的知识、单项技术被整合成为学说体系和理论工具，支撑起该学科的教学与科研活动；在树的顶部，学科的延伸与辐射能力又把自己的学说体系和理论工具延伸向不同的领域，转化成各种研究成果和教学成果。

根据以上解释，一个学科群中核心竞争力也就是这个学科群的吸收与学习能力、整合与创新能力、延伸与辐射能力，核心竞争力的主体部分是学科群的有自己特色的知识体系，包括相关的理论工具、学说观点等，而在这三种能力的作用下，这一知识体系将不断地得到充实、更新和发展。

需要指出，核心竞争力不是一种资产，而是一种能力。无论对企业亦或大学，品牌都不应被看作是核心竞争力，但品牌应该展现出组织的核心竞争力。培育核心竞争力是一个长时期的过程，在这个过程中，教学和科研的质量应该同步提高，办学效益应该显著得到改善。更重要的是，核心竞争力的培育不可能脱离开学校的基础管理工作，它是随着管理水平的提高而逐渐形成的。

三、结语

经济全球化与教育国际化的发展趋势，以及我国全面建设小康社会的奋斗目标，为高等教育事业的发展提出新要求，也为高等学校的发展提供了新的机遇和挑战。世界教育，尤其是高等教育处于激烈的国际性竞争格局之中，同时，国内兄弟院校之间的竞争也日益激烈，使我国的高等院校处于极其富有挑战性的发展环境中，为进一步激发高校的活力和潜力提供了新的动力。

世界科学技术突飞猛进的发展，社会经济与社会文化的进步，都不断地提出具有时代性和前瞻性的新课题，同时，也为高等教育和高等院校提出了新要求。因此，我们应该树立全国高校一盘棋的观念，积极参与国际竞争与合作，不断推进中国高等教育事业的发展，在满足社会发展需要，引领科学技术与社会文化的发展方面有所作为。

在高等教育国际化的发展趋势下，不断吸收一切有益的经验，提升我国高校的竞争力，在改革中求发展，在发展中抢先机，从而获得更高的国际地位。

创新思路　集成特色　谋划未来

——东北大学制定"三个规划"的几点体会

东北大学　王宛山　颜云辉　赵彩清

"本世纪前20年，是我国高等学校发展的重要战略机遇期。"抓住机遇，实现更快更好的发展，是我国全面建设小康社会的需要，是实施教育振兴行动计划的必然要求，也是各高校的迫切愿望和重要责任。"凡事预则立，不预则废"。新一届教育部领导班子高度重视"三个规划"的制定和落实工作。我校根据教育部的要求，以创新的思路，组织完成了"三个规划"的制定工作。

一、我校制定"三个规划"的基本原则和指导思想

(一)要以创新的思路，紧密围绕学科建设这一主线，集成特色，形成优势。

(二)规划中要体现全局性和前瞻性，正确处理好重点与一般，局部与全局，新兴与传统，规模与效益的关系。

(三)规划的制定必须体现科学性、民主性，具有可操作性。

二、我校制定“三个规划”的几点体会

（一）与时俱进，创新思路

“国运兴衰，系于教育。”教育在现代化建设中具有基础性、先导性和全局性作用。当前，教育现代化、终身化、国际化已经成为教育发展的主流和根本趋势。在这样的形势下，高校制定发展战略规划既要考虑高校个体个性的利益，强化高校的主体意识和发展意识，又要放眼国际、国内大局，考虑教育整体的国家民族利益，强化高校的竞争意识、责任意识。要注意对宏观教育背景的分析和研究，根据国际形势的变化走势、现阶段国家经济社会发展目标的定位和对教育发展的要求，科学制定发展战略规划，要努力使学校置身于在国际知名、国内一流大学群体之中。

东北大学这些年取得的快速发展，与学校前瞻性的办学理念和办学思路是分不开的。早在80年代中期，隶属冶金工业部的东北大学就提出了“既为冶金工业服务，又为辽宁地方经济发展服务”的方针，并及时进行学科结构调整，较早起步建设了信息等新兴学科，为这些学科后来的发展创造了条件。80年代末期，学校在不断强化人才培养和科学研究两大功能的同时，开始探索培育和孵化高科技产业的社会服务功能，形成了产学研相结合的办学特色。进入90年代以后，面对高等教育改革发展的新形势，学校开始了对建设现代大学的研究和探索，逐步树立起以培养具有综合素质的创新型人才为宗旨的现代大学人才观、教学与科研结合的现代大学发展观、面向区域经济与社会发展的现代大学服务观的现代大学理念，提出了建设研究型大学的思路，并且在国内较早开展了教学科研基层组织的改革，为建设研究型大学奠定了坚实基础。

1993年学校恢复东北大学校名，1998年成为教育部直属高校。学校是首批进入国家“211工程”建设行列的院校，1999年底，进入国家重点建设的“985工程”行列，2001年，成为教育部、辽宁省和沈阳市重点共建高校。

通过这些年的宏观思考和探索实践，学校又结合实际，确立了今后的发展目标：到建校100周年（2023年），把东北大学建设成为"多科性、研究型、国际化"的国内一流、国际知名的现代大学（简称高水平的研究型大学）。

（二）科学定位，集成特色

在此次规划制定中，学校明确提出了要以学科建设为主线，对学校现有的办学特色、学科特色进行集成，以期通过若干年的建设，形成新的优势和特色。

发展战略规划的一个关键点是"特色"。而集成特色的关键是进行校情分析，核心是准确定位并确定工作重点。东北大学学科建设的主要经验之一是准确定位、强化优势、突出特色。过去学校是原冶金工业部所属的以工为主的多科性大学，综合实力在冶金部属院校中位居前列，行业特色鲜明，采矿、冶金、机械、材料等方面存在一定的优势。成为教育部直属高校以后，已有的特色和优势得到强化，钢铁冶金、机械设计及理论、有色金属冶金、材料学、采矿工程等传统优势学科得到进一步发展，目前已成为国家重点学科。在本次规划制定过程中，学校集成现有的学科特色，并大力发展信息、生物生命、能源环境等新兴学科，努力形成新的学科优势。力争通过几年的建设，依托这些学科，使现有的计算机软件国家工程研究中心、国家冶金自动化工程技术研究中心、国家数字化医学影像设备工程技术研究中心、轧制技术及连轧自动化国家重点实验室、材料电磁过程研究教育部重点实验室、教育部材料先进制备技术工程研究中心、环境保护生态工业国家环保总局重点实验室等国家和省部级重点实验室和工程研究中心成为我校学科创新研究基地。

在国家信息化带动工业化的政策引导下，学校将立足辽沈老工业基地的大背景，强化学科结构与辽沈工业结构相对应的优势，发挥学校信息学科的辐射和带动作用，在人才培养、科学研究和社会服务方面为地方经济发展做贡献。以"有为求有位，靠贡献求共建"，使东北大学能够更好地为地方经济建设服务。

（三）重点突出，整体推进

成为教育部直属高校后，面对国内高校纷纷造大船，建综合性大学的新形势，我校保持了冷静的头脑，提出要继续建设"多科性"大学，不断优化学科结构，凝炼学科方向，突出学科重点，保持学科特色，加速新兴、交叉学科的发展。坚持"有所为，有所不为"，以7个国家重点学科为核心，构建特色优势学科群，重点扶持和建设18个省级重点学科。通过重点建设，带动学校整体发展，构建重点突出、特色鲜明的学科布局，形成以工为主、理、工、文、管、经、法协调发展的学科体系。

(四)民主参与，科学决策

过去，由于经费等客观条件的限制，规划操作性不强，落实不到位。大家对规划的认识也普遍不足，总觉得"规划没有变化快"、"规划规划，墙上挂挂"，广大教师对规划的积极性、参与性不高、规划的可操作性可受到影响。这次规划的制定，我校是以80年校庆为契机，结合"211工程"、"985工程"的规划要求，在全校上下进行了学校战略发展和学科建设的大讨论，认真学习和领会周济部长的讲话精神，深刻思考"建设一个什么样的东北大学"和"怎样建设东北大学"两个中心问题，解放了思想，统一了认识，使规划不仅具有创造性、前瞻性，而且具有很强的科学性、民主性，得到了上上下下的一致认可，进而保证了规划的可操作性。

2003年是东北大学建校80周年，学校在两年前开始筹备校庆活动时，结合校庆活动和"211工程"、"985工程"的实施，启动了八大工程，为首的就是发展战略规划工程。学校认识到，学校要在新的历史阶段实现新的跨越式发展，必须制定切实可行的发展规划，这就需要广泛发动群众，真心实意依靠群众。学校成立了由校长任主任的发展规划编制委员会，主管校长具体负责组织制定规划。发展规划委员会着重在纵向和横向上抓了规划的"三上三下"工作。纵向上首先要求各学院在充分发扬民主的基础上形成学院分年度发展规划；横向上要求学科建设处、人事处、教务处、科学技术处、后勤管理处等校机关职能部门各负其责，对口发动学院及本部门力量，形成学校学科建设、队伍建设、人才培养等方面分年度分项发展规划。学校规划委员会在学院规划和分项规划的基础上，结合高等教育发展形势和学校自身特点，形成学校发展战略规划初稿，至此完成“一上”过程。初稿形成后，分别下发给学院和机关部门及教代会进行广泛、深入讨论、提出修改意见后再次上交学校发展规划委员会，完成“一下二上”过程。如此自下而上、自上而下多角度、多层次、全方位研究、论证三次后，形成了学校发展战略规划。科学、民主、规范的决策程序，人人参与规划制定的良好局面，使发展战略规划本身更科学、更具有可操作性，同时也使参与者进一步增强了责任感，使决策和实施有了更广泛的基础。

（五）目标具体，措施明确

学校发展战略规划不可能是短期行为，必须具备战略思想、战略意识，并且考虑可持续发展。而实现战略目标，必须要求有阶段性目标。学校在制定规划之初，就要求各部门、各学院结合自身特点提出实现战略目标的近期（十五）、中期（十一五）、中长期（2011—2023）阶段性目标和实现目标的具体措施。在各阶段目标中，要求以近期和中期为主，目标要具体化、数字化、可视化；措施要有很强的突破性和可操作性，并且层层落实责任制。

近期目标以夯实基础为重点。“十五”期间是东北大学整体发展最关键的时期，其目标是要调整完善学科结构，实施学科布局优化，为建设高水平大学奠定坚实学科基础。以完成“十五”“211 工程”和“985 工程”（一期）为主要任务。为此，在学科建设规划中，提出了明确的建设目标和具体的建设措施、并采取“以二级学科为基础，以教学科研基层组织为依托”、层层分解规划目标的办法落实了责任。

中期规划以重点突破为主要内容，主要目标是要力争有若干学科率先达到国际知名、国内一流水平。通过重点突破，带动学校整体发展，为学校中长期的快速发展创造条件。

中长期规划目标是要在 2011 年到 2023 年（建校 100 周年）实现快速发展，将学校建设成一所“多科性、研究型、国际化”的国内一流、国际知名的大学。

为使规划得到落实，学校在制定和落实规划中，还特别注重统筹兼顾学校办学条件、各办学层次的协调发展，努力处理好质量和数量、规模和效益的关系。

1．教育与办学条件的协调发展。东北大学现有的校园空间基本能够满足现有规模的发展需要。但适应构建终身学习教育体系的需要，特别是要考虑研究生招生规模不断扩大的形势，学校高瞻远瞩扩大办学空间，为将来的进一步发展创造了有利条件。

2．教育内部诸如研究生教育、本科生教育、网络教育、成人教育、继续教育的协调发展。队伍建设和条件建设是学科建设和人才培养的基础和前提，在队伍和条件有限的情况下，要使有限的资源发挥最大效益，调整各类人才培养比例是有效的方式。为了建设高水平的研究型大学，东北大学提出要重点扩大研究生特别是博士生规模，稳步适度发展本科生规模（重点在秦皇岛分校），大力发展软件工程教育和网络教育，进一步扩大留学生规模，积极构建较完整的教育体系，为建立学习型社会作出贡献。

3．正确处理教育发展中的数量与质量、规模与效益的关系。坚持把提高教育质量和办学效益摆在重要位置，努力促进教育发展方式从重视规模向提高效益转变。

做好规划与咨询工作,促进一流大学建设

上海交通大学规划发展处/高教研究所　刘念才

一、规划发展处/高教研究所简介

上海交通大学在1999年初的机关改革中,在国内高校中率先成立了规划发展处。全校的机关从34个缩减到19个,其中唯一增加的处室就是规划发展处,由高教研究所和党委政策研究室合并而成。规划发展处是一个咨询部门,没有行政管理职能。

规划发展处与高教研究所实行两块牌子、一套人马的体制,核定编制11个,现在岗9人,其中4人有博士学位、4人有硕士学位。研究人员的专业背景涵盖教育学、工学、理学、文学、法学等,具有明显的学科交叉优势,为做好规划与咨询工作提供了前提。

二、规划发展处/高教研究所的职能定位

上海交通大学规划发展处/高教研究所的职能包括:

Ⅰ. 进行发展战略研究,制定学校中长期战略规划。

Ⅱ. 进行重大问题调研,为学校决策提供依据。

Ⅲ. 进行软科学咨询研究,为政府提供建议。

Ⅳ. 进行高等教育研究,跟踪世界一流大学。

Ⅴ. 进行高等教育学研究生培养和学科建设。

Ⅵ. 参与校园规划、学科建设规划等专项规划。

规划发展处/高教研究所的定位是宏观的、战略性的、综合性的、跨部门的发展规划与决策咨询工作。规划与咨询工作的总体要求是思想性、前瞻性、科学性和可行性。想领导所想、想领导所未想。规划与咨询工作的检验标准是:规划与咨询报告被学校采纳1/10为合格、2/10 为良好、3/10为优秀。

三、规划与咨询工作的业务流程

(一)学校规划制定

1. 进行学校外部环境和内部情况的分析,包括机遇与挑战、优势与不足等,特别要进行与国内外著名大学的对比分析。

2. 进行顶层设计,提出规划纲要框架,组织专家和职能部处进行研讨,形成规划纲要。

3. 校领导讨论审定规划纲要。

4. 根据规划纲要的要求,完成规划(征求意见稿)。

5. 校领导讨论审定规划(征求意见稿)。

6. 广泛征求院系和教师意见,修改形成规划(讨论稿)。

7. 校领导讨论审定规划(讨论稿)。

8. 提交教代会讨论审定。

(二)学校决策咨询

1. 校领导书面或口头布置决策咨询任务,或者根据学校实际自行选定决策咨询题目(各一半左右)。

2. 了解与题目有关的基本情况,通过网络等现代化手段搜集国内外特别是著名大学的相关资料,形成调研提纲。

3. 根据题目需要,深入校内院系、机关、直属单位或到兄弟院校、政府机关、相关企业等进行调研,形成调研报告。

4. 有关校领导审阅调研报告。

5. 根据校领导的审阅意见,修改调研报告。

(三)政府软科学咨询

1. 政府部门书面或口头委托软科学咨询任务,或者根据实际自行选定软科学咨询题目。

2. 了解题目有关的基本情况,通过网络等现代化手段搜集国内外的相关资料,形成调研提纲。

3. 根据需要,深入政府部门、高等学校、科研院所、相关企业等进行调研,形成调研报告。

4. 有关政府部门的领导审阅调研报告。

5. 根据政府部门的审阅意见,修改调研报告。

四、代表性成果简介

发展规划与战略策划方面的代表性成果包括:“上海交大发展战略定位研究”,“上海交大‘985 工程’建设规划”,“上海交大上水平的关键量化指标设置与分解”,“上海交大‘十五’建设规划”,“上海交大与上海农学院合并方案”,“上海交大与紫江集团共建上海紫竹科学园区方案思路”等。

每年完成 20 个左右的学校决策咨询研究报告,代表性报告包括:“电信学院发展模式及‘院中院’问题的调研”,“上海交大的发展模式”,“上海交大的校区功能定位”,“上海交大推进‘院为实体’的试点方案”,“上海交大促进跨学院多学科交叉研究的方案思路”,“上海交大学科布局、水平分析与发展思路”,“上海交大院系设置与整合的思路”,“上海交大构建农学、生命、环境学科平台的思路”,“上海交大深化机关改革的思路”,“上海交大改革与发展进程中的若干热点、难点问题调研”等。

政府软科学咨询研究方面的代表性成果包括:“加快建设中国现代大学制度”,“我国名牌大学离世界一流有多远”,“名牌大学应是国家知识创新体系的核心”,“实施中国大学国家知识创新工程的方案思路”,“美国学科专业设置(CIP)与借鉴”,“高等学校本科学科专业设置规范与目录调整方案"，"我国吸引海外留学人员的基本情况与对策研究"，"国家重点实验室评估办法与指标体系修订方案"，"'985工程'建设使我国名牌大学离世界一流的距离明显缩小"，"我国研究型大学建设的思路与建议"等。

从事高等教育研究并进行研究生培养，不仅为规划与咨询工作提供理论支撑和学术指导，而且能提高规划发展处/高教研究所研究人员的自身素质和工作水平。与此同时，校领导和机关部处长兼职指导高等教育学研究生，结合自己的工作实际进行学术研究，有利于提高机关的管理水平。根据"处、所合一"的模式，结合学校工作实际，我们设置了世界一流大学研究、现代大学制度研究、大学教育教学研究、研究生教育研究等研究方向。

五、规划与咨询工作的几点体会

（一）找出差距、对比赶超

近几年来，包括上海交通大学在内的许多学校制定了创建世界一流大学的奋斗目标和时间表，但是我们离世界一流的差距到底有多大并不清楚，怎么才算建成了也没有标准。因此，制定发展规划与战略目标的时候，必须选定参照体系，进行对比分析，找出差距在哪里。

世界一流大学的标志或评价指标可以有很多，有些是可以量化的，比如说发表的论文、获得的诺贝尔奖等，可以进行定量的国际比较乃至排名。另外有一些无法定量比较，比如办学的理念、文化、模式、战略规划、管理制度等，只能进行定性比较分析，不可能量化排名。还有一些是根本无法比较的，例如一些人文学科，比如中国语言文学，中国自然是第一；再比如大学对自己国家和民族的贡献，一个很落后的小国只有一所大学，这所大学对这个国家的影响是巨大的、深刻的，对自己国家的贡献肯定不比哈佛大学对美国的贡献小，但世界上不会有人认为它是世界一流大学，因为它对世界的影响很小。

为了分析我国大学在世界大学体系中的位置,找出与世界一流大学的主要差距,有必要对一些具有国际可比性的指标进行量化比较和排行。值得注意的是,量化指标及其权重不同,一所大学在排行榜上的位置也将有所差异,容易引起争议。但是,一所真正一流的大学在各种指标体系下都会是一流的,其排名不会产生大的波动。我们认为:应该允许百家争鸣,鼓励各种评价与排行方法出台,经过大浪淘沙,形成一批适用于不同目的并得到广泛认可的评价体系和排行办法。

我们在这方面曾完成过一个研究报告"我国名牌大学离世界一流有多远?"本来只是我们内部的一个咨询报告,初衷主要是为自己学校找差距,从可以量化的东西做起。后来被多家媒体进行了传播,产生了一定的影响,引发了不少讨论和争议。最近我们选择了若干国际可比的、代表学术水平的指标,对全世界大学进行了学术排名,并在我们的网站上公布,在世界范围内引起了反响。

(二)借鉴经验、创新管理

世界许多国家的高等教育发展经验值得我们借鉴。比如,大学的分类管理方面,美国加州的经验就值得我们借鉴,加州政府在战略上把大学分为 UC 系统(研究型大学)、加州州立大学(教学科研型大学)和社区学院三类,每一类的定位明确,特色鲜明。

在大学层面上的战略规划研究方面,我们一直对美国和英国大学规划的目的、内容、程序、历史沿革、现状等进行系统研究。20 世纪美英有不少大学用了几十年的时间由一所不太起眼的学校发展成为本国乃至世界的一流大学。我们就选择了几所这样的大学,对它们进行个案剖析,以期对我国大学实现跨越式发展有所帮助。

在依法治校方面,我们正在对世界一流大学的章程进行研究,他们有很多的共性,且共性远大于个性。大学章程是依法治校的基本依据,是一所大学的基本法。解放前我国许多大学都有章程,现在的情况就很少了。高教法规定的章程主要是针对新办的民办学校要求的,其实所有高校都应该有章程。除大学章程外,我们还选了一些大学的基本规范进行分析,它与章程不同,但也是十分必要的。

(三)分解目标、落实举措

发展规划的实施比制定要难的多。因此必须分解目标、在日常工作中进行落实。比如,我们在制定学校“985 工程”建设规划的同时,通过与国内外名牌大学的对比分析,选择了若干关键指标,量化分解到院系的发展规划和目标考核中,使学校的战略目标得以落实。

再比如,针对学校改革与发展中的重大问题,我们每年完成 20 个左右的决策咨询报告,贯彻学校发展规划的战略思想和举措,促进规划目标的实现。此外,我们将规划的思想和举措贯彻于各项日常工作中,包括参与院系、部处的发展战略和具体工作研讨等。

(四)争取支持、跨越发展

在初级阶段的我国,国家重点投资一批大学是不容易的。大学必须通过自己的努力获得政府和社会的理解、支持。我们做政府软科学咨询研究的一个重要目的是为了争取更多的支持。但是,要争取支持就必须对国家和社会有个交待。一方面,建设世界一流大学必须有国际视野,在世界范围内进行比较,关起门来是不行的,所以要有实力的支持。另一方面,进行国际比较的同时,我们也要看到大学对国家、民族的贡献。

比如,“将我国名牌大学纳入国家知识创新体系的核心”,是我们去年为教育部科技委做的一个咨询报告,后来发表在《高等教育研究》上。科学院的国家知识创新工程试点时拿到 50 多亿,后来又获得 100 多亿经费支持。大学在国家知识创新体系中应有什么样的定位?我们就做了这样一个课题。

再比如,“‘985 工程’使我国名牌大学离世界一流的距离明显缩小”,是我们今年为教育部科技委做的一个咨询报告。如前所述,我们从科研成果的水平着手做了一个多项指标的世界大学学术声誉排名,结果发现:经过“985 工程”建设,我国名牌大学在世界大学学术排名中的位置明显提前,从而增强了政府和社会对大学投资效益的信心。

和衷共济、追求卓越
自强不息、止于至善

——关于“十五”期间同济大学发展规划的几点思考

同济大学改革与发展研究室　章仁彪

经过反复酝酿，凝聚着多方智慧，反映了全校师生员工面向新世纪、建设新同济的强烈愿望和努力方向的《“十五”期间同济大学发展规划纲要》已经正式发布。这将是历经世纪沧桑的同济大学在跨入新世纪之际的一个重要的指导性文件。《纲要》提出的建设综合性、研究型、国际化的一流现代大学的奋斗目标也是历代同济人的共同夙愿，是同济人“和衷共济、追求卓越，自强不息、止于至善”精神的集中体现。笔者在参与共同起草《纲要》的过程中，曾就学校的总体目标及发展战略等的诠释作过一些思考，特录以求教于校内外同仁。

一、关于“九五”期间学校发展回顾的几点思考

任何发展规划的制定都离不开对历史的回溯和现状的把握。《纲要》对学校在“九五”期间改革和发展的回顾中提纲挈领地总结了主要成绩和存在的主要问题。笔者以为，“九五”期间是同济大学发展历史上一个重要的转折。记得名誉校长李国豪院士曾经用“三次转折”概括了建国以来同济大学走过的曲折历程，即50年代初的全国高校“院系调整”使同济大学“伤筋动骨”，从一所综合性大学变

为一所以土木建筑为特长的工科大学；70 年代末的改革开放带来高教发展的春天，同济大学抓住机遇，毅然提出并实施了“两个转变”即由工科大学向多科性理工大学转变，由一般的国内高校向作为对外（德）交流的“窗口”高校转变；而“九五”期间的全国高教管理体制的改革又为同济大学提供了一个重要的发展契机，通过两次并校改革，学校终于恢复了综合性大学的基本框架。亲身经历了这第三次转折的同济人都会深切地感到其来自不易。同时，我们要清醒地看到，这第三次转折带给同济的是机遇与挑战的并存。特别是经过新一轮高教改革调整后的同类高校获得的综合实力的提升大都大于我校，进入综合性大学行列后学校面临的将是在一个新的平台上的一种更高水平的竞争。因此，科学总结“九五”工作的经验和教训，对于新世纪同济大学的继往开来、再创辉煌是十分重要的。笔者以为，要把握影响学校“九五”期间的改革和发展的基本脉络，充分认识下面四件大事的成功经验和重要意义是关键：

1. 争取实现了国家教委和上海市政府对学校的“共建”，获得了对学校未来发展极为重要的一大资源支持，学校立足上海，通过更多地参与地方的国际化大都市的基本建设、支柱产业和科技攻关，赢得了上海市人民和政府的充分肯定和高度赞扬，同时继续面向全国，发挥自己的学科优势和科技成果服务于经济建设主战场，取得了可喜的成绩和良好的声誉。以贡献求支持、有作为才能有地位，这是一条重要的经验。

2. 通过不懈的努力进入中央政府资助的“211 工程”建设行列，有力地促进了学科建设和事业发展，并已圆满完成了一期建设任务，顺利通过验收；学校的 9 个学科入选上海市的重点建设项目（其中 2 个被列入“重中之重”），获得较大力度的支持。学校成功地进入了国家“教育振兴行动计划”重点支持建设的高水平大学行列，为学校的未来争取到了一个广阔的发展空间。敢拼才会赢，以理想为动力、以实力为后盾，还要有一种持之以恒、永不言败的顽强毅力去力争、去拼搏才能达到预定的目标。

3. 通过两次并校的改革，大大扩展了办学空间，实现了优势互补、资源共享，恢复了同济医科品牌，实现了由多科性的理工大学向综合性大学的转变；由于成功地创造了高教管理体制改革中打破条块分割、优化资源配置、实现完全融合、实质合并的“同济模式”，大大提高了学校的声誉，并获得中央和地方政府的肯定和资助，顺利实施“新同济安居乐教工程”，大大改善了教职工的住房条件，从而成功地实现了“以共同目标团结人，以事业发展凝聚人”的并校指导方针。解放思想、敢冒风险、善抓机遇、科学决策，这也将是同济大学能否通过深化改革，实现超常规的跨越式发展的关键。

4. 通过教育思想和发展战略的大讨论，进一步明确了学校办学的指导思想和发展目标，确立了“本科教育为立校之本，研究生教育为强校之路”，“依托传统优势学科，拓展高新科技领域”等发展方针，形成了有同济特色的教学、科研、服务、交往四大功能并举的TRSC办学理念和知识、能力、人格协调发展的KAP人才模式。有个性才能有创新、有特色才能创品牌，有远大目标才能有共同“愿景(vision)”，有一流意识才能办一流大学。

上述四件大事对同济大学发展的影响是显而易见的。这里政府的导向无疑是重要的，但学校为此付出的努力也是艰辛的。因为根据笔者所知悉的历程，可以说每一件事情的成功都是来之不易的，不仅要有运筹帷幄的科学决策，而且要有锲而不舍的敬业精神。经常是似乎已到了“山穷水尽疑无路”之境，而成功就在于“再坚持一下”的努力之中。一旦认准目标，就要以不屈不饶的顽强毅力坚持到底、决不放弃，才能最终赢得“柳暗花明又一村”的成功。同时，这四件大事的实现也是学校领导审时度势、高瞻远瞩，果断决策、谨慎推进战略的成功。这是同济人在跨入新世纪之际值得认真总结和诊视的一份宝贵的工作经验和重要的精神财富。这就是一种高昂而宏大的理想主义和一种严谨而求实的现实主义的统一，“志当存高远，路当踏实行”。这四件大事的成功也标志着同济大学在进入新世纪之际，已经取得了一个较为有利的出击点，从而能在一个较高的平台上进入新一轮的竞争和发展。为了新世纪的腾飞，同济大学正蓄势待发迎挑战，乘风破浪向未来！

二、关于学校办学目标定位的诠释和启示

经过两次并校改革的洗礼和全校师生员工的共同努力，学校完成并顺利通过国家首期“211工程建设”验收，并被正式列入国家“面向21世纪教育振兴行动计划”重点建设高校的行列。《纲要》指出：今日的同济大学已经成为一所规模空前、特色鲜明，学科比较齐全、实力比较雄厚，国内一流、国际知名的综合性大学。经过几次全校性的教育思想和发展战略的大讨论，学校的办学目标定位已经基本明确，这就是：同济大学将建成一所文理交融、医工结合，科技教育与人文教育协调发展的综合性、研究型、国际化的一流现代大学。

2007年将是同济大学的百年校庆。“十五”期间将是同济大学发展的关键时期。建校100周年之际的同济大学将是一所怎么样的大学呢？《纲要》指出：同济大学“十五”期间的主要任务是：到2007年，学科的布局结构得到较大的调整，师资建设整体素质有显著提高，教育质量和科研水平迈上新的台阶；经费渠道得到较大拓宽，教职员工收入持续增加，教学科研条件和设施得到明显改善，多校区建设取得重大进展，校园规划更趋合理、环境更趋优美、功能更趋完善，学校的综合实力居于国内高水平大学的前列，国际知名度有显著提高，综合性、研究型、国际化的多功能型现代大学的框架基本奠定。

根据上述表述，笔者认为，同济大学的发展目标是基于对现代高教发展的趋势和规律的客观把握作出的（参见吴启迪、章仁彪《“全球化”时代的现代大学理念和制度创新》，载《同济教育研究》2001年第2期，《教育发展研究》2001年第7期），也是基于对同济大学发展历史和现状的自我认知而确定的。而如何对此取得更多的共识，以真正形成共同的“愿景”实为全校师生员工之必须。在此，笔者愿就本人理解，稍作浅释：

（1）“文理交融、医工结合，科技教育与人文教育协调发展”是其基本内涵：“理工文医”是目前同济大学基本的学科结构和综合性的

基本特征（这里的“文”是指广义的，包括文史哲经法教管等门类），“文理交融、医工结合”是学校正在探索的学科交叉、办学特色的组成部分和战略目标；“科技教育与人文教育协调发展”则是现代教育理念的基本精神和培养面向未来具有广阔视野的复合型高层次人才的根本要求。科技教育应该包括科技知识、科学精神、科学方法、科学态度等科学素养的传授和培养；人文教育也不应该只是对人文、社科、艺术等知识的了解和传授，更应该是一种对人的价值、人的尊严、人的命运的关怀和尊重，以及对人类的责任感、使命感的人文精神的培养。

（2）“多功能型现代大学”是根据大学的历史轨迹和基本趋势以及同济大学的现实发展特色提出的自我目标定位。继以传授学问为主的传统教学型大学、近代洪堡开创的“教学”和“研究”并重的研究型大学之后，自 20 世纪 60 年代由美国兴起以“服务”社会为大学的第三大功用的“多元大学（multiversity“巨型大学”?）”，再到 90 年代“知识经济”和经济全球化迅猛发展、国际文化和文明的合作和竞争并存背景下，多功能型的现代大学渐趋成型。学校首倡以“交往”促文明为大学的第四大功能，提出教学、研究、服务、交往四大功能并举的 TRSC 现代大学理念：教学育人才（本科生和研究生教育并重），研究出成果（基础研究和应用、开发研究并重），服务创效益（科技攻关服务与决策咨询服务并重，经济效益与社会效益双赢），交往促文明（科技与文化交流并重，传统对欧（德）“窗口”和拓展亚太合作并重；也包括科技与人文“两种文化”的沟通和协调）。

（3）综合性、研究型、国际化是多功能型现代大学的基本特征。“综合性”首先是指学科门类与专业设置的多样性、综合化，这是综合性大学的基本标志，包括校园氛围及教学手段、方法、技术、环节等的多样性、交叉性的综合；但更重要的是指培养出来的人才素质的综合性。为此，学校强调科技教育和人文教育的协调发展，提出“知识、能力、人格”三位一体的人才培养模式（简称 KAP 模式）。这方面对于同济大学来讲还是任重而道远的，特别是作为以文理医工为基本框架的综合性大学，文医两大领域的学科建设，还必须化很大力气才能见成效的。在 21 世纪我国的社会进步和人的全面发展进程中，人文社科人才的需求将逐渐上升，人文社科教育的地位也将更加凸显，学校必须未雨绸缪，从长计议；而医学和生命科学的发展以及医工结合的探索等亦是前景广阔而又征程多艰的。“十五”期间能奠定综合性大学的基本框架的任务不可小视。

“研究型”首先是指充足的研究经费和研究生教育的比重，这是研究型大学的基本标志（源于德国洪堡理念、诞生于美国的“研究型大学”概念在欧洲并不那么被突出，根据美国卡内基基金会97年对研究型大学的分类，获纵向研究经费的数额被认为是大学综合实力的主要指标，按照这一标准，作为发展中国家的中国大学是难以达到的；而2000年的分类则更强调授与博士学位的科目的数量。当然，中国的研究型大学可以有一套自己的标准，比如，国务院学位委员会批准设立研究生院就有一套基本条件的要求）。研究型大学实质是对人类发现和发展知识方面的贡献而不是仅仅传授已有的知识（笔者认为也应该包括教学中对科学发展前沿问题的涉猎的深度和师生共同参与式的研究型课程seminal“席明纳”的推广及其水平的提高），关键是要建设一支以学术大师领衔的、具有高水平研究能力的师资队伍（笔者认为，研究型大学对专任教师的研究工作量及成果的考核和对专职研究编制人员的教学工作量的要求是同样重要的）。

“国际化”是“全球化”时代现代大学的突出特征，也是同济大学迎接未来挑战、建设一流大学发展战略的重要组成部分。“国际化”要求课程设置的国际化、教学内容的前沿化、师生视野的全球化和交往能力的国际化。在加强师资的国际交流的广度和深度，扩大留学生教育规模（留学生的人数和比例是一所大学国际化程度的重要指标）的同时，本校学生的出国交流和争取更多的专业、学历、学位的国际承认方面要有更大的拓展。我国正式加入WTO后，首先面临的挑战将是我们传统办学思想和观念的更新，这方面我们是否已有了充足的准备了呢？

（4）建设若干所“世界一流大学”是江泽民同志在北京大学百年校庆大会上发出的号召，也是新世纪中国重点大学正为之而努力奋斗的共同目标。我认为这主要是指中国要有若干所世界公认的综合性大学进入世界高教的前沿，因为综合性大学往往是一国高等教育综合实力的主要代表。作为中国首批现代意义的大学之一的同济大学理所当然地要以此为目标，这也是历代同济人共同的夙愿。在《纲要》中未写上“世界”二字是同济人的一种务实作风的体现，因为作为发展中国家，这的确是需要几代人的努力才能真正达到的目标，“十五”期间是不可能一蹴而就的。当然，以一流的意识、一流的工作建设一流的学科、培育一流的人才，这也是所有高校的努力目标(可以说，没有哪一个校长会自认只能是以二流学校为目标的。“一流”可以是有不同特色和专长及标准的。据笔者了解，上海音乐学院就是一所国际公认的一流的音乐学院)。但笔者以为，作为学校发展的总体目标，还是完全可以以综合性的“世界一流大学”为目标的。

三、关于“十五”期间学校工作的基本方针和发展战略的认识

(1)关于“指导思想”:《纲要》为实现学校的总体目标确定了指导思想 ，强调以邓小平理论为指导，全面贯彻江泽民同志“三个代表”思想，坚持教育的“三个面向”，实施高校的“两个转变”；坚持“三个有利”，促进改革发展；坚持“两个中心”，发挥“四大功能”；坚持“两个文明”，培养“四有新人”。全面提高学校的综合竞争力和国际知名度，努力跻身于世界知名的高水平大学行列。这一指导思想的进一步明确对于学校各项工作的提纲挈领、高屋建瓴是十分重要的，它也是学校这几年工作中一直在贯彻的指导思想，其初步提出和形成于学习党的十五大精神之际，而又进一步确立于“三讲”过程中，这一次明确地表述于《纲要》中的意义将是巨大的。

(2)关于“基本方针”:“基本方针”的表述是环绕学校的发展目标和面临的任务而确定的:“以学科调整为主线，以师资建设为核心，以深化(教育)改革为动力，以(管理)体制创新为保障，坚持科技教育和人文教育的协调发展，奠定综合性、研究型、国际化的现代大

学的框架，打下冲击世界一流大学的基础。”它所包含的内容也是丰富的：

以学科调整为主线：作为一所综合性大学，学校目前的学科布局和发展还很不平衡，需要作出一些重要的战略性的调整以适应21世纪科学的交叉性、整合化趋势和人类的长远发展目标的需要，这也是建设一流大学的重要前提；

以师资建设为核心：这是评价一流大学的关键，“大学非大楼也，乃大师也”，一流的师资是一流大学的柱石和“脊梁”，也是一流教育、一流管理、一流学科、一流成果的决定因素；

以深化(教育)改革为动力：育人是教育的根本使命，改革是这个时代发展的主要动力，从本科教育到研究生培养，综合性的教育改革是实现我国教育的“三个面向”和高教的“两个转变”的根本途径，也是世界一流大学的共同趋势，任重而道远；

以(管理)体制创新为保障：现代大学从研究型大学到多功能大学，从自主创业型大学(Entrepreneurial Universities)到未来的总体大学(Omniversity)，都以体制创新为标志，才能应对大学由传统的单纯依赖政府到当前的面向社会、自主办学的转变。而要能适应市场经济发展，及时寻觅和抓到发展机遇则更多地有赖于练好“内功”，流程重组、组织设计，现代管理改革的核心和实质就是以体制创新来保障发展目标的实现。

(3)关于三大发展战略的表述：《纲要》指出，“为实现建成综合性、研究型、国际化为基本特征的一流的多功能现代大学目标，学校将在这五年的工作中大力推进以下发展战略，即调整学科结构的整合性(集成化)战略、聚集人才与提高师资水平的先导性(引领意识和前瞻性意识)战略和扩大对外交往的国际化战略。

上述三大战略为主干的发展战略是学校“十五”期间的基本战略。原先也曾经设想还有一些战略的提出，如信息化战略、高科技战略等，考虑到过多的表述往往会使人不得要领，反而冲淡了主干战略的贯彻实施。而现提的三大战略则是学校在“十五”期间必须倾其全力予以推进的重要战略，因为这是关系到学校“十五”期间能否真正奠定实现“综合性、研究型、国际化”三大目标的基础的关键。

试作以下理解和诠释以为引玉之砖：

整合性或曰集成化（Integrate）战略是现代科技和教育发展的必然：现代科技发展的综合性和交叉性特征日益凸显，从科学发现到技术发明的间隔也日益缩短；同时，现代科技的高风险性与高责任性也日益突出，科学和人文精神的同步发展、科技—工程的伦理意识的提升也日益紧迫。因此，传统学科之间的分类和界限正在被打破和模糊化，学科的重组就日益显得重要和紧迫。所谓整合性或曰集成化战略的提出就是要提倡全校上下牢固地树立跨学科的合作意识，通过自觉的学科调整和积极组织新型学科群，加强文理基础，推进资源共享，优化学科结构，以真正体现和充分发挥综合性大学的多学科优势，把同济大学建设成为一所名副其实的综合性、研究型、国际化的现代大学。

先导性或叫前瞻性、引领性（Leading）战略是争创一流工作、一流水平的关键：现代大学发展的规律告诉我们，一流大学的根本是人才，而大师级的人才是一流大学的标志，因此，实施聚集人才、提高师资水平的先导性战略至关重要。引进真正的一流人才固然十分重要（国内高校的人才争夺战已日趋白热化），但提升全校师生员工的一流意识同样是必不可少的，特别是在激烈的竞争面前，同济人必须改变那种满足现状、“小富即安”的“实惠”观念和耽于成绩和传统优势的“夜郎”意识，以一种前瞻性、引领性的前沿意识和危机感来激励自己去不断追求创新和突破。

国际化（International）战略是“全球化”时代建设一流现代大学的重要保障：在全球化的时代背景下，现代高教的国际化趋势发展迅速，尤其是我国正式加入 WTO 后，教育的国际化竞争将更趋激烈，现代大学、特别是一流大学的国际化办学和人才流动、国际化科研合作和交往将日益频繁和常规化，国际化水平在一定程度上已经成为现代一流大学的标志。为此，培养师生的全球视野、加强师生的国际化交往能力和扩大师生的国际交流实践是现代大学发展中的重要环节，提出国际化战略正是为了实现学校的建设世界一流大学的长远目标，而这也意味着学校从教育思想、发展理念到办学模式、行为方式等都面临着一个巨大的革新和转变。

航向已经指明，风帆已经升起，“同济之舟”正破浪而行。正如《纲要》所发出的号召：建设一所真正意义上的综合性、研究型、国际化的一流的多功能现代大学是同济大学发展战略的既定目标。我们要冷静地正视困难和差距，敢于超越自我。全体同济大学的师生员工要发扬“和衷共济、自强不息”的同济精神。坚持严谨求实的科学精神和开拓创新的探索精神的统一、坚持自强不息的奋斗精神和厚德载物的人格精神的统一，以开创性、坚韧性和操作性为原则，为“十五”目标的实现矢志不渝地开拓前进。

目标既已明确，规划既已制定，就应“咬定青山不放松”，持之以恒见成效；航道既已开辟，汽笛已经拉响，惟有万众一心、同舟共济，才能“长风破浪会有时，直挂云帆济沧海”。志当存高远，路须踏实行；建一流大学，迎百年校庆。大学的未来是属于那些永不满足现状、永不言败、永远进取、敢于创新的人们的！

解放思想，严谨求实，抓住机遇，开拓创新；

和衷共济，追求卓越；自强不息，止于至善！

关于我国研究型大学发展规划的战略思考

南京大学战略与政策研究室　朱庆葆

江泽民同志在"十六大"报告中指出，21 世纪头二十年对我国来说，是一个必须紧紧抓住并且可以大有作为的重要战略机遇期。江泽民同志的讲话对指导我国高等教育今后的发展具有重大的战略意义。随着我国现代化事业的蓬勃进展和高等教育大众化趋势的来临，中国的高等教育已进入一个前所未有的快速发展时期。当前，我国高等学校尤其是研究型大学，要抓住机遇，追赶世界科技和高等教育发展的潮流，同时更好地为我国全面建设小康社会服务，就必须积极探讨发展的新思路，采取有力的新举措，拓展开放的新局面，推进改革的新突破。为此，我国研究型大学必须制定好具有前瞻性、全局性的发展战略规划。

战略规划是带有全局性的总体发展规划，其内容主要包括战略目标、战略措施等。由于战略规划事关学校今后发展的办学方向，所以世界一流大学都十分重视战略规划的制定，一般也都有比较明确同时又各具特色的发展战略目标。我国研究型大学在建设世界一流大学和世界高水平大学的进程中，都不约而同地把制定发展战略规划作为促进学校跨越式发展的大事来抓。问题的关键是我们究竟需要什么样的发展战略？我们应该如何实施自己的战略目标？

一

大学战略规划的核心内容是战略目标，也就是学校的总体发展目标，简单地说，就是要建设一个什么样的大学？然而，科学合理地制定一个既鼓舞人心又切实可行的战略目标并不是一件轻易的事。目标定得太高，不切实际，没有考虑自身的办学条件，结果虽经努力也无法实现，成为空中楼阁；目标定得过低，因循守旧，不费力气就容易实现，结果耽误了学校快速发展的良机。战略目标的制定对大学来说，既十分紧要又不易把握，所以世界一流大学的校长们为此而常常煞费苦心。美国卡内基—梅隆大学的校长柯亨先生去年在我国参加中外大学校长论坛上说，制定大学发展的战略目标是大学校长始终萦绕心头、“彻夜难眠的问题”。① 制定大学战略目标的关键是找准自己的定位。一般来讲，大学应当结合三个方面来考虑自身的发展战略目标。一是学校自身已有的办学条件与特色；二是国家建设与发展的需要；三是世界高等教育与科学技术发展的趋势。大学只有将这三方面结合起来，统筹考虑，制定的战略目标才会反映世界科技与高等教育的发展潮流，才会体现国家与民族的意志，同时也符合大学自身发展的追求。这样的战略目标是既高瞻远瞩的，也是切实可行的。北京大学根据上述三方面的综合考虑，将自己的战略目标确定为“建设成为一所‘综合性、研究型和开放性’的国际公认的世界一流大学”。清华大学的战略目标也是建设成为世界一流大学。我们南京大学根据自身的条件，将学校战略目标确定为分两步走，第一步先建成世界知名的高水平大学，第二步是力争建成以综合性、研究型、国际化为重要标志的世界一流大学。

大学的战略目标要能反映学校自身的特色，这一点最为重要。如同人与人之间有不同的个性一样，大学之间也是千差万别的，如在办学水平、学科方向、师资状况、人才培养、历史传统、办学规模、

① 《中外大学校长论坛文集》第 272 页，高等教育出版社，2002 年版 。

办学条件等各方面都存在差异。因此，大学在制定发展战略目标时，一定要立足自身的条件，进行认真的校情分析，找出自身的比较优势与劣势，从而确立学校的个性与特色。只有以特色立校，扬长避短，才能以特色强校，以特色取胜，才能凸现学校的品牌与地位。无论是哈佛大学、耶鲁大学、麻省理工学院、普林斯顿大学、加州理工学院，还是牛津大学、剑桥大学、东京大学等等，这些大学虽然都是举世公认的世界一流大学，但它们在办学传统、发展模式、学科方向、人才培养等许多方面各具特色，存在差异。如果这些世界一流大学在办学目标上放弃自身特色，完全追求目标统一，那么我们无法想像世界一流大学今天会是什么样子。当前，我国研究型大学在制定学校发展战略目标时，有两种倾向应该引起我们注意。一是办学目标定得过高，急于求成。二是办学目标没有特色，完全雷同。

过去，我们南京大学在制定学校发展战略目标时，也曾经出现过类似上述的两种倾向。在讨论南大的办学目标时，有的同志看不到我们与世界一流大学的真正差距，提出南大应该以尽早建成世界一流大学为战略目标。后来我们经过冷静分析，认为南京大学虽是国内办学水平较高的大学，但与世界一流大学相比，存在很大差距。如学科整体实力不够强，发展不平衡，能进入国际前沿的学科十分有限，新兴学科、应用学科发展较慢，学科综合与交叉的优势尚未充分发挥；师资队伍中缺少一批具有国际影响的学术大师，培养和吸引国际一流人才的机制尚未完善，教师总体水平与世界一流大学相比差距很大；科研方面缺乏一批具有国际重大影响的原始创新成果；此外在教学改革、管理水平、办学条件等多方面与世界一流大学相比也存在很大差距。建设世界一流大学需要经过长期的艰苦努力，因此，提出在短期内把南京大学建成世界一流大学的战略目标是不切实际的。我们最后确定了分两步走的发展战略目标，第一步先建成世界知名的高水平大学，然后经过若干年努力，力争建设世界一流大学。

如何在战略目标中体现学校的办学特色？这是我们在制定学校发展战略目标时碰到的又一大难题。众所周知，几年前国内许多大学通过合并等途径，纷纷采纳综合性大学的办学模式，成为规模庞大、学科齐全的“巨无霸”。我校有不少同志主张南大应该像一些兄弟高校那样走“大而全”的办学道路。面对这种情况，我们始终保持清醒头脑，首先成立专门的课题小组，研究世界一流大学的办学特色与发展方向，并根据我校具体情况提出下一阶段南京大学的办学方向与应当坚持的特色，然后我们把课题组拟定的各种方案拿到由学校领导、学科带头人等参加的座谈会上认真研讨。经过反复讨论，同时鉴于合并其他高校面临的实际困难，最后我们决定放弃“大而全”的战略选择，走规模适度、内涵发展的道路。我们认为，战略目标要体现学校的特色与优势，必须遵循比较优势原则，坚持有所为有所不为。一般来讲，世界一流大学大多为综合性大学，学科覆盖面较宽，因为这便于不同学科的交叉与新兴学科的产生，也便于培养高素质的复合型人才。但是，一流大学的建设并不是学科越多越好。在世界一流大学中，有的大学学科较为全面，如东京大学、牛津大学等，也有不少大学不是这样的，如哈佛大学没有工学院，普林斯顿大学没有法学院、商学院、医学院等。同样，办学规模也不是越大越好，世界一流大学中，规模较大的有东京大学、加州大学柏克莱分校等，规模适度的有哈佛大学、麻省理工学院等，还有规模较小但却实力超强的普林斯顿大学、加州理工学院、巴黎高等师范学院等。可见，办学规模不等于办学水平。大学不一定要规模大，而在于特色与优势，学科不在乎有多全，而在乎有多强。一流的大学都有一流的学科，但不可能使所有的学科成为一流。每一个大学应根据自身条件，努力建设好特色学科、优势学科，而不应该一味追求“大而全”。从南京大学自身的办学条件看，我校虽然没有与其他高校合并，但原有的学科覆盖面已经较为齐全，涵盖除农学以外的文、理、医、工、法、经、管等许多学科，只是学科水平有待进一步提高。就办学规模而言，我校现有办学规模虽然小于国内许多大学，但已经达到甚至超过一些世界一流大学的规模。我们与世界一流大学的差距不在规模而在水平上。因此，无论从世界一流大学的经验看，还是从学校自身的条件看，南京大学不应当追求“大而全”的模式，而应当选择具有自身特色与优势即规模适度、内涵发展的战略目标。我们希望通过数十年的艰苦努力，先把南京大学建成世界知名的高水平大学，然后再建设以“综合性、研究型、国际化”为重要标志的世界一流大学。其中，要在人才培养、科学研究、社会服务、国际交流等方面形成显著特色，大部分学科水平要在国内居于领先，若干学科要在国际上具有重要影响和较强的竞争力，使我校成为国家和地方培养高素质创造性人才的摇篮，成为探索国家与人类发展中面临重大理论和实际问题的科学基地与思想库，成为推动科技创新并向现实生产力转化的重要力量，成为国际学术交流和中外文化交流的桥梁与窗口。

二

如果说战略目标是制定战略规划的核心，即明确了建设一个什么样大学的问题，那么战略措施则是实现战略目标的关键，是要解决怎么样建设的问题。战略措施是为实现战略目标而采取的主要政策和办法，毫无疑问，如果得不到战略措施的有力保障，任何雄心勃勃的战略目标都会化为泡影。

由于不同的大学有不同的战略目标，因此实现战略目标的战略措施也会有所不同，不能生搬硬套。战略措施的制定既要切实可行，也要敢于创新，打破常规。衡量战略措施是否适当的唯一标准，是能否顺利实现既定的战略目标。大学在制定战略措施的过程中，要特别注意确定战略措施的重点。战略措施的重点就是大学发展的关键和突破口。美国著名教育家博耶(Ernest L. Boyer)说过：“一所高质量的大学必定有一个明确的而且是生气勃勃的办学目标。所以，它不可能是满足所有人所有要求的大杂烩。它需要在众多要求下作出选择并确定哪些是应予优先考虑的重点”。[①] 只有明确了战略措施的重点，大学才能找到发展的突破口，才能做到“纲举目张”，进而取得积极的连锁效应。当然，对大学的领导来说，明确学

① 博耶：《美国的大学——现状、经验、问题和对策》第 296 页，复旦大学出版社，1988 年版。

校发展的重点并不是一件容易的事。面对手中有限的资源，许多大学校长常常陷入左右为难、顾此失彼的窘境。确立战略重点取决于校领导的远见卓识、果断魄力，以及对本校比较优势的把握能力。20世纪七八十年代，美国卡内基—梅隆大学校长萨尔德从本校比较优势着手，把学校的战略重点放在发展信息科学上，这使学校实现了跨越式发展的战略目标，由二流大学变成了一流大学。到了90年代，学校又把战略重点放在改善本科生教育上，使学校的教育质量大大提高，成为全美教育质量提高最快的四所大学之一。

围绕南京大学的发展战略目标，我校在制定学校战略措施过程中提出了“注重质量，提高内涵”的指导思想。根据这一指导思想，我们又在学科建设、队伍建设、教学改革、科学研究、社会服务、国际交流等办学的各个方面制定了一系列具体的建设措施。问题在于我们如何确定学校发展的战略重点即突破口？我们认为，学科与队伍是一所大学发展的关键，也是衡量一所大学办学水平与地位最重要的标志。只有有了一流的学科与队伍，才会有一流的科研与教学，才能培养一流的人才。纵观世界一流大学，虽然它们各具特色，但都以一流的学科与队伍闻名于世。我国大学与世界一流大学的发展差异以及我国大学之间发展的差异，也主要表现为学科与队伍水平的差异上。如果学校的学科与队伍水平得到提高，就会带动学校整体实力的上升。离开学科与队伍建设来谈学校的发展，任何战略目标与战略措施都会成为无源之水、无本之木。从南京大学的战略目标看，我们要在“注重质量、提高内涵”指导思想下建设世界知名高水平大学和世界一流大学，就更应当突出学科与队伍建设的重要性，因为无论是质量也好，内涵也罢，都是通过学科与队伍水平来体现。因此，我校将学科建设与队伍建设确定为学校发展的战略重点与突破口，明确提出了“以学科建设为龙头，队伍建设为核心”战略重点的指导思想。

战略重点明确了，接下来就是想办法确保战略重点的实施。为此，学校的各项工作要围绕战略重点展开，学校的资源配置也要优先考虑战略重点。在“211工程”和“985工程”建设期间，我校用于学科和队伍建设的经费占去了经费总额的很大比重。为加快学科建设，我们又确立了“全面规划，突出重点，促进交叉，提高内涵”的学科建设指导思想，进一步调整学科结构，完善学科布局，在继续抓好优势学科建设的同时，加大全校学科综合和交叉的力度，加快新兴学科、应用学科的发展，构建学科创新体系，努力形成富有特色、布局合理、充满活力的学科群和一批在国际上有较大影响的高水平学科。为适应现代科技发展和国家现代化建设的需要，同时也为加快建立我校学科创新体系，我们在发展新兴学科、现代学科、应用学科方面大胆探索，率先提出建设“学科特区”的创新举措。从 2000 年开始，我校先后成立了分子医学研究所、地球系统科学研究所、理论与计算化学研究所、模式动物研究所、现代数学研究所等 5 个“学科特区”。“学科特区”的目标定位是建设具有国际先进水平的新兴学科，引进和培养一批杰出人才，形成一流的学科队伍。“学科特区”的管理与运行机制按照国际惯例，实行所长负责制，人财物管理充分自主，主要学术骨干都是从国外成组引进的杰出人才。由于引进学术团队能避免不必要的人事磨合和不合理的资源配置，能够迅速形成一支高水平的学科梯队，加上实行灵活的管理机制，因而“学科特区”建立后很快就显现出旺盛的活力，不仅在申报国家重大项目、发表高水平的学术论文、培养年轻的优秀人才等方面取得了明显成效，而且更重要的是对全校学科整体水平和学科创新能力的提高，起到了重要的推动作用。

队伍建设是我校实现办学目标的另一个战略重点。队伍建设与学科建设密不可分，从某种角度看，高水平的师资是建设一流学科和一流大学的根本保障。为提高全校师资的整体水平，近几年来我校采取了一系列具体措施，归纳起来主要有以下一些：一是花大力气引进优秀人才，并特别注重从国外一流大学引进优秀学术团队，如我校“学科特区”——分子医学研究所的学术骨干就是从哈佛大学团队引进的。几年来，我校先后从国内外引进各类优秀人才 300 多人，有力促进了我校师资整体水平和学科水平的提高；二是努力提高校内现有队伍水平，不断优化教师队伍结构，并特别重视抓好中青年学术骨干和优秀学科梯队的培养工作。我校现有教师规模虽然不大，仅 1750 人，但经过近几年的努力，教师质量有了很大提高，队伍结构也明显优化。我校现有23名两院院士，25名“长江计划”特聘教授，48名国家杰出青年基金获得者等等。获得博士学位的教师比例由1997年的12.8%提高到了目前的34%。三是努力营造有利于创新人才成长的良好环境。南京大学的办学条件与国内许多兄弟高校相比还有很大差距，学校靠什么来吸引优秀人才呢？就是靠我们浓厚的学术氛围，宽松和谐、积极向上的学术环境。学校通过建立“一把手”与青年学术骨干的对话机制，及时了解他们的所想所需。我校还特别重视学风和师德教育，反对学术界存在的弄虚作假、急功近利的不良习气，使南京大学的优良校风和学风不断发扬光大。我们认为，对建设一流大学来说，营造宽松和谐、积极向上的学术环境远比制定一些奖“优”罚“劣”、急功近利的硬性指标更为重要。

总之，把学科建设和队伍建设作为学校发展的战略重点，这使我校找到了建设世界高水平大学的突破口。经过近几年的努力，我校的学科建设与队伍建设取得了不少成效，从而带动了学校整体实力的提升，特别是学校的办学质量与办学效益明显增强。我校在没有与其他高校合并的情况下，目前各项主要办学指标仍然在稳步提高。毫无疑问，我们在办学中所取得的进展与制定科学合理、切实可行的战略目标和战略措施是分不开的。今后我们要从“三个代表”的政治高度进一步增强建设世界高水平大学的责任感、紧迫感，抓住难得的历史机遇，继续坚持“注重质量、提高内涵”的办学指导思想，完善学校发展战略规划，形成全校师生共同的理想、目标和追求，把“雄心壮志”与“脚踏实地”结合起来，加快学校建设发展的步伐。

三

结合我校在制定发展规划中的体会，我们就当前我国研究型大学的发展战略谈点自己的看法。

（一）制定一个科学的、切实可行的战略规划对于研究型大学的发展至关重要。教育是一个“百年树人”的工程，大学发展是一个长远的过程，建设世界高水平大学和世界一流大学更需要经过长期艰苦的努力。只有制定科学合理的发展规划，学校才能明确自身的办学目标、办学方向、办学特色、建设手段和工作重点。同时，学校制定战略规划时，要结合国家现代化建设的需要以及世界高等教育与科技发展的趋势，特别是要认真分析自身的办学条件与特色，遵循比较优势的原则，坚持有所为有所不为，在目标的前瞻性、定位的现实性及发展的紧迫性三个方面综合考虑，既不要好高骛远，不切实际，也不可妄自菲薄、因循守旧。一个成功的战略规划，关键要做到两条，一是战略目标要体现特色，二是战略举措要抓住重点。

（二）研究型大学在制定规划时要把提高学校办学质量和办学效益放在首位。现在我国许多研究型大学的办学规模已经达到甚至超过世界一流大学的规模，然而我国却没有一所世界一流大学。这表明我国研究型大学与世界一流大学的差距主要不是在规模上，而是在质量水平上。因此，我国研究型大学确定发展战略目标要把提高办学质量与效益作为根本宗旨。对于教育主管部门来说，在考虑教育资源的配置时就要优先考虑学校的投入产出比，引导高校努力提高自己的办学质量和办学水平，从而提高我国高等教育的整体实力，争取若干所基础较好的研究型大学能够早日进入世界高水平大学和世界一流大学的行列。

（三）从世界一流大学的办学经验和中国的国情以及高校自身的条件看，中国研究型大学的建设应该走多样性、多层次发展的道路。世界一流大学的共同之处是它们的办学水平与办学质量都很高，但是在发展模式、办学规模、学科方向、人才培养等诸多方面有着很大不同之处。我国人口众多，社会发展有多种需要，各地区发展又不平衡，特别是在当前高等教育面临大众化的趋势下，要求我国既要有学科全、规模大的大学，也需要规模适度甚至规模较小但具有学科特色和优势的大学。只有这样，才能适应社会对高等教育的多种需要，才能体现高等教育发展的多样性与差异性。我国研究型大学在办学方面长期以来形成了各自不同的特色，办学水平也存在很大差异，因此我国研究型大学的发展战略也应该是多样的、多层次的。有的大学可以通过并校等手段来推进学科的综合与提高，有的也可以通过提高学科内涵、促进学科交叉来带动整体学科的发展与创新。统一性包含在多样性之中。只有每一个大学从自身条件出发，坚持创新，发展特色，形成优势，我国的高等教育就会迎来一个百花争艳、万马奔腾的新局面。

围绕提升核心竞争力,科学编制战略规划,推进高水平研究型大学建设

厦门大学发展规划办公室　叶世满　张建安

一、高水平研究型大学建设要突显核心竞争力

在由经济学和管理学相互交融而形成的当代企业分析理论中,有一种理论叫做核心竞争力理论。普拉海拉德和海默于 1990 年在《哈佛商业评论》上发表了一篇具有标志性的文章,引入了“核心竞争力”一词。核心竞争力是指能为组织带来相对于竞争对手的竞争优势的资源和能力。成为核心竞争力的能力有四种标准:有价值性、稀有性、难于模仿性及不可替代性。每一种核心竞争力都是能力,但并非每一种能力都是核心竞争力。一种能力要想成为核心竞争力,必须是“从需求者的角度出发,是有价值并不可替代的;从竞争者的角度出发,是独特并不可模仿的”。

进入 21 世纪,高等教育面临着前所未有的需求和多样性,人们更加认识到高等教育在社会文化和经济发展中所起的重要作用。面对高等教育国际化的大趋势,中国高等教育面临着挑战和激烈竞争。高等教育要顺应时代潮流,独辟蹊径,赶在时代的前头,为自身发展谋求一条前进的道路。将企业的核心竞争力概念引入到高等教育,给高校发展带来了新的思路,使他们对竞争概念的认识有了质的升华和提高,对市场竞争规律有了更深刻的理解和领悟。从核

心竞争力的概念可以看出，高校核心竞争力是指一所高校在长期办学过程中形成的特有的办学优势、特色和能力。它是高校竞争能力的核心，是竞争力的中心，是获胜最主要的资源和能力。核心竞争力将给学校带来持久性的竞争优势。一方面，这种优势与能力使大学在同类中脱颖而出，树立起不同凡响的品牌形象；另一方面，大学的优势与能力还是一系列指标整合而成的，它包含了一系列的因素，如办学理念、办学特色、人力资源、管理体系和校园文化等等。这众多因素的有机构成、整体和谐便体现大学的价值。

当前，创办一流大学或研究型大学正成为越来越多的高校所追求的目标。对于什么是研究型大学现在并没有一个统一、明确的定义，国家有关部门也没有就哪些类型和层次的大学是研究型大学进行过认定。不少人认为，到目前为止，中国的研究型大学可以说在很大程度上还停留在提法的层次上，我国的研究型大学还没有真正形成。

尽管如此，中国仍然矢志建设研究型大学，高校建设研究型大学的信心与愿望也空前地高涨和强烈。建设一批高水平的研究型大学是提升中国综合国力和国际竞争力的需要，是中国高等教育进一步发展的必然趋势，也是中国产生世界一流大学必要的环境与土壤；是全面实施科教兴国战略，推进国家创新体系建设，进一步发挥高校科技创新作用，促进科技与教育结合的迫切需求。20 世纪以来，研究型大学在世界各国的发展中起着重要的作用，它作为高等院校的一种重要类型已为各国所承认。研究型大学是国家高等教育发展水平的重要标志，是体现国家综合国力的一个重要方面。

有的学者认为研究型大学是以知识的传播、生产、应用为中心，以高水平的科研成果和培养高层次精英人才为目标，在社会发展、经济建设和科教兴国战略中起重要作用的大学。通过考察美国研究型大学我们可以看出，研究型大学具有以下特色：一是科研工作和研究生培养处于学校工作的核心地位；二是教师总体水平高，学术大师汇聚，学生质量一流；三是办学条件良好，科研资源丰富，科研成果突出；四是学术氛围宽松，国际化程度高；五是办学特色鲜明，管理科学规范。这五个方面的优势和特色，正是研究型大学与其他类型大学的差别，也正是研究型大学的核心竞争力所在，高水平研究型大学在这方面的优势、特色和能力尤其明显。

核心竞争力是竞争力中最关键的因素。建设高水平研究型大学，就必须突显核心竞争力的规划、培育、提升与创新。反之，只有对自身的核心竞争力进行规划、培育、提升与创新，学校才能发挥特色，为国家和社会做出贡献，以贡献换取资源，获得长期的生存和发展，最终才能迈向高水平的研究型大学。高水平研究型大学战略规划的根本就是高校核心竞争力战略，必须紧紧围绕核心竞争力战略，推进高水平研究型大学建设。

基于国家社会经济发展、科技体系创新、高层次拔尖人才培养和综合国力竞争的需要，也基于国内外高校在激烈的高等教育市场竞争中长期生存和稳定发展的需要，分析厦门大学办学历史、传统、办学条件与水平，鉴于厦门大学在国家社会经济发展、国家高等教育中的地位和作用，我们认为厦门大学必须以建设世界知名的高水平的研究型大学为目标。

二、围绕核心竞争力规划，找准定位，规划战略目标

（一）大学发展的根本战略是核心竞争力战略

高校发展战略规划是指学校为了适应未来环境的变化，寻求长期生存和稳定发展而制定的总体性和长远性的谋划。制定战略规划首先需要正确分析和把握时代背景、社会环境和高等教育的发展趋势。通过对学校外部环境和内部环境的整体了解，学校才能获得必要的信息，了解机会与威胁、优势与差距，规划和培育核心竞争力，寻求生存的空间与发展的机会。战略规划具有全局性、长远性、纲领性、竞争性等特点。在复杂、变化的环境中如何保持生存的领地、拓展发展的空间，在激烈的国内甚至国际高等教育市场中如何战胜竞争对手，在不确定性的未来中如何提高办学效益并且规避或降低办学风险，战略规划就是迎接的挑战而制定的一整套行动方

案。

长期以来，厦门大学非常重视学校的发展规划工作。在历史的机遇、竞争与挑战面前，学校领导和全体师生员工统一认识，把能不能正视新形势、立足新阶段、着眼新跨越，认真地总结过去的经验教训，思考研究事关全局的重大问题，科学地谋划学校改革与发展的战略构想，视为直接关系到学校事业发展的兴衰成败大事。2002 年底，学校在顺利推进《厦门大学"十五"计划和 2010 年远景规划》的基础上，开始着手编制《厦门大学建设世界知名的高水平研究型大学规划(2001—2021)》。

(二)客观分析提升核心竞争力的外、内部环境，为制定战略规划目标提供依据

大学战略规划目标是战略规划的核心，它集中体现了学校在一个规划期所追求的事业发展的奋斗目标。制定大学战略规划目标的关键在于找准自己的定位，找准自己定位的前提是对学校所处的内、外部环境进行客观的分析和比较，找到学校面临的机会和威胁，找出学校的优势和差距。

1. 外部环境分析。外部环境主要指社会发展总环境、高等教育发展环境以及国内外的高校竞争对手总体情况。

当前，科学技术突飞猛进，知识经济已现端倪，国力竞争日趋激烈。高等教育已经进入经济和社会活动的中心，担负起人力资源开发、知识创新、知识应用和高科技创业的重任。它是经济增长的发动机，是实现国家目标的重要工具，是提升国民素质和综合国力的战略性载体。其先导性、全局性、基础性和战略性地位成为世界各国的普遍共识。这是对高等教育功能的概括定位。党的十六大明确要求，在现代化建设中必须"把教育摆在优先发展的战略地坚持教育创新，深化教育改革，优化教育结构，合理配置教育资源，提高教育质量和管理水平，全面推进素质教育，造就数以亿计的高素质劳动者、数以千万计的专门人才和一大批拔尖创新人才。"高等教育是整个教育的龙头，在实施"科教兴国"的战略中，负有极为重要的历史使命。在高校发展面临大好机遇的同时，国内高校之间的竞争也变得格外的激烈。这种大学与大学之间的竞争，体现在国家对大学的资源配制上，体现在学校科学研究与社会服务上，体现在毕业生在就业市场的竞争上，体现在大学新生生源的争夺上，同时还体现在各种民间机构的大学排名上。加入 WTO 以后，教育市场不仅面对国内市场的竞争，还将面对国际市场的竞争。高等教育将首当其冲地受到很大挑战。加入 WTO 将放宽国外机构进入我国合作办学的条件，并允许其在资金投入上占大头。这些高等教育机构具有较强吸引力，并在我国境内直接与我国现有学校竞争，将对我国高校形成挑战。

为此，在编制规划过程中，我们收集并对比分析了若干所国内重点大学办学目标以及具体指标的分析，参照了国外研究型大学建设的指标体系，在竞争中找到适合自身的位置，利用有利因素，乐观迎接挑战。

2. 内部环境分析。在对学校现在核心竞争力进行规划和分析时，我们将重点放在了学校内部环境分析。学校发展的内部环境是指学校现有的资源、能力等相对优势。

厦门大学在八十多年办学历史中所形成了独特的办学理念与特色。

第一，学校组建了一批适应国家社会经济发展、体现世界科技进步前沿的优势学科和学科群。厦门大学学科门类齐全，已成为一所包括人文科学、社会科学、自然科学、工程与技术科学、管理科学、艺术教育科学、医学科学等学科门类相当齐全的综合性大学。“十五”期间，学校依托现有的 13 个国家级重点学科，拓宽项目口径，着重考虑学科基础相关、内在联系紧密、资源共享的 11 个国家“211 工程”重点建设学科。优先考虑与国家、地方经济建设和社会发展及国防安全中的重点行业和部门紧密结合、解决其重大科学技术问题的学科；大力发展生命科学、计算机与信息科学、材料科学、海洋科学、环境科学以及管理学、法学等在 21 世纪有良好发展前景的学科；建设基础好、综合水平较高、对学科建设起引导推动作用、探索解决本学科重要理论问题和客观规律的基础性学科以及对发展高新技术学科具有重要支撑作用的基础性学科。

第二，人才培养、科学研究和社会服务等方面做出了应有的贡献。厦门大学建校以来，为国家培养了各类高层次人才近10万人。目前学校拥有一支知识、学历、年龄结构较为优化的师资队伍，拥有为国家现代化建设培养更多高层次创新人才和承担国家基础科学研究任务、开展科技创新的能力。“九五”“211工程”专家组对学校的评价是：“在学科建设、人才培养、队伍建设、科学研究、成果转化等方面取得很大进展，尤其在公共服务体系建设和基础设施建设方面成效显著。重点建设学科的装备条件及运行环境得到明显改善，物理化学与应用化学、经济理论与管理学科继续保持并发扬了学科的传统优势；开展科学前沿研究、解决重大科技问题和为经济社会发展提供有效服务的能力进一步增强，取得了一批标志性成果，产生了明显的经济、社会效益，为国家和省市的经济文化建设、社会发展以及对政府提供重要政策咨询方面作出了重要贡献。”

第三，形成资源合理配置的环境以及体现竞争优势的管理体制。近年来，地方政府、企业、华侨、华人、校友积极支持厦门大学的建设和发展，给学校的进一步发展创造了良好的外部环境，从而使师生员工的凝聚力不断增强，整个学校呈现出蓬勃发展的良好势头。

2001年2月，教育部、福建省政府、厦门市政府签订《重点共建厦门大学协议书》，共建三方决定在2001—2003年内共同投入6亿元人民币的共建资金，为厦门大学跨世纪的发展注入了新的活力。学校不断推进人事制度改革、分配制度改革、科研管理体制改革、科技成果产业化改革、教学改革、后勤社会化改革等各项事业的改革举措，积极适应21世纪国家经济建设和社会发展的需要，不断提高教育质量和科研水平，逐渐成为我国特别是东南部地区高水平创新人才培养、高新技术研究和成果转化、高层次决策咨询的重要基地。

第四，培育了在国内外有一定影响力的大学声誉。厦门大学是一所具有八十多年办学历史的著名高等学府。八十多年来特别是改革开放以来，厦大人弘扬陈嘉庚先生倾资兴学的爱国主义精神，秉承“自强不息，止于至善”的校训，锐意改革，奋发进取，在教学、科研、社会服务等各个方面均取得了令人瞩目的成就，使厦门大学成为一所“学科门类较为齐全，办学特色鲜明，基础研究力量和师资队伍较强，在国际上有影响的高水平的国家重点大学”。悠久的办学历史，所积淀的丰富的办学经验和优良的办学传统以及“侨、台、特、海”的办学特色，是一代代厦大人辛勤奋斗的成果、集体智慧的结晶，是厦门大学再创辉煌的宝贵财富。

3. 差距分析。厦门大学与国际上一流的高水平大学相比存在的差距，主要表现在：一是高水平的强势学科少，学科间交叉渗透不够，综合性大学的学科综合优势尚未充分发挥；二是我校人才培养结构不够优化，研究生特别是博士生规模偏小，留学生中完成专业学历教育的比例还很低，学校低层次教育挤占资源的现象还很严重；三是科研经费总量偏小，高水平科研平台少，高显示度的标志性成果少，科技成果转化和高新技术产业化工作还比较薄弱；四是师资队伍中在国际学术界有影响的高水平学术带头人、大师级人物偏少，吸引、汇集和孕育世界一流学术大师的条件不够完善，吸引力不足；五是国际化程度不高，承担国际科研合作项目少，国际学术交流的领域不宽、层次不高；六是学校面临扩大办学规模和提高办学水平的双重压力，经费投入、办学空间远远满足不了学校事业的发展的要求；七是竞争意识、创新意识、争一流意识比较薄弱，学术氛围不够浓厚。上述差距使得厦门大学在21世纪面临着前所未有的巨大挑战和压力。

（三）找准定位，制定切实可行的战略目标

大学战略规划目标是战略规划的核心，它集中体现了学校在一个规划期所追求的事业发展的奋斗目标。制定大学战略规划目标的关键在于找准自己的定位，找准自己定位的前提是对学校所处的内、外部环境进行客观的分析和比较，找到学校面临的机会和威胁，找出学校的优势和差距。

21世纪的头二十年将是信息技术、生物技术、纳米技术等高科技飞速发展的二十年，科技进步日新月异，必将加剧经济全球化进程，各国之间综合国力的竞争将日趋激烈；21世纪的头二十年是我国实现全面建设小康社会宏伟目标的关键二十年，是我国能否全面实现社会主义现代化建设、实现中华民族伟大复兴的“重要战略机遇期”；福建省、厦门市地处祖国改革开放的前沿，负有建设海峡西岸繁荣带、率先实现小康社会、促进祖国完全统一大业最终完成的光荣使命。厦门大学处在中国经济建设与社会发展最具活力的地区之一，在这一重要的历史机遇面前，厦门大学应当如何发挥自己的作用，应当做出怎样的新贡献，是摆在每一个厦大人面前的严峻课题。新形势、新任务、新挑战对厦门大学的改革和发展提出了更高的要求。我们必须坚定地站在时代潮流的前头，紧紧抓住本世纪头二十年这一极为重要的“战略机遇期”，与时俱进、开拓创新，以创建世界知名的高水平、研究型大学为新目标，以强烈的机遇意识、竞争意识、高度的责任感和使命感，以创新的观念、创新的人才和有利于创新的制度、氛围，举全校之力，谋划学校的超常规、跨越式发展。

在《规划》中我们提出：到 2021 年（建校百年），把厦门大学建设成为太平洋西海岸的一所具有较强国际竞争能力，规模适度、质量优异、结构合理、特色鲜明的世界知名高水平、研究型大学，成为培养具有现代知识结构和创新能力的高层次专门人才和拔尖创新人才的教育基地，成为具有较强理论创新和科技创新能力的科研基地，成为中国东部沿海地区最具影响力的学术、科技、文化和教育中心之一，成为服务国家全面建设小康社会特别是福建省、厦门市提前实现小康社会建设目标的一支重要力量。

上述发展战略目标，将分三步实现：2001—2005 年——基础建设阶段；2006—2010 年——全面发展阶段；2011—2021 年——实现目标阶段。

在学校的总体目标和分阶段目标的指导下，学校的发展不能是平均的发展，一定要有发展战略重点。学校要成为世界知名的高水平研究型大学，并不是什么学科都是世界知名的，而是要有若干世界知名的学科。我们的主要目标应放在原来的优势学科、面向 21 世纪的新兴学科、交叉学科和特色学科上。根据总体目标和分阶段目标，战略规划从学科建设、队伍建设、科学研究、人才培养、科技成果转化和高新技术产业化、学术交流等几方面明确了建设与发展的具体目标。

三、提升学校核心竞争力，推进高水平研究型大学建设

高校核心竞争力是办学理念、办学特色和优势、人力资源、管理体系和校园文化等诸要素的有机整合和整体和谐所体现的独具特色的优势与能力。在《规划》中，我们从人才培养、科学研究、科技成果转化和高新技术转化、学科建设、队伍建设、管理体制、学校党建和精神文明建设等核心竞争力要素的规划、培育、提升、创新，以“理念设计—战略构想—制度措施”的模式进行了规划与设计。

（一）整体办学理念与指导思想：以马克思列宁主义、毛泽东思想、邓小平理论和“三个代表”重要思想为指导，承传厦门大学八十多年的优良办学传统，弘扬厦门大学崇尚的“四种精神”，发挥“侨、台、特、海”的区位优势，与时俱进，开拓创新，整体推进，重点突破，跨越发展。坚持以发展为第一要务，坚持“不求最大，但求最好”、坚持“统一规划、分类指导、分步实施、分层次建设”，实施跨越式发展战略和可持续发展战略，构筑一流的学科、汇聚一流的队伍、培养一流的人才、创造一流的成果、提供一流的社会服务，大力推进教育创新、理论创新、体制创新、科技创新，为福建省、厦门市经济社会的快速发展，为提高我国的综合国力和国际竞争力，为实现祖国的完全统一，为全面建设小康社会做出积极的贡献。

（二）人才培养：树立“精英教育”理念，实施“质量工程”战略，坚持“规模、结构、质量和效益”协调统一的原则，调整办学层次，改革人才培养模式，提高人才培养质量，着力培养创造性人才，构建高水平研究型大学的人才培养模式。

（三）科学研究与科技成果产业化：树立“以贡献换取资源”的理念，实施“科技创新工程”和“哲学社会科学繁荣计划”，改革科研评价体系，创造良好环境，加强重点基地建设，加强基础科学和高新技术研究，增强理论创新、原始创新和关键技术创新，大力提高学校的科研原始创新能力。

（四）队伍建设：树立“以人为本”的理念，实施“创造性人才建设工程”，改革现行的聘用、选拔、使用、培养、管理制度，深化人事制度改革。改革职称评审制度，逐步实行职务聘任制，实行教师的“复聘”制度，继续完善特聘教授和讲座教授制度，建立厦门大学讲座教授制度，广揽英才；加强人才资源开发，实施国际化战略，提高教师参与国际学术交流的水平和层次，全面提高师资队伍素质；加强创新团队建设，增强原始创新能力。

（五）学科建设：坚持“树优势、争一流、创名牌”的理念，构筑“学科平台”，建立“学科特区”，加强重点建设，夯实学科基础，增强学科科研实力，培养学科带头人，创建良好的学科运行机制。增强学科的核心竞争力和可持续发展能力。学科建设是研究型大学建设的核心，

（六）管理体制：树立“管理出效益”的理念，深化校内管理体制改革，着力突破阻碍学校发展的体制性障碍，推进体制、机制创新，以改革促发展，以管理增效益。

建立民主决策机制。健全、完善学校的咨询、决策、执行和监督系统，实行校务公开，充分发挥教职工代表大会、学术委员会的作用，在发扬民主的基础上形成科学的决策。转变管理职能。学校管理重心下移，并主要运用规划、计划、拨款、评估、信息服务、政策指导和必要的行政手段对全校各项工作进行宏观管理。建立校内评估制度，牢固树立办学的效益观念，以评估为主要依据合理配置办学资源。适应高水平、研究型大学的发展模式，制定科学、规范、适用的检查评估指标体系，定期组织检查评估工作和公布检查评估结果。

（七）对台交流：发挥特有优势，加强对台交流，为早日实现祖国完全统一做出积极贡献。充分发挥厦门大学在对台交流方面所具有的得天独厚的区位优势和人文优势，建立并完善双向交流制度，加强海峡两岸的双向教育交流与合作，使学校成为与台湾教育界、科技界以及民间社会团体开展教育、科技、文化交流的重要基地。重点建设好台湾研究所和台湾研究中心，积极扶持相关学科开展涉台研究，在保持和提高现有的对台湾历史、政治、经济等方面问题的

研究优势的基础上，逐步扩大或加强对台湾文化、科技、宗教、社会等其他方面问题的研究，使厦门大学真正成为台湾问题研究的中心，成为中央和各级领导部门在台湾问题决策上的最优思想库和智囊团之一。

（八）党建与思想政治工作：加强和改进党建与思想政治工作，为学校改革、发展和稳定大局提供强大的精神动力和坚强的组织保证。加强对统战工作和工会、共青团等群团组织的领导，充分发挥民主党派和工会、共青团等群团组织在学校改革发展中的作用，充分调动各方面积极投身学校改革与发展的积极性。加强校园精神文明建设，营造积极向上的校园文化氛围，创造良好的育人环境。

高水平研究型大学的建设是一个长期的过程。它需要高校围绕核心竞争力的规划、培育、提升、创新不断地努力，更需要国家加大投入。我们认为，国家应设立专项建设经费，实行分类指导，加快建设一批研究型大学，加强研究型大学管理制度和运行机制的创新，建立一个科学、合理、公正、易行的评估体系。此外国家和社会还应当为研究型大学建设提供和创造一个宽松的学术氛围与公平、公正、激烈的竞争环境，这是研究型大学成长的沃土。

抓好发展战略规划
推进我校跨越式发展

武汉大学发展规划与政策法规办公室 杨敦明

21世纪头二十年，是我国建设和发展的重大机遇期，同时也是武汉大学发展历史上必须紧紧抓住并实现跨越式发展的重大机遇期。在这个机遇期要实现跨越式发展，必须“聚精会神搞建设，一心一意谋发展”。我校在这方面的主要做法是：

一、抓发展战略目标 争创一流大学

面对新世纪的发展机遇和挑战，我校正致力于建设一批具有世界一流水平的学科，造就一批立于世界学科发展前沿的学术大师，取得一批重大的、创造性的基础理论研究成果和高新技术研究成果，培养一大批高素质的创新型人才，营造一流的育人环境。到2010年，学校基本完成建设国内外知名高水平大学的任务，成为科教兴国和科教兴鄂的生力军，并在此基础上，使学校教学、科研各项事业全面提升到世界先进水平，在国际上享有崇高的学术地位和声望，到本世纪中叶，把武汉大学建设成为世界一流水平的大学。

为了实现上述发展目标，我们不能仅依靠常规发展思路，必须转变观念，坚持充实内涵、重点突破、改革创新、跨越发展的战略思想。

一是坚持内涵发展为主的战略思想。经过长期的建设和多校合并，武汉大学已经成为一所学科齐全、规模较大的综合性大学。今后学校发展的方向将主要是充实内涵、提高水平、增强实力。要注重发展综合优势，强调各学科的相互渗透和合作，在渗透和合作中形成新的优势。

二是坚持重点发展的战略思想。学校学科的发展不可能呈均衡状态，必须突出重点，尤其是重点学科。这是世界一流大学发展的共同规律。只有真正坚持"有所为，有所不为"，发挥优势，突出特色，举全校之力，重点投入，才能建成一批世界一流学科，造就一批世界一流学术大师，形成武汉大学发展的强有力的支撑。

三是坚持创新发展的战略思想。创新是一个民族进步的灵魂，是国家兴旺发达的不竭动力。学校要求得更大发展，就必须解放思想，立足实际，勇于创新。要结合国家重大需求和国际科学前沿，建立创新平台，大力开展知识创新、教育创新，提高人才培养质量和学术水平；要坚持规模、结构、质量、效益协调发展方针，通过办学思路、办学模式、办学机制的创新，探索一条有利于武汉大学持续、稳定、健康和快速发展的道路。

四是坚持跨越发展的战略思想。21 世纪头二十年将是高等教育大发展的时期，也是一个大竞争的时期，学校在发展过程中不仅要参与国内竞争，而且要积极参与国际竞争。根据学校的现实条件，要提高竞争力，必须实施高水平、高起点发展战略，以超常措施促进跨越式发展，在学科建设、队伍建设、人才培养、科学研究等方面既要抢抓机遇，又要积极谋求后发优势，打破按部就班和常规运作的原有模式。

二、抓发展战略重点　实现四大重点突破

一是学科建设要有所突破。学科是衡量一所大学水平高低的重要依据，一流大学要有一流的学科作支撑，如果没有一流的学科，就达不到一流大学的水平。综观世界各国的一流大学往往都是以一流的学科作为其支撑条件的，并且学科建设也是这些大学建设的

战略重点之一。特别是近10年以来,随着我国高等教育的大发展,国内许多高校都不约而同地把目光投到了学科建设上。学科建设在学校工作中的龙头地位越来越明显。作为在本世纪20年代实现国内外知名的高水平大学目标的武汉大学,更应该把学科建设放在学校工作的龙头地位来加以考虑。举全校之人力、物力和财力,重点突破学科建设。

二是人才培养要有所突破。21世纪是一个以创造、创新、创业为特征的世纪,知识经济将会占主导地位。在知识经济时代,科学技术的进步,经济和社会的发展,国家综合实力的增强,越来越取决于教育的发展,取决于人才的培养,取决于知识的创造和创新水平。因此,国家提出了“科教兴国”的战略。知识经济的到来,不仅对现行教育提出了严峻的挑战,而且也预示着未来教育将发生深刻的变革。承担高等教育重任的大学,必须积极应对这种变革,调整自己的人才培养模式,根据国内、国际两个人才市场的需要,培养德、智、体等方面全面发展的具有创新精神和实践能力的高级专门人才,实现人才培养重点突破。

三是科学研究要有所突破。高校是国家科技创新体系的一个重要组成部分,同样,科技兴校是国家科教兴国战略的重要组成部分。科技创新是高校为国家经济建设和社会进步作出贡献的主要职能之一,是加强学科建设、增强学术实力的根本措施,是培养和锻炼学科队伍的必由之路,是增强学校经济实力的重要途径。科学研究在高校事业发展中,具有十分重要的战略地位,必须重点突破。

四是师资队伍建设要有所突破。“人才第一”理念是知识经济时代出现的创新理念。当今世界各国的竞争实际上是人才的竞争。谁拥有了人才,谁就能掌握主动权,哪个企业掌握了本行业的顶尖级人才,哪个企业就能占领这个行业的制高点,就能参与国内国际的竞争而立于不败之地。高校也不例外,人才也是高校可持续发展的第一生产力。纵观世界一流大学的发展史,它们最基本的一条都是拥有一批高水平的教授队伍,特别是拥有一批各个时期的大师级人物。高校素来是以学术称雄世界、以学术地位来分高低的,谁有顶尖级人才,谁就能占领学术高地;谁有大师级人物,谁就能站到学科前沿，领导本学科的发展。一流的大学要有一流的人才，特别是要有一流的教师队伍。要以国际化的视野、以人为本的理念，从战略高度加强师资队伍建设，确立教师队伍建设在学校建设中的优先地位。围绕学科建设，培养和引进一批把握学科技术前沿的学术带头人，使师资队伍得到提升和优化，增强我校教师的学术竞争和国际影响力，实现师资队伍建设重点突破。

三、抓发展战略措施　实施十大重点工程

（一）实施人才培养工程，构建适合 21 世纪发展要求、具有武大鲜明特色的人才培养体系

一是实施“三创教育”，大力培养宽口径、厚基础、高素质、强能力的复合人才。适时调整本科学科专业，努力形成适应国家经济和社会发展需要的、有特色的本科学科专业结构；形成适应社会主义市场经济体制的本科学科专业调整机制。

二是加强现有专业尤其是新设专业的管理与评估，建立专业自我发展和自我约束机制。成立专业评估专家组，对各专业办学思路、办学条件、教学改革、管理制度、人才培养特色、招生就业情况等进行评估，并参照专业评估结果调整招生规模和经费投入。要通过 5～8 年的重点建设和发展，使学校 500 门重点建设的基础课或主干课达到优质课程标准，约 50 本国家级规范教材和 350 本校内“十五”规划教材正式出版并投入使用；将学校 1/3 的本科学科专业建成为国外知名、国内一流的学科专业，将学校 2/3 以上的本科学科专业建成优质的学科专业。要通过“名师、名课、名教材、名专业”的建设，进一步提高人才培养质量和水平。

三是扩大研究生教育规模，改革研究生培养制度。根据培养高层次创新人才的需要，扩大研究生教育规模，到 2020 年，使本科生与研究生之比为 1∶1。加强和扩大复合型、应用型人才的培养，大力发展各类专业学位教育。大力发展博士后教育，积极创造条件增建博士后科研流动站，吸引更多的博士后进站开展研究工作。调整

研究生招生类型和结构，探索合理有效的招生调控机制，不拘一格选拔优秀人才。对研究生培养逐步推行完全学分制和弹性学制，缩短研究生培养年限。继续完善硕博连读制。对研究生实行开放式培养，加强校内各学科之间、学校与兄弟院校、科研单位之间、学校与用人单位之间在研究生培养方面的交流和合作，试行“双导师制”，聘请有丰富实践经验的专家共同培养、指导研究生。

（二）实施学科建设系统工程，创建一批支撑武大发展的珞珈品牌学科

一是加强学科群建设，建立和完善10个左右优势明显、特色突出、覆盖面广、并对学校发展具有巨大推动作用的学科群；建立一批有利于学科相互交叉、融合、渗透的创新平台，不断形成新的学科增长点。

二是进一步巩固和加强已有的20个国家重点学科的优势；提升学校现已接近或达到国内先进水平的部分优势或特色学科的水平，使其中部分学科或领域达到或接近世界先进水平；对具有发展前景的特色工科、医科进行重点扶持，使其在较短的时间内成为强势学科。

三是实施重点投入、重点建设。学校“十五”期间投入10亿元以上资金作为学科建设的专项经费，建成若干个具有国内外领先水平的学科，支撑学校的总体建设目标。坚持重点原则和效益原则，切实加大项目经费的管理，最大限度地提高经费的投入效益。以后学校将按财力情况继续加大重点投入。

四是加强“211工程”二期建设。通过对20个重点建设项目和2个公共服务体系建设项目的建设，带动学校相关学科的大发展，产生一批标志性的科研成果，建成若干个国内一流的研究基础，进一步提高人才培养质量和科研水平，提升学校学术地位。

（三）实施知识创新和技术创新工程，大力提高学校科研实力和学术水平

一是正确处理好基础理论研究、应用研究和科技开发的关系，加强以基础研究为主体的知识创新，为应用研究提供不竭的动力；强化以应用研究为主体的技术创新、转化创新等，推动基础研究向更深层次发展。扶持前沿性研究，鼓励交叉型攻关，依靠优势学科，发展特色科技，实现科技跨越式发展。通过 5～10 年的努力，实现科技创新多元化、科技合作国际化的战略目标。

二是按照高起点规划、高标准建设、高效率管理的要求，加强理工科重点研究基地建设。构建学校多层次、开放式的科技创新平台，努力培育具有国际竞争力的科技创新群体。加强现有国家重点实验室、国家级工程中心建设，通过优化科技资源配置，进一步高起点规划、高标准建设、高效率管理，推进重点研究基地的综合性和规模化。加强科技组织结构的改革，有计划地组建一批跨学科、跨学院的研究基地，实现科技组织结构的集约化。

三是加强人文社会科学重点研究基地建设，充分发挥重点研究基地在科学研究、人才培养、学术交流和资料信息建设、咨询服务和深化科研体制改革等方面的带头示范作用，使之成为国家、社会经济发展的思想库，知识创新、理论创新的孵化基地，政府和企业决策的"智囊团"，新兴学科孕育的摇篮。重点建设好国家级和省部级文科重点研究基地。组建一批在未来 3～5 年内达到重点研究基地申报条件的有较强部分优势的新型科研机构。

（四）实施技术创新和社会服务工程，加快科技成果转化和高新技术产业化

一是进一步解放思想，转变观念，坚持把科技成果转化和高新技术产业化放在与教学、科研同等重要的地位，树立一流大学要有一流高新技术产业的思想，采取超常措施，实现跨越式发展。校办产业的发展要以高新技术产业为主体，同时发展智力型第三产业，实现传统产业高新化。按照"产权明晰、权责明确、事企分开、管理科学"的原则，对校办产业进行股份制改造，建立现代企业制度。

二是重点发展生物工程、3S 技术、电子信息、化学化工、新材料、医药、能源和环保等优势领域，形成学校特色产业、优势产业和"拳头"产品，形成新的经济增长点，为国民经济持续发展提供动力。通过对现有校办科技产业的整合和重组，高起点、大规模建立几个实行现代企业制度的大型高新产业。建设好学校高新技术产业园，使之成为学校面向社会的重要窗口，创新人才的实践基地。

三是积极发展知识服务型第三产业。利用教育资源，发展教育产业，开拓人才培养市场；发挥高校智囊团作用，发展咨询产业，为企业、社会集团和各级政府提供决策咨询；加强对水利电力、测绘、医药卫生等行业的人才培训服务；发展社会服务产业，进一步提高质量和信誉。

（五）实施师资队伍建设工程，以超常规手段提高师资队伍水平

一是加大高层次创新型人才培养力度，加速学科带头人培养和学术梯队建设。重点实施“311”人才培养工程，即选拔 30 名创新杰出人才，造就一批在国内外有较大影响的学术大师及两院院士；培养 100 名优秀学术带头人，带动一批学科保持或赶超国际先进水平或国内领先水平；培养 100 名优秀青年学术骨干，作为学科带头人的后备队伍。进一步提高现有师资队伍的学历层次，鼓励并有计划地安排教师在职攻读博士学位。

二是加大高层次学术人才引进力度，建立人才引进“绿色通道”。学校成立引进人才领导小组，负责制定人才引进有关政策，协调解决人才引进各项工作的落实。各学院要根据学科发展的实际需要，制定人才引进规划。要充分发挥学者在人才引进中的重要作用，形成人才引进的良好氛围。实施珞珈特聘教授岗位制度。

三是设立高级访问学者专项经费，加强教师的在岗培训，不断优化教师的知识结构。建立高级访问学者制度，学校每年资助 20～30 名骨干教师作为高级访问学者到国外一流大学进行研修交流，邀请海内外知名学者 20～30 名来校工作，开展合作研究、培养研究生，带动本学科赶超国际先进水平。加强对博士后流动站的管理，把博士后流动站建成人才引进的重要基地。

（六）实施教学科研公共服务体系建设工程，切实提高教学科研服务质量

一是根据学校发展规模和办学要求，建设一座功能齐全，适应学校发展的现代化图书馆。全面实施图书馆业务工作、管理工作的计算机化和网络化。根据文献信息资源的发展要求，逐步增加用于文献建设的经费，引进代表国际先进学术水平的电子文献数据库，提供更加方便的服务方式，提高书刊的利用和周转率。

二是加强多媒体、网络教学和远程教育系统建设。努力创造条件，使50%的一类课、主干课实现多媒体教学，30%的课程实现网络教学，建立起多媒体教学资源库。加大校园网络建设力度，提高校园网出口速度，使校园网覆盖学校主要教学、科研、办公场所及师生住宅区。加强出版社建设，更好地发挥其在人才培养、科学研究、队伍建设、学科建设中的重要作用。

（七）实施国际交流与合作工程，不断提高学校国际竞争力

一是积极引进国内外高层次人才，聘请国内外高水平专家到校讲学和合作研究。扩大派遣教师到国外进修、研究和参加高水平国际学术会议的规模。建立国际交流专项基金，资助骨干教师赴国外进修，促进教师与国际先进科技前沿保持广泛联系与接触。积极主办高水平的国际学术会议。

二是扩大留学生规模，发展留学生教育。要通过制定切实可行而又积极有效的激励政策，调动包括广大海内外校友、全校师生员工在内的各类人员的积极性，充分挖掘学校海内外可利用的相关资源，加大留学生招生宣传力度，拓宽留学生招生渠道，同时进一步完善适应海外学生的培养模式，吸纳更多优秀的留学生到武汉大学学习和深造，使海外学生逐步达到学生总数的10%～20%，最终实现国际化大学的要求。

（八）实施多渠道筹措办学经费工程，为学校发展提供必要的经费保证

一是积极主动争取国家与地方政府的重点支持和投入，使国家及地方财政拨款作为学校经费来源的主渠道，并逐步递增。积极创造条件，争取国家及地方政府的各种专项资金和重点扶植。

二是充分利用校内资源，调动社会力量的积极性，依法多渠道筹措办学资金，不断增强学校的经济实力。开展多层次人才培养和教育，稳步提高教育事业收入；发挥科技优势，下大力争取横向、纵向科研经费；提高校办产业收入，推动高科技产业大发展，寻求新的经济增长点，提高融资力度，进一步进入资本市场；充分发挥武汉大学珞珈发展委员会作用，面向社会各界积极筹募资金，争取企业、校友、社会各界和海外的办学捐赠和资助。

（九）实施基础设施建设工程，提高后勤保障能力

一是完成校园建设整体规划并分步实施。建成一批具有标志性的教学科研大楼，重点做好杨家湾现代化建筑群及人文社科建筑群的规划和建设，建成法学大楼、商学大楼、外语大楼、计算机科学与电子信息大楼、材料科学大楼、信息管理大楼、多功能体育馆、博物馆、学生活动中心、医学大楼、测绘科技大楼、水利水电实验大楼、图书馆、教工活动中心等重点建设工程，并使之成为体现科学精神、创新精神和时代特色的标志建筑。

二是加强校园基础设施建设。大力改善学生宿舍及生活服务设施条件，加强运动场所及体育设施建设；做好学校古建筑群的全面维修和教学科研用房的改建和扩建工作；完善道路、供水、供电、供暖、供气、通讯、网络等基础设施建设，为师生员工提供优质的生活环境。

（十）实施校内管理体制改革工程，进一步提高学校的管理水平

一是根据创建国内外知名高水平大学的要求，积极借鉴国内外名牌大学成功的管理经验，实行制度创新、管理创新，探索机构精简、职责明确、竞争有序、保障有力、效率一流的管理体制。建立科学的咨询系统、决策系统、执行系统和工作评估体系，形成一整套的领导工作规范、部门职责规范、工作程序和管理规章，形成廉洁、高效、快捷、灵活的运行机制，切实提高工作效率和办事效益。

二是简政放权，建立责权统一的校院两级管理体制。学校要通过改革，在人事、干部任免、职称评定、财务管理和分配等方面给学院更大的自主空间，强调学院在人才培养、科学研究、队伍建设、学科建设等方面的权力和责任，充分发挥学院办学的主动性和积极性，全面提升学校总体管理水平。

三是建立科学的人事管理和分配激励机制。进一步精简人员，加强编制管理。转化用人机制，强化岗位管理。对教师及其他专业技术人员实行人员聘用制，做到评聘结合；对党政管理人员实行职员制，完善考核、晋升制度；对工勤人员实行劳动合同制；对未聘人员，建立人才合理流动机制。遵循“效率优先，兼顾公平”的原则，建立激励性分配体系。

21 世纪高等教育发展面临的良好机遇，使我们对我校未来的发展充满了信心，同时也使我们倍感任重道远。虽然在前进的路上还有很多困难，但是我们愿与兄弟院校携手合作，共谋发展，为实现高等教育的再创辉煌作出应有的贡献。

我国高等农业院校发展定位的若干问题

华中农业大学高等教育研究所　赵正洲

20世纪90年代末期，随着我国高等教育管理体制改革与调整的顺利实施以及中国成功加入WTO，高等农业院校在新世纪初期的国家高等教育格局中，如何科学地确立自身的位置和学校未来的发展方向与目标，全面深化学校改革，促进学校事业健康、快速的发展，是我国高等农业教育界始终关注和研究的重点。近两年，在全国高等农林院校校长论坛年会上，都将高等农业院校发展定位确定为大会主题之一。本文试图从理论与实践相结合的角度出发，对我国高等农业院校发展定位的若干问题进行了初步的研究和探索，以资交流。

一、高等农业院校发展定位的基本内涵

高等农业院校发展定位是指高等农业院校依据国家教育方针和高等教育事业发展目标，遵循教育基本规律，运用科学的技术和方法确定学校未来一段时期的发展方向和发展目标。它是统一全校师生员工思想的基础，是学校新世纪事业发展的航标，是学校科学地实施目标管理的前提。从发展定位的结果分析，可以认为高等农业院校发展定位与高等农业院校发展目标的基本内涵一致，一般包括高等农业院校发展的类型、特色和性质等。

(一)高等农业院校发展的类型。党的十一届三中全会以来,特别是20世纪90年代以来,我国高等农业院校,特别是国家重点农业大学在自身的发展过程中,紧紧围绕培养适应社会主义现代化建设需要的建设者和接班人,坚持以教学、科研为中心,大力发展科学研究事业,全面推进学校科技创新、高新技术成果孵化和农业科技成果转化等,不仅取得了显著的成绩,而且初步实现了由以教学为主的大学向教学、科研并重的大学转变。由此,我国高等农业院校未来发展的主要类型应该是教学、科研型大学,少数国家重点农业大学应该是研究型大学。因为科学研究在学校新世纪事业发展过程中具有重要的作用和影响:一是学校在继承、传授人类文明成果的同时,不断创造知识、培育新的学科增长点的重要源泉;二是学校深化教学改革,更新、充实和丰富教学内容,提高教师水平的重要途径;三是学校服务社会,特别是服务"三农"的重要基础;四是学校整体水平、综合实力和社会声誉的重要评价标志,等等。

(二)高等农业院校发展的特色。关于特色的理解,我觉得可以从两个方面界定:从静态结果看,特色通常是指一事物区别于他事物所表现的独特的色彩和风格,即事物的个性;从动态过程看,事物所表现的独特的色彩和风格是在自身长期发展过程中逐步积淀形成的。高等农业院校发展特色是指高等农业院校在过去、现在和未来发展的历史过程中,通过长期积淀而形成的区别于其他高等院校所表现的个性特征,一般包括办学理念、学科特色、科学研究特色、人才培养特色和校园文化特色等等。如果从高等农业院校发展定位的本质内容分析,我们不难看出高等农业院校的发展特色主要表现为学校自身的学科特色。学科特色一是指"人无我有",即学校具有其他高等学校没有的学科;二是指"人有我优",即在高等学校具有的同类学科中,学校已逐步建立和培育优势学科和品牌学科;三是指"人强我新",即对于其他高等学校的强势学科,学校在学科的研究领域和研究方向上不断开拓创新,形成了新的学科结构优势和学科研究优势。因此,高等农业院校在进行未来发展定位时,应注重学校发展的特色,即学科特色的界定。

(三)高等农业院校发展的性质。高等农业院校性质主要是由自身学科性质(或属性)及其结构决定的,是高等农业院校区别于其他高等学校的根本属性。1952年全国院(系)结构调整时,综合性大学的农学院一律脱离学校"母体",与部分独立农学院调整、合并组建成立了一批单科性农业大学。然而,经过长期的建设和发展,我国高等农业院校已经由单科性农业大学转变成为以农为主,农、理、工、文、管、经、法相结合的多科性农业大学。这既是我国高等农业院校基本性质的客观存在,又是我国高等农业院校确立未来学校发展的性质的重要依据。由此,我国高等农业院校新世纪未来发展的根本属性应该是综合性,或者说综合性大学应该是我国高等农业院校新世纪未来发展的方向和目标。因为高等农业院校,特别是国家重点农业大学把综合性大学确定为学校新世纪未来发展的方向和目标,不仅反映了高等农业院校的现实基础和当今科学技术及学科发展的基本特征;而且符合美国康乃尔大学、威斯康辛大学等国内外许多高等学校从一般到重点、从单科到综合、进而成功地发展成为世界高水平知名大学的基本规律。

二、高等农业院校发展定位应遵循的主要原则

(一)发展原则。高等农业院校的发展定位是学校面向未来的定位,遵循发展原则是学校进行发展定位的基本要求。发展原则一方面要求高等农业院校要牢固地树立"发展是硬道理"的办学思想和"发展是解决学校根本问题的关键"的基本观念,用发展的思想和观念指导学校的发展定位。另一方面要求高等农业院校的发展定位要体现学校发展的历史过程,注重在坚持发展现状与发展目标相结合、近期规划与远期规划相结合的基础上,科学地进行学校新世纪未来的发展定位。

(二)系统原则。系统是指由相互联系、相互依赖、相互作用的事物构成的具有整体功能和综合效益的有机整体。系统原则在高等农业院校进行发展定位的过程中主要体现在三个方面:一是要注意运用系统的观念、方法及其结构的基本原理进行高等农业院校的

发展定位；二是要注意把高等农业院校置于社会及其高等教育系统中去考察，使学校的发展定位适应社会及经济发展的需要；三是要注意高等农业院校自身结构要素的协调发展和历史过程的自然衔接，促进学校形成最大的整体功能和综合效益。

(三)科学原则。科学原则要求高等农业院校在进行学校发展定位时，既要从客观实际出发，坚持实事求是，不要盲目地追求学校发展的高(层次高)、大(规模大)、全(学科全)；又要遵循高等学校发展的基本规律，注意运用科学的理论和方法，正确地分析和把握学校新世纪未来发展的基础、环境、条件和面临的困难与问题，正确地处理学校发展过程中的各种关系和矛盾，切实消除影响学校发展定位的各种主客观因素，保证学校发展定位的客观性和科学性。

(四)民主原则。高等农业院校的发展定位是学校政治生活中的一件大事，是全校师生员工关心的重大问题。他是否客观、科学，将直接关系到学校新世纪未来事业发展的成败。因此，高等农业院校在进行发展定位的过程中，一要注意建立或维护学校良好的民主风气和氛围，尊重和弘扬全校师生员工参政、议政的民主意识和主人翁精神，充分听取和吸收他们的合理化建议和意见；二要实行“三公开”，即发展定位的工作过程和工作程序公开，发展定位的客观基础和发展目标公开，发展定位的基本观点和主要争论公开，增加学校发展定位工作的透明度，从而鼓励全校师生员工全程参与和开展热烈讨论；三要坚持民主基础上的集中，充分尊重校长在学校发展定位过程中的主导作用。

三、高等农业院校发展定位应明确的几点认识

“十五”初期，我校继在师生员工中进行了《华中农业大学事业发展“十五”计划和 2015 年规划》大讨论之后，又在全校开展了教育思想大讨论。在上述大讨论中，我校始终把华中农业大学新世纪初期的发展目标和未来的发展定位作为大讨论的主题之一。在科学地讨论、分析和论证的基础上，对我校新世纪未来的发展进行了实

事求是的定位，明确而果断地提出了“到建校150周年(即2048年)左右，把华中农业大学建设成为国内一流，国际上有重要影响的开放性、研究型的综合性大学”的事业发展目标。从我校发展定位的决策过程看，我们深感高等农业院校的发展定位应注意在以下三个方面消除观念上的差异、认识上的分歧，以达到思想和意志的统一。

(一)高等农业院校在新世纪未来的发展过程中定位于综合性大学并不是追求全科性的综合性大学。至今为止，国内外许多知名大学(如中国科学技术大学、美国麻省理工学院等)的学科体系或缺农科或缺医科或缺其他门类的学科，并没有真正地发展成为绝对的全科大学，也没有必要。我国高等农业院校经过长期的建设与发展，已经初步形成了以农科为主体，农、理、工、文、管、经、法相结合的学科结构体系。但是，从高等农业院校学科结构的质量和数量来看，还不能说已经初步形成了综合性大学学科体系，只能是为高等农业院校未来建设综合性大学奠定了较好的学科基础。任何对高等农业院校建设综合性大学的学科基础和现状表现出盲目乐观或绝对否定以及将建设综合性大学等同于追求全科性综合性大学的思想和观念都是片面的或不可取的。因此，高等农业院校在新世纪未来的发展过程中定位于综合性大学并不是追求全科性综合性大学，而是立足于学校学科体系的扩展、学科结构的优化和学科整体水平与综合实力的提升。

(二)高等农业院校在新世纪未来的发展过程中定位于综合性大学并不是追求所有学科绝对平衡发展的综合性大学。任何一所综合性大学既不可能追求，也不可能做到学校所有学科绝对平衡地发展，必然有自己的学科特色、优势和与其他综合性大学不同的个性特点。据有关研究资料显示：美国哈佛大学的优势在商学(管理学)、教育学和医学，耶鲁大学的优势在法学，康乃尔大学的优势在农学、生物学；中国南京大学的优势在物理学、化学、天文学，武汉大学的优势在法学、哲学、生物学，吉林大学的优势在化学，等等。由此可见，高等农业院校在把综合性大学作为学校新世纪未来的发展定位的时候，应该清醒地认识到：在未来的发展过程中，其学科优势依然是农学，学科特色依然是生命科学，这在任何时候都不能动摇。

因为它是高等农业院校发展的根本，是高等农业院校在未来高等教育的激烈竞争中立于不败的基石。当然，强调学科优势是农学，学科特色是生命科学，并不是要削弱，而是要大力加强管理科学类、信息科学类、资源环境科学类以及应用文科、理科类的学科的建设与发展。只有这样，高等农业院校的学科优势才更加突出，学科特色才更加明显。

（三）高等农业院校在新世纪未来的发展过程中定位于综合性大学主要是立足于实现综合性大学发展目标的建设过程。众所周知，一个学科乃至一所高等院校的形成与发展，不是一朝一夕的事情，而是通过几代人长期努力和艰苦奋斗的结果。世界一流学科和一流大学的形成与发展更是如此。所以，高等农业院校在新世纪未来的发展过程中定位于综合性大学，一方面是为了进一步理顺学校发展思路，明确学校发展目标，切实制定好学校中长期事业发展规划；另一方面则主要是立足于实现学校综合性大学发展目标的建设过程，以此统一全校师生员工的思想，激励他们再次创业，再次奋斗，扎扎实实地为实现学校的发展目标而做好本职工作。同时，要注意防止不尊重客观规律而盲目求大、求全的急功近利倾向出现。

四、高等农业院校发展定位应注意处理的若干关系

（一）教学与科研的关系。高等学校在长期的发展过程中，其基本职能仅局限于为社会培养人才的教学职能。直到 19 世纪初期，德国柏林大学把学术研究引入高等学府，并提出“教学与科研相统一”的原则后，教学、科研作为高等学校的两大基本职能才逐步得到高等教育界乃至整个社会的公认。然而，我国高等农业院校在新中国成立后的较长时间里，自觉或不自觉地形成了坚持把教学放在学校工作首位的思想和观念，工作中突出了教学职能。20 世纪 80 年代中期以来，许多高等农业院校相继提出了以教学、科研为中心的基本工作方针，使学校的科学研究取得了长足的发展和进步，科研

职能才得以显现。尽管如此，科研职能与教学职能相比较，还没有在高等农业院校中引起思想上的足够重视和政策上的大力扶持或支持，这必将影响高等农业院校未来的发展。因此，高等农业院校在进行发展定位时，要正确处理教学与科研的关系，把科研放在学校事业发展的重要位置，使教学、科研两大基本职能相互辉映，相得益彰。

（二）数量与质量的关系。在高等农业院校事业发展过程中，数量与质量是相互联系、相互作用、相互促进的矛盾统一体。数量是提高质量的前提和基础，质量是数量的集中体现和表达，如果没有教育数量的有效增长，学校教育质量的提高将成为空中楼阁；反之，如果不提高教育质量，学校教育数量的有效增长将不可能实现。过去，由于计划管理等因素的长期制约，我国高等农业院校的学科、专业的种类、数量和在校生规模等增长较慢，且都低于全国高等教育发展的平均增长速度，导致高等农业教育至今不能满足我国农业现代化建设的需要。因而，高等农业院校在发展定位的过程中，要在充分考虑数量有较大幅度增长的同时，正确处理数量与质量的关系，切实防止和克服“只追求教育数量扩张，不注重教育质量提高”和“过分强调教育质量而忽视教育数量有效增长”的片面观念和错误倾向，从而促进我国高等农业教育事业的健康、快速和持续的发展。

（三）学科建设与校园文化建设的关系。学科是学校事业发展的基础，其水平如何，将直接关系到学校的整体水平、综合实力和社会声誉。因此，学科建设在我国高等农业院校过去、现在和未来的办学过程中，始终处于学校建设不能动摇的核心地位，必然应受到学校高度重视和大力支持。相对而言，由于各种主客观因素的影响，高等农业院校在一定程度上容易忽视校园文化建设，如校园人文氛围的培育、校园人文景观的建设以及学校人文精神和优良传统的提炼与弘扬等等。所以，高等农业院校在进行发展定位时，要正确处理学科建设与校园文化建设的关系，并在学校发展过程中切实加强校园文化建设，使学校成为自然科学与社会科学、人文精神与科学技术相融合的生态学府。

(四)学术队伍建设与管理队伍建设的关系。高等学校之间的竞争是综合实力的竞争,归根到底是人才的竞争。要建设一流的大学,必须有一流的学术队伍和一流的管理队伍。在过去一段时间里,我国高等农业院校都十分重视学校学术队伍建设,特别是在调整和优化学术梯队结构以及培养和引进学术大师、学术带头人和优秀中青年学术骨干等方面采取了一系列重要举措,取得了明显的效果,使高等农业院校学术队伍的整体水平和综合实力有了显著的提高。这是非常必要的,今后还要坚持。但是,相对学术队伍建设而言,高等农业院校管理队伍建设滞后,欠账较多。目前,高等农业院校管理队伍急待解决的主要问题有:一是学历层次较低,学士居多,硕士、博士较少。二是知识结构比较单一,部分干部的管理理论基础薄弱;三是理论培训,特别是脱产培养的规模较小,速度较慢,部分干部的理论水平和政策水平不够高;四是竞争机制和管理机制不够完善,轮岗锻炼少,部分干部的宏观决策能力和全局驾驭能力不够强,等等。所有这些都说明高等农业院校管理队伍的整体素质和学术队伍相比,在某些方面还有一定的差距,也不能满足高等农业院校事业发展的需要。因此,高等农业院校在进行发展定位时,要正确处理学术队伍建设与管理队伍建设的关系,那些"重学术队伍,轻管理队伍"或"重管理队伍,轻学术队伍"的思想和观念都是十分有害的,必须摒弃。

(五)近期发展与远期发展的关系。如前所述,高等农业院校的发展定位是学校面向未来的定位,就其结果而言,它与高等农业院校的发展目标的基本内涵一致。由此,我们可以认为高等农业院校的发展定位主要体现在高等农业院校的发展目标之中。因而,高等农业院校在进行发展定位时,要正确处理学校近期发展与远期发展的关系,注意学校近期发展目标和远期发展目标有机结合,克服过去在一定程度上存在的"重过程管理,轻目标管理"的管理方式,从而保持学校事业发展的连续性、递进性和可持续性。

高等学校发展规划的战略思考

中南财经政法大学

党的十六大报告指出："教育是发展科学技术和培养人才的基础，在现代化建设中具有先导性全局性作用，必须摆在优先发展的战略地位。全面贯彻党的教育方针，坚持教育创新，深化教育改革，全面推进素质教育，造就数以亿计的高素质劳动者、数以千万计的专门人才和一大批拔尖创新人才。"这进一步确立了教育的战略地位。此外，我国十五计划提出的实施跨越式发展的战略，以及高等教育大众化的目标，这些都给高等教育的发展带来了前所未有的历史机遇。所有高校都在思考如何抓住机遇，制定科学合理的发展规划，增强竞争实力，更快的提高办学水平和学校地位，为国家培养更多更好的人才。而要制定科学合理的学校发展规划，首先要对高校发展规划本身要有基本的认识和理论的思考。

第一部分　对高校发展规划的基本认识

大学发展规划本质上是采取一些优化的方案来调适组织与环境之间的关系，进而达到发展的目的。寇普(Cope)在《机遇来自实力：战略规划案例研究》一文中，对大学发展规划是这样描述的：一种开放的系统论，指引院校之舟在前进道路上顺利地通过各种变化多端的环境；它是一种行为，对未来外部环境状况可能引起的问题预先提出解决方案；它也是一种手段，在持续的资源竞争中用来争取有利地位；它的主要目的是把院校的前途和可预见的环境变化联系起来，使资源的获得快于资源的消耗，从而能够成功地完成院校的使命。①

通常情况下，一个完整的大学发展规划应该包括三个部分和四个方面的内容，三个部分是：学校的总体发展战略规划、学科和队伍建设规划、校园发展规划。学校发展规划的三个构成部分之间也不是孤立的，而是存在着极其密切的关系。总体发展规划决定着学科和队伍建设规划、校园发展规划；学科和队伍建设规划要服从于总体发展规划，同时又影响着总体发展规划；大学校园规划一般要围绕和配合总体发展规划、学科和队伍建设规划去进行，但又在很大程度上影响和制约总体发展规划、学科和队伍建设规划的制定和实施。四个方面的内容是：学校现状分析、发展目标、发展要素和保障系统。现状分析是对自身所具有的基础进行全方位梳理，明确在同行中所处的位置。学校发展目标是陈述学校在某一时段的发展方向和程度，也就是说，指学校要办成什么性质和类型以及什么水平的学校。发展要素是规划的主体部分，即学校选择要重点发展的若干项目及领域。保障系统就是指为服务于发展目标和发展要素而需要提供的人、财、物等必要资源及其相关制度。我校的发展规划就是按以上三个部分和四个方面的内容来制定的，在确定总体发展建设目标和总体发展规模后，对两个校区的功能和建设目标也进行了论证，同时为实现总体目标，提出了“振兴工程”（即学科建设的立校工程，人才培养的兴校工程，科学研究的强校工程，校园建设的美校工程），拟订了分阶段目标和实施步骤。

当前，我国高校纷纷抓紧制定和完善本校的发展规划，其主要原因有两点：一是高校自身发展迫切需要科学合理的规划来指引。大学制定和实施发展规划的根本目的是提高学校综合实力和竞争力。随着高等教育管理体制改革的深入，大学发展水平不仅是投入的竞争，更重要的是产出的竞争即办学质量与效益的竞争。办学质

① 万秀兰：《国外高校战略规划的研究及借鉴》，《上海高教研究》，1998年第5期。

量高低直接影响生源、经费等办学的生产性投入要素。大学不能准确地设计自己的发展目标、选择合适的发展方向，就无法办出自己的特色，无法发挥自身的优势。另外，大学的发展，要获得必须的资源支持（包括政府投入和社会资本的投入）也要求高校有一个科学合理的发展规划。大学就像公司必须要满足投资人资本增值的需要一样，要满足国家、地方政府及其他投资者的各种需要。这些不同利益的投资者有权对大学的事业发展目标、方向提出意见和建议，特别是作为主要投入方的政府。因此，作为大学，最好的应答是尽可能制定能够在最大程度上满足各方需要的发展规划。如我校新华金融保险学院是由我校和新华人寿保险公司合作办学的，我们在制定有关学科和人才培养的规划时，就必须考虑合作方的意愿。二是国际、国内同行之间的竞争促使大学积极认真制定发展规划。国内高校之间、国内高校与国外高校之间的激烈竞争，最终会影响到学校的前途甚至关系到学校的生死存亡。如何在资源争夺战中立于不败之地，是各个院校的首要问题之一。随着中国加入WTO，高校资源的市场化程度和高校之间的资源竞争会日趋激烈，因此，高校战略规划研究的重要性和必要性会越来越明显。

第二部分　制定高校发展规划应把握的几个重要问题

大学发展规划是指导自身行动的纲领，是对未来环境的应对策略。要制定一个好的规划，既要把握好高等教育发展的时代背景，又要立足于本校实际；既要眼光长远，又要具有可操作性。彼得森（Peterson）提出规划制定的四个步骤对我国高校制定规划也有很大的启发与参考价值：环境评估——判断环境大发展趋势或潜在变化及其对大学的影响；大学评估——认清自己的优势、不足和可能性；价值评估——考虑大学各种顾客的价值取向及他们的希望和理想，考虑大学对他们乃至社会大众的责任；总计划产生——在前三大要素或步骤的基础上提出发展规划或战略方向。[①] 在规划制定的具体操作过程中，要达到以上要求，必须把握好以下几点：

一、发展规划要体现战略管理的理念

“高等学校战略规划”是在70年代末从商业领域引入高等教育的一个概念。1983年美国出版了凯勒(Keller)的《学术战略：美国高等教育的管理革命》一书，引起了高教研究人员对高校战略规划的兴趣。高校管理与企业经营管理有许多类似的地方，应该来说，商业和管理领域内的一些重要理论和观念对于我们制定高校发展规划是同样适用的。

高校发展规划正是要从战略管理角度考虑的学校发展。战略管理是自20世纪60年代开始产生的一种新的管理理念。“战略(Strategy)”一词，来源于军事学，是同“战术(Tactics)”一词相对而言的。从广义上讲，战略是指任何一个组织的有关全局性与长远性的谋划。战略就是组织的管理者决定实现的一整套目标，以及为实现这一目标而制定的作为一般的准则的一组政策或规划。战略具有全局性、长期性、系统性、适应性、风险性。明确的战略意图将导致战略决策的长期一致性和关键创新资源成长的长期一致性。战略管理是指对组织战略的管理，包括战略制定/形成与战略实施两个部分，它是组织的日常业务决策同长期计划决策相结合而形成的一系列管理活动。

高校发展规划的制定和实施过程实质上就是高校进行战略管理的过程，它必须遵循战略管理的有关规律，而且要贯彻到战略制定、实施、评价、控制整个过程中。如在发展规划的制定中，就要遵循发挥优势、克服劣势、利用机会、避免威胁等战略管理的基本原则。再如，既然发展规划属于战略范畴，那么，它的制定一是要站在国际前沿看待问题，要有世界眼光和时代精神；二是要考虑到中国的国情和国民经济发展的需要；三是要考虑到学校自己的实际能力和可能，考虑到自己的基础和优势。我校在制定“十五规划及2010年发展纲要”时，在充分考虑社会对财经、政法类人才的需求和学校

① 韩映雄、唐安国：《大学发展规划：自身行动的纲领》，《江苏高教》2001年第6期。

自身实力的基础上，提出我校的建设目标是“以经济学、法学和管理学为主体，哲学、文学、理学、工学以及历史学、教育学等学科协调发展的国内一流、国际上有影响的人文社会科学大学”，使学校成为国家高级应用型人才和研究型人才的重要培养基地，经济、社会理论和政策研究的高水平基地及解决重大实际问题、实现科研成果转化的重要基地，具有鲜明特色和优势的学术信息交流中心，在新世纪我国高等财经、政法教育体系中起支柱作用，在国家和区域经济发展、民主法制建设中发挥重要的决策咨询和思想库作用。

二、发展规划要建立在对自身核心竞争力和比较优势的认知、培育之上

核心竞争力首先是由普拉哈德和哈默在《哈佛商业评论》上发表的“公司核心竞争能力”一文中提出的，他们把核心竞争力定义为：“组织中的积累性学识，特别是关心如何协调不同的生产技能和有机结合多种技术流派的学识。”麦肯锡管理咨询公司认为，核心竞争力或称核心能力，是指某一组织内部一系列互补的技能和知识的结合，它具有使一项或多项业务达到竞争领域一流水平、具有明显优势的能力。为了评价并培育核心竞争力，主要应该把握四个方面：确定组织到底具有何种真正出众的独特技能；确定自身优势的核心竞争力能维持多久；正确估计核心竞争力可能创造出的实际价值；实现核心竞争力的整合。核心竞争力必须浓缩，集中到最关键的核心。核心竞争力积累的关键在于创建学习型组织，在不断修炼中增加组织的专用性资产、不可模仿的隐性知识等。

作为大学，要认知自身的核心竞争力，就必须先对学校的现状作出分析。现状分析要求对自身所具有的基础进行全方位梳理，明确在同行中所处的位置，也就是说找准座标。只有找准座标，才能进一步设计未来的努力方向和发展水平。现状分析还要求对自身的优劣有清醒的判断，这在规划中显得尤其重要。学校的办学特色是什么？学校的优势学科有哪些？在哪些领域的研究是别人不可取代的？这些问题都要有明确的回答。现状分析一般从学校教学、科研和管理等领域入手，分类统计在校生人数与结构、毕业生就业率及社会地位、教师队伍数量及结构、专业与学科数量及结构、重大科研项目数量、图书及其他教学与实验室设施等有关数据，并在此基础上对学校的人才培养质量、科学研究水平和为经济与社会服务能力进行纵向与横向可比性分析，从而获得学校发展水平、阶段和发展要素的准确认知。

在对现状进行深入分析的基础上，管理者就能充分认识自身核心竞争力之所在，制定学校发展战略就能抓住主要矛盾和矛盾的主要方面，处理好重点与非重点的关系。我们要认真分析，发展规划的实现要解决的主要矛盾是什么？影响解决主要矛盾的次要矛盾有哪些？一般来说，高校发展的主要矛盾是学科发展的矛盾。其中，发展重点学科是矛盾的主要方面。重点学科发展得好，就可以吸引更多一流的师资、一流的学生，从而培养出更多更高层次的一流人才，创造出更多一流的成果。同时，也会带动其他非重点学科的发展。学科建设的好与坏是高校的核心竞争力强与弱的关键，我们要靠学科建设带动教学科研水平的提高和总体实力的推进，要不断优化和调整学科结构，要考虑到新兴学科、交叉学科和前沿学科，从而集中有限资源发展一些重点的学科和项目。[①] 这也是由大学的专业特性所决定的，因为大学发展与建设的核心是兼有学术与市场两重价值取向的学科与队伍建设、人才培养、科学研究与开发等项目。

在培育核心竞争力的过程中必须坚持有所为有所不为，要出奇制胜。我们所说的出奇制胜，就是充分发挥出自己的优势。[②] 比较优势在经济学上是这样解释的，世界上没有一个人是样样优秀的，有的人在某方面有特长，另一些人在其他方面有特长，如果每个人从事自己有特长的工作，那么会提供更多的产品或服务；个人能力的差别意味着个人在生产各种产品与劳务时机会成本的差别，对一个学校来说，也就是学校的特色。与一个人的能力相似，世界上也

① 李生：《实践“三个代表”重要思想，创建世界知名高水平大学》，《中国高等教育》，2002年第22期。

② 刘元芳：《高等学校要努力打造和发挥比较优势》，《中国高等教育》，2002年第22期。

没有一所大学什么都是最优秀的。特色是个相对的概念，是经过长期积淀形成的，优势是在比较中产生的，但是这种比较不是自己和自己比，不是在学校内部比，而是与国内外同行比、与同类学科比。高等学校比较优势渗透到学校工作的方方面面。大的来说，有教学、科研和社会服务，科研又有基础研究、应用基础研究和应用研究，教学则包括教学条件、教学方法、培养模式、甚至校园的自然、人文环境等等，但是主要是指学科的比较优势，打造比较优势就是要做到人无我有，人有我强。

我校对自身核心竞争力的认识也经历一个由忽视到重视、从模糊到清楚的过程，最后形成的共识是，我校是由原中南财经大学和中南政法学院组建的国内第一所财经政法高校，我们的特色就是财经和政法类相关的专业及其交叉、互补与融合，我们的优势也正集中于此。因此，要发挥我们的核心竞争力，要建设好我们的强势学科，就是集中力量建设好财政学、会计学两个国家级重点学科和15个部、省级重点学科，发展好经济学、法学和管理学三个学科群，巩固和提高哲学、文学、理学、工学和历史学五个基础学科或应用学科，拓展教育学和其他人文社会科学学科。

三、发展规划要体现前瞻性和可操作性原则

规划的根本目的是提高学校综合实力和竞争力，它涉及的不只是资源竞争问题，资源争夺战的成败也不只是技巧问题，其取决于学校本身的综合竞争力。发展规划要特别体现前瞻性和可操作性原则。规划是指向未来的，要表明未来时段的事业发展状态，因此要超前一些，有预见的成分；规划要从实际出发，但不是实际的拷贝，不能过于迁就实际，而是要在实际的基础上提出发展的要求，创造发展的条件，制定发展的措施，这就是前瞻性原则。所谓可操作性，就是说规划要能够在现有的或可能的条件下付诸实施。为此，规划必须要有相应的指标体系，有可以获得和测量的可比性数据，要有具体的、可以实施的对策与措施。

我校在校区规划的问题上充分体现了我们所说的前瞻性和可操作性原则。我校因为是合并高校，主要校区有两个，一个是在黄鹤楼下的首义校区，一个是在南湖之滨的南湖校区。在两个校区如何进行合理规划的问题上，我们曾再三研究、多次反复。但是考虑到南湖校区离闹市区较远，环境幽雅，拓展空间大，地价也比较低；并且随着总体规划中招生规模扩大对校园空间的需要，我们最终确立了特色鲜明、功能分区的目标：即将首义校区打造成"经典式校园"，以研究生教育为主，兼办部分成人教育；将南湖校区打造成"园林式校园"，以本科生教育为主。这样规划，既充分地利用了两个校区原有资源，最重要的是，体现了对校园空间需求的前瞻性。在功能分区的实现上，我们又采取的是分期建设，新生新办法，即从2003年起，所有研究生新生到首义校区报到就学，所有本科新生到南湖校区报到就学。这样，既能在三四年之内，实现功能分区的自然过渡，也给校区基本建设预留了充足的时间，具有前瞻性和可操作性。

四、发展规划要具备灵活性和博弈特征

保留适度的灵活性是高校战略规划的一条重要原则。保持高度的统一在我国各级组织中已经形成传统，并且继续受到鼓励。因此，高校战略规划中鼓励一致性不成问题，而保留适度的灵活性倒是规划者要特别予以注重的。

提出发展规划要具备灵活性和博弈特征，其依据是：首先，对规划对象（高校本身及其周围的环境）认识不可能是确定的，对规划对象控制也不可能是完全的。高校的基本特征使高校规划者不可能对高校建立完全而确定的认识。发生在院校的许多事情都是管理者和规划者注意不到的。同时，在高校竞争环境中存在着"有规则的博弈"和"无约束的博弈"，国内高校甚至国外高校用不同的方式来进行竞争。这就要求高校发展规划的制定要将视角更多地集中在他人身上，这称为另外中心主义，为估计和推动随后行动，你必须将自己放到其他参与人的位置上，甚至是脑中。你必须要了解的不是其他参与人能带给你什么，而是你能带给其他参与人什么。①

其次，学术活动的专门化水平以及这些活动的组织方式，从根本上不利于确定一种完全而详细的中央信息系统。高校周围的环境，因素广泛，变化多端，予以监测和分析是必要的，但不能认为在

① 郝宁、刘朋：《试论学校管理者的战略规划策略》，《教育理论与实践》。

任何情况下都能确定无疑地认识到环境发展的必然趋势。高校规划者对高校本身及其环境也不可能有牢固而完全的控制。院校的基本特征在较大程度上限制了院校规划者按传统的行政方式操纵专家学者的可能性。院校只是共处于同一环境中的许多个活动主体之一,政府组织、学生群体、工会、科研组织、学术委员会等等,这些活动主体都有自己的权力基础。院校的管理者和规划者可以努力作用于这些活动主体(同时也受这些力量的影响),但不可能控制这些活动主体的全部决定。高校对环境的控制水平是相当有限的。因此,只有那些假定对规划对象只能有不确定的认识、只能有不完全的控制的规划概念,才对高校的战略规划最有价值。这些类型的规划从它们的假定出发,都强调规划的灵活性,即在规划过程中有能力适应意料之外的环境变化。这类规划在追求灵活性的途径和方法上有所不同。控制论规划中,灵活性体现为,把决策权委托给那些深入而详细地了解哪些背景因素将影响规划过程的人。①

我校在总体发展规模的规划上,曾根据外在环境和本校情况的发展变化适时进行过调整。我们 2000 年在制定“十五规划及 2010 年发展纲要”时,当时确定的总规模是 25000 人,其中本科生 20000 人,研究生 5000 人。随着本科教育和研究生教育的连年扩大招生,到 2002 年,我校本科生实际规模已经接近 20000 人,研究生规划也达到了 3000 左右。同时,我们也看到,国家正大力实施高等教育大众化的战略,同类高校纷纷进一步扩张。2002 年秋,党委一班人经过充分调研和认真研究,决定修改我们对总体规模的规划,提出新的目标是:“三个三”战略,即到 2010 年,全日制在校学生达到 3 万人,其中研究生和本科生均有所增长;校园总规划面积达到 3000 亩;用三年时间做好前期的准备工作。这些正是发展规划的灵活性和博弈特征的具体体现。

① 万秀兰:《国外高校战略规划的研究及借鉴》,《上海高教研究》,1998 年第 5 期。

第三部分　结论

总之，发展规划自商业领域引进高等教育系统以来，其普适性和效率性已毋庸置疑。国际经验表明，“发展规划”作为一种未来导向的目标设定和行动方案，在高校内部管理中发挥着行为导向、资源分配、决策协调、参与动员和效率评价的作用。[①] 因此，高校特别是高校管理层必须高度重视发展规划问题，在高等教育市场日益激烈的竞争环境中，只有制定有效的发展规划，辅之以相应的领导权威和组织文化，才能真正提高高校的核心竞争力和实现可持续发展，为社会进步和人类福祉做出应有的贡献。

① Arthur. R. Thompson 等:《Strategic Management》第 10 版，机械工业出版社，2001 年。

制定战略发展规划的几点做法和认识

中山大学发展规划办公室　梁庆寅

战略性的规划关系到学校的发展大计，教育部关于制定发展规划的要求本身就是具有战略眼光的。我们学校对这项工作十分重视，认真组织实施了几个规划的制定。

我校制定战略发展规划采取了以下做法：(1)成立了发展规划工作领导小组，由校长担任组长。(2)组建了发展规划课题组，拨出经费作专项研究。校长主持了课题组的开题会议。(3)学校和各学院分别作规划，相互校正。(4)课题组作了比较充分的调查研究和咨询工作。

在规划的制定过程中，我们感到有几个问题需要进一步思考，借此次会议的机会与大家共同研讨。

一、关于发展规划的年份跨度

我们认为，发展规划的年份跨度不宜过长，五年比较合适，上限应不超过十年。当前我国经济、社会、科学技术、高等教育的发展非常快，时间跨度过长的规划难以反映和适应变化了的情况。以学科来说，受大环境影响，有的学科萎缩，有的学科生长，此冷彼热往往就在几年之间。大学办学与国家的教育整体规划、教育政策和教育投入，与地方政府的支持和期望，与国家和地区经济发展状况等有密切联系，学校规划不能不考虑这些边界条件，而其中有些因素是不确定的。例如，近几年，我校从教育部获得3个亿、从广东省获得9个亿的支持，这种支持今后可能持续或扩大，也可能减少或暂缓。又如校区的扩展，两年前，我们还不知道是否要进入广州大学城。为了不使规划被束之高阁，特别是为了不使规划成为发展的束缚，适当控制规划的时间跨度是必要的。

二、关于发展规划的目标和指标

在我校一些学院的规划方案中，在一些兄弟院校的规划文本中，提出了若干非常具体的发展目标和将要达到的指标，把目标和指标具象化是好的，但是其中有些指标规划未必合适，例如，规划某几年后学校排名进入某个位次，这种提法的根据是可疑的。又如，规划某几年后增加国家重点学科多少个，某几年后百篇博士论文增加多少篇，等等。如果这些项目不评审或不按期评审了怎么办？因此我们认为，凡属需要评审的项目，无论是关于机构还是关于人才的，都不宜作为目标或指标。学校的排名或其他的排序也不宜作为目标或指标。这并不是说指标不能量化，我们觉得有些指标用百分点表达增量是合适的。比如，在重点大学的范围说，一个学校百篇博士论文所占的百分点，从一个角度反映了它的博士生培养水平在全国重点大学中所处的相对位置，该百分点的保持、提升或下降可以反映其水平和位置的变化。

三、关于发展规划的内涵

大学的战略发展规划会讲到学校的定位、办学指导思想、发展目标、实现目标的措施等方面，这些都是重要的，但是更重要的是规划的深层内容。我们认为，大学发展的关键是学科建设的水平，而学科建设水平在根本上是取决于人才和队伍。因此，如何吸引人才、培养人才、留住人才、使人才有所作为，是制定发展规划的轴心。由此着眼，应该着重规划的是：(1)怎样建立良好的现代大学制度。(2)怎样创造良好的学术环境。(3)怎样建立凝聚人心的机制和大学文化。这几个方面规划好了，就会为聚集人才，发挥人才的创造力提供保障，就会提高学科水平，实现发展目标，推动学校发展。另外，各级政府每年办几件实事的做法，对于大学制定发展规划也具有借鉴意义，大学的规划中应该包括类似内容。总之，发展规划应该是动态的，有眼光的，可操作的，具有学校特色的。

抓住机遇,谋划未来,走跨越式发展之路

——重庆大学发展战略规划纲要

重庆大学

党的十六大提出了全面建设小康社会,加快推进社会主义现代化的宏伟战略部署,给高等教育提出了新的发展任务并拓展了新的发展空间。今后相当长的一段时间,是高等教育乘势而上、大有作为的重要战略机遇期。我国西部大开发的全面展开、重庆直辖、三峡工程及库区建设,给我校的发展带来了独特的历史机遇。“211 工程”和“985 工程”二期建设的实施、部市“共建”的推进,给我校注入了新的发展动力。这标志着重庆大学步入了一个新的发展阶段。

抓住新机遇,迎接新挑战,走跨越式发展之路,以研究型、综合性、国际化为发展方向,实现质量和水平的跨越,把重庆大学建设成为国内一流、国际知名、特色鲜明的研究型综合性大学,已成为我们必须承担的时代使命和历史责任。

重庆大学创办于 1929 年,1942 年确定为国立大学,到 40 年代末成为一所拥有文、理、工、商、法、医等六个学院的国立综合性大学,闻名国内外。李四光、马寅初、何鲁、冯简、柯召、吴宓、吴冠中等一大批著名学者曾在学校辛勤耕耘,为学校奠定了坚实的学术基础,形成了严谨的治学传统。经过 1952 年的全国院系调整,重庆大学成为了一所国家教育部直属的、以工为主的多科性大学,1960 年被国家确定为全国重点大学。改革开放以来,重庆大学大力发展管理、经济、法律、人文、艺术等学科专业,新学科的崛起进一步加速了重庆大学向综合性大学发展的进程。为了适应 21 世纪高等教育发

展的需要，进一步提高学校的综合实力，根据国家有关高等教育管理体制改革的决定，重庆大学、重庆建筑大学、重庆建筑高等专科学校三校于 2000 年 5 月 31 日合并组建成新重庆大学，使得一直以机电、能源、材料、信息、生物、管理等学科特色为优势的重庆大学，在建筑、土木、环保等学科方面也处于全国较高水平。

新重庆大学组建以来，我校学科建设、教学科研、人才培养、队伍建设及学校管理得到全面发展，各项工作均取得了长足进步。学校现有全日制在校学生 37418 人，其中研究生 9401 人（博士研究生 1177 人），本科生 24749 人，高职学生 3200 人（应用本科 600 人），留学生 68 人。教职工 5825 人，其中教师 2564 人，包括中国工程院院士 3 人，教授和副教授 1300 人。

学校设有理、工、经、管、文、法、艺等 22 个学院，以及研究生院、高等职业技术学院、继续教育学院、网络教育学院、软件工程学院等学院。现有 65 个本科专业，111 个硕士学位授权点、51 个二级学科博士学位授权点、14 个一级学科博士学位授权点、15 个博士后流动站。拥有国家级重点学科 4 个、国家"211 工程"重点建设学科 12 个、省部级重点学科 34 个。拥有国家重点实验室 1 个、教育部重点实验室 4 个、省级重点实验室 17 个、其他各类专业实验室 93 个。设有甲级建筑设计研究院、甲级规划设计研究院和大学出版社。基本形成了学科门类比较齐全，结构趋于合理，工科优势明显，理科不断充实，经济、管理和人文社会学科不断发展并各具特色的办学格局。

但是，与建设国内一流大学的标准和国内部分兄弟院校相比，我校还存在着相当大的差距。主要体现在：

——学术带头人、学术梯队的现状严重不适应学科建设与学校整体发展要求，全国知名学者、一流的学术带头人和中青年骨干匮乏；由于地处西部，在人才引进、学术交流等方面受到限制。

——能进入国际国内学术前沿的学科极少，具有特色与优势的学科不多；学科布局不完整，综合性不明显；国家重点学科、重点实验室的数量及影响与学校应有的地位和发展目标不相称。

——研究生尤其是博士生所占比例较低，与研究型大学的要求还有一定的差距；创新教育机制有待进一步形成，教学及实验硬件设施不能适应学生创新能力和实践能力培养的需要。

——原创性科技成果、重大项目、高水平论文少；科技产业、科研开发的群体优势、团队协作尚未充分发挥，科技成果转化率不高，显示度不够。

——校园办学基础设施总体上较为落后；校园规划与布局不尽合理；新校区建设任务艰巨；所需建设资金给学校带来很大的经济压力。

——学术与文化氛围不浓厚；对外开放的力度不够；对外合作与国际学术交流需进一步加强。

面对新的形势和新的任务，为谋划超常规发展，有必要在我校已制定“十五”规划的基础上，集思广益，对总体战略发展规划思路进行重新审视，修订完善。

一、战略目标

认真履行高等学校培养人才、发展科技、服务社会的三大职能，建设国内一流、国际知名、特色鲜明的研究型综合性大学。

——高层次专门人才培养的园地。立足自身发展实际，根据党中央关于全面建设小康社会的总体要求和国家西部大开发的战略部署，以育人为本，努力将我校建设成为国家和西部地区培养德、智、体全面发展的具有创新精神和实践能力的高层次人才的重要园地。

——科学研究与知识创新的基地。适应国家现代化建设的战略需求，跟进国际学术的前沿，坚持基础科学研究与应用科学研究并重，发挥学科优势，支持新兴、交叉学科生长，坚持科技创新，形成特色鲜明的综合科研实力，成为国家和西部地区科学研究与原创性科技成果产生的重要基地。

——高新技术研究与产业孵化的平台。全面为国家特别是西部地区和重庆市经济建设服务，运用高新技术成果推动关键技术创新与系统集成，加快高水平科技成果转化与产业化，实现产学研结合，成为高新技术研究与产业孵化的重要基地。

——经济和社会发展的思想库与精神文明的窗口。继承传播民族优秀文化，交流借鉴世界进步文化，成为我国西部地区新知识、新思想及新理论的产生源和经济社会发展的思想库，发挥精神文明建设的窗口、示范和辐射作用。

二、发展步骤

分步规划为：

近期：2003—2007 年——建成为学科特色明显、研究型基本形成、综合性粗具规模的高水平大学。

中期：到 2019 年（建校 90 周年）——建成为社会公认的国内一流、西部前茅的具有鲜明学科特色的研究型综合性大学。

远期：到 2029 年（建校 100 周年）——建成为综合实力居于国内一流前列、国际知名、特色鲜明的研究型综合性大学。

展望长远发展，到 2049 年即建国 100 周年、我校建校 120 周年时，力争跻身于部分学科优势显著，在国际上有声誉的世界先进水平大学的行列。

三、指导思想

高举邓小平理论伟大旗帜，全面贯彻“三个代表”的重要思想，认真落实党的十六大关于全面建设小康社会的战略部署，遵循党的教育方针，坚持社会主义办学方向，面向现代化、面向世界、面向未来，解放思想，更新观念。主动适应国家经济建设与社会发展的需要，紧紧抓住西部大开发、重庆直辖和三峡工程建设的历史性机遇，围绕办学目标，凝炼学科方向，汇聚学科队伍，构筑学科基地，加强学科交叉，整合办学资源，优化校园环境，创造高水平成果，培养高层次人才；继承和发扬优良的办学传统，开拓创新，与时俱进，走出一条具有鲜明办学风格与自身特色的可持续发展道路。

四、发展思路

坚持扎根重庆、立足西南、面向西部、服务全国、走向世界的发展思路，以学科建设为龙头，队伍建设为重点，人才培养为根本，教学科研为中心，提高教育质量与学术水平；积极融入现代化建设，努力为国家经济与社会发展战略需求服务，理论与应用并重，推动科技创新，促进高新技术成果转化；更新观念，深化改革，扩大开放，加强产学研合作与对外交流，以贡献促“共建”，以互利谋合作，以成效求发展，形成鲜明的办学特色。

——合理的规模结构。按照稳定本科生教育，发展研究生教育的思路，学校办学规模将保持在全日制在校学生 40000～50000 人，其中本科生 25000～28000 人，研究生 12000～15000 人。待医学学科及相关专业发展以后，研究生将达到 20000 人左右，与本科生之比为 1∶2 左右。教师总数达到教职工总数的 50％以上，师生比为 1∶14～1∶16；新进教师一般应具有博士学位。办好远程网络教育、成人教育和继续教育，建成稳定的教育基地，成教学生规模控制在 15000 人左右。

——鲜明的学科特色。坚持知识创新、科技创新，创建科研团队，建设重点科研基地，与国家重点学科建设、“211 工程”重点学科建设统筹规划，有步骤、分层次地加强以师资队伍建设为核心的学科建设。突出重点，促进交叉，形成特色，提高整体水平。突出重点：重点建设好国家重点学科，使其成为特色鲜明、达到或接近国家先进水平的学科，争取实现“异峰突起”。发挥“211 工程”重点建设的优势学科及学科群的主导作用，通过交叉融合，带动其他学科的协调发展，推动学校整体学科水平的提高。坚持“突出重点学科，发展优势学科，加强理科，充实经济和管理学科，发展生物、生命、医学、法学和人文学科”的思路，使理、工、经、管、文、法、医等学科布局相对完整，促进交叉，协调发展。建成一批高水平的具有鲜明特色的新兴学科和学科群。

——为区域经济服务的办学特色。适应西部大开发特别是重庆市实施新型工业化，加快城镇化建设、资源合理开发和生态环境保护的需要，利用学科优势，有针对性地为老工业基地改造、城镇化建设服务。通过部市"共建"，加强产学研合作，增强对地方经济建设和社会发展的适应性。争取在西电东输、山地城镇规划与建设、城镇人居环境保护及生态环境建设、三峡库区建设及区域经济可持续发展等学科方向上取得新进展，形成新亮点。集全校之力，通过各种形式，主动参与，全面服务，不断创造出有显示度的标志性成果，为我国西部地区和重庆市建成长江上游经济中心做出实在的贡献。

——完善的办学保障体系。随着学校的快速发展与经济实力的增强，将逐步建立起较为完善的教学实验设施保障体系，科研仪器设备保障体系，电子图书与信息资源保障体系，校园网络体系，办学经费保障体系，以保证办学目标的实现与办学任务的完成。

——优良的基础设施与校园环境。按照一流大学的目标和分三步走的发展思路，将学校传统与时代要求结合，做好校园建设总体规划。对三个校区进行功能调整和改造完善；新建虎溪校区要体现人文化、生态化、信息化、景观化的原则，建成高标准、园林式、现代化校园。形成完备的公共服务体系，建设数字化校园。加强学术、学习氛围营造和软环境建设，形成文明校园。校园整体硬软件环境达到一流水平，成为功能配套、布局合理、环境优美，具有重大特色的现代化大学校园。

——高效的管理体制和运行机制。以依法办学和民主管理为方向，继续深化内部管理体制改革，健全决策系统、执行系统和监督保障系统，坚持完善党委领导下的校长负责制，探索建立现代大学管理体制和运行机制。以制度创新为重点，进一步深化校内干部人事制度改革，健全内部竞争机制和激励机制，形成充满生机和活力的用人机制。建立精干、务实、高效、服务基层的校院两级管理体制。健全和完善学术管理机制，充分发挥学术团体在学术活动中的决策和咨询作用，发挥教授及学术带头人在治校治学中的重要骨干作用。拓展学校民主管理的途径和渠道，全面推行校务公开，充分发挥教代会、工会、共青团、民主党派及其他群团组织的积极作用。优化资源配置，进一步促进信息、人才、设备等跨学科、跨学院、跨部门共享。提升信息化建设水平，建立统一的各类数据、信息平台，使管理科学化、规范化和制度化。建立科学、公正、透明的监督、考核、奖惩机制，实行目标管理和质量及绩效管理。进一步完善校董会运作机制，通过项目、技术、人才和培训，大力加强与国内外企业界的全面战略合作，在服务中争取对办学的实际支持，探索完善产学研合作多渠道筹资办学的运作机制和体系。

五、行动原则

在谋划跨越式发展过程中，要坚持的行动原则是：立足校情，实事求是；有所为，有所不为；重点突破，争创特色；注重质量，提升水平；改革创新，跨越兴校。

从长远发展看，我校办学规模将保持在全日制在校学生 4～5 万人，其中待医学学科及相关专业发展以后，研究生将达到 2 万人以上，与本科生之比为 1∶2；教师总数达到教职工总数的 50％左右，师生比为 1∶14～1∶16；青年教师一般应具有博士学历。为保障发展目标的实施，我们将逐步建立教学实验设施保障体系；科研仪器设备保障体系；电子图书与信息资源保障体系；校园网络体系；校园基础设施体系；办学经费保障体系。

在发展进程中深入认识和处理好以下几个关系。

1. 突出研究型与充实综合性

我校建成为研究型综合性大学是时代的要求，国家的需要，西部地区特别是重庆市经济社会发展的历史责任。研究型是核心，综合性是基础，两者不可分割地体现在创一流和高水平上。在工作部署上以形成研究型为重，不失时机地发展综合性。经过不懈努力，建成为特色鲜明的研究型与结构适宜的综合性相结合的重庆直辖市标志性的高水平大学。

2．规模适度与质量为重

学生人数增加，办学规模适度发展，是学校发展的一个重要任务，但是必须认识到教育质量是学校工作的生命线，必须树立质量第一的观念。以加强师德师风建设为重点，继承和发扬优良校风，坚持不懈地推进求知、求新、求实、求真、求精的学风建设。在以内涵为主谋求发展的同时，要着力于不断提高人才培养质量和学术水平，确保学校持续、健康地发展。

3．育人为本与科研先行

育人是高校工作的根本，科研是知识创新的先导。要持续努力提高教育教学质量，同时充分认识科学研究在学科上水平中的突出作用，不断创造重大原创性科技成果。要将教学与科研很好地结合起来，通过科研推进知识创造，不断地丰富教学内容，促进教学改革，提高教育教学质量，进而更好地培养创新型高素质人才。

4．突出重点与全面推进

根据“有所为，有所不为”的原则，在人才培养、学科建设等方面，集中力量，优势突破，形成“学术高地”；大力扶持有特色的学科，发展新兴交叉学科，形成我校学科上的“异峰”和“奇峰”；优化结构，整合已有的优势学科，点面结合，促进学科协调发展。

5．深化改革与确保稳定

改革是学校发展的出路和动力，稳定是改革顺利进行的基础和前提。改革包括改进和加强学校管理。社会的深刻变化、学校的快速发展，增加了学校管理的难度和复杂性。继续深化以人事分配制度为重点的管理体制改革，适时调整院系设置，优化办学资源，形成有利于提高学术水平的管理运行机制。牢固树立从严治学、从严治校的观念，建立健全现代大学制度。构建崇尚科学、探求真理、学术自由、民主和谐的学术环境。通过强有力的思想政治工作，调动师生员工的积极性，保持团结向上的精神状态、稳定发展的办学氛围。

从校情出发，根据学校发展战略，按照教育部周济部长关于贯彻十六大精神，在新形势下思考“两个问题”，制定“三个规划”的指示和工作部署，我们针对近期学校建设与发展的重点，制定了《重庆大学振兴行动计划(2003—2007)》。在振兴行动计划中，我们主要突出了学科建设、师资队伍建设、研究生与本科生教育、科研及基地建设、校园基础设施建设五个方面的规划内容。

振兴行动计划的阶段目标是：从2003年到2007年，经过5年左右的建设，逐步形成布局合理、重点突出、特色鲜明的高水平学科体系，研究型基本形成，综合性初具规模；积极为重庆市城镇化建设、新型工业化建设和老工业基地改造服务，成为重庆市标志性高水平大学。为建设成“国内一流、国际知名、特色鲜明的研究型综合性大学”奠定坚实的基础。

振兴行动计划分项指标是：

1. 学科建设。到2007年，争取建成10个国家重点学科，20个一级学科博士学位授权点；70～80个二级学科博士点；140个硕士点；3～5个学科成为特色鲜明、达到或接近国际先进水平的学科；6～9个学科成为具有国内一流水平的学科。

突出重点：重点建设好机械设计及理论、精密仪器及机械、电工理论与新技术、技术经济及管理四个国家重点学科和四个学科群，使其成为特色鲜明、达到或接近国家先进水平的学科，争取实现学科建设的“异峰突起”。

突出优势：发挥光电技术及系统、机械装备设计与制造系统工程、现代技术经济及管理、运载器测控及遥感信息传输技术、生物信息与生命工程新技术、复合共生矿冶金科学及高值新材料制备、西南能矿资源利用及环境保护、输变电工程及新技术、山地城镇规划与建筑科学、山区岩土工程与现代结构工程、城镇人居环境质量保障体系与工程技术、先进能源动力及系统等“211工程”重点建设的优势学科及学科群的主导作用，通过交叉融合，带动其他学科的协调发展，推动学校整体学科水平的提高。

突出特色：进一步强化西电东输、资源开发及综合利用、山地人居环境、长江上游及三峡库区经济可持续发展等学科特色，在若干个学科方向上取得新突破，形成新亮点，重在“创新制胜”，建成具有鲜明特色的高水平的为区域经济建设服务的学科群。

整合拓展：在原有生物、化工、机械和电子等学科的基础上，通过校际、院际整合，着力拓展医学等学科。

注重综合性。坚持“突出重点学科，发展优势学科，加强理科，充实经济和管理学科，发展生物、生命、医学、法学和人文学科”的工作思路，支持发展理学中的数学、物理等学科，扶持文学门类中的艺术学科、教育学、哲学等学科。使理、工、经、管、文、医布局相对完整，促进交叉，协调发展。

营造浓厚的学术环境。学科发展依赖于在办学历程中形成的求知、求真、求实、求新、求精的良好学术风气。要通过各种有效方式，支持和激励广大教师钻研学术，严谨治学，努力形成崇尚科学、学术自由、宽松和谐的学术氛围，营造研究特色鲜明，知识创新成果倍出的学术环境。

2. 师资队伍建设。实施人才计划，到 2007 年，引进、培养和造就 10 名左右达到或基本达到院士水平的大师级知名学者；100 名左右国内外知名专家和学术带头人；300 名左右在国内较高知名度的中青年学术骨干；在 40 岁以下教师中选拔培养 100 名优秀教师，使之成为教学骨干；建设一支规模适当、结构优化、素质良好、富有活力、精干高效，有创新精神的高水平教师队伍。

3. 研究生与本科生教育。到 2007 年，办学规模将保持在全日制在校学生总数为 40000 人左右的规模，其中本科生 27700，研究生 12000，外国留学生 300 人。成人教育学生规模控制在 15000 人左右。

4. 科研及基地建设。到 2007 年，年科研经费达到 3 亿元以上；重大科研项目 20 项以上。5 年中争取新获得国家三大奖 10～15 项，发明专利 30～40 项。专任教师年人均发表学术论文（核心期刊）2～3 篇，年均进入 SCI、EI 检索系统的论文 300～400 篇；进入 SSCI、CSSCI 检索系统的社会科学类论文争取达到 50～100 篇。

依托国家及教育部重点实验室，拓展 4 个工程研究中心，新建 3 个工程研究中心；组建国内高水平的医疗器械研究开发基地等一批高新技术研发基地。

5. 校园基础设施建设。修订完善校园规划，明确主校区与新建虎溪校区的功能定位。若干年后，主校区是学校研究生、留学生教学、科研、实验基地。虎溪校区将建成除研究生外的所有各类学生教学、实验基地。虎溪校区的建设目标是：建成与重庆直辖市地位相称的高标准校园，与山水环境相协调的园林式校园，与科技发展相一致的现代化校园。到2007年在西部校区建成校舍70万平方米，其中教职工住宅1500套，30万平方米；入住学生30000人左右，教职工2000人左右。为重庆大学进一步持续发展开辟新空间。

为使振兴行动计划落到实处，我们研究提出了八大工作措施，并正在制定学科建设、师资队伍建设、校园建设、科研及基地建设、研究生与本科生教育工程等五项分计划，力求与年度工作安排相结合，贯彻实施。

展望光辉前景，使命光荣，任重道远。我们必须坚持实事求是，解放思想，更新观念，真抓实干；必须坚持教育创新，深化改革，励精图治，艰苦奋斗；必须坚持继承和发扬优良的办学传统与重大人的治学精神，团结一致，扎实工作，形成和巩固我校的特色与优势，进一步开创重庆大学改革与发展的新局面。经过几代人的不懈努力，最终实现重庆大学的长远办学目标，为中国高等教育事业的发展和中华民族的伟大复兴做出更大的贡献！

英国高等学校战略规划指南

上海交通大学高等教育研究所　刘念才编译

为规范英国高校的战略规划工作，英格兰高等教育拨款委员会(HEFCE)于2000年编辑出版了“高等学校战略规划指南”。现编译整理如下，供国内从事高校战略规划工作的同行参考。

摘要

1. 该指南起因于我们在1998年进行的一次战略规划的咨询活动，大多数被咨询的学校认为它们欢迎一些有针对性的规划指南。

2. 该指南根据13所高校的有效经验而制定，它不是指令性的，各高校可自行决定如何及在多大程度上运用它。

3. 该指南的目的在于提供有效操作的例子并说明其基本原则，以帮助高校管理人员做出有效的战略规划并实现学校的战略目标。

4. 该指南从传统的规划过程出发，因为这是规划中最常用的方法。但是规划的多样性意味着没有唯一正确的方法。

5. 该指南讨论了战略规划过程中的几个关键阶段——规划、形成文件、实施与控制。

6. 所有高校都把战略规划看成是有效管理的基本工具。有效的规划能帮助学校分析什么使它们与众不同、明确中长期奋斗目标。

7. 高校的战略规划是一个由若干相互联系的阶段构成的循环过程，是一项系统工程。规划过程需要各类人员的广泛参与。

8. 规划必须付诸行动，要保证规划不只是一纸空文，而是获得广泛支持和认真选择的行动基础。

9. 监控规划的实施是规划过程中一个必需的部分，需要定期进行，并不断完善。

第一部分　前言

10. 战略规划的重要性在高教界已形成共识。所有高校都认为必须理清自己的目标与任务、发展重点及需要采取的行动。

11. 高等教育面临的机遇和挑战与日俱增，高校面临的形势日趋复杂，战略规划的重要性日益显著。高校要不断提高战略规划的质量。

12. 高校战略规划的制定应当是多样化的，各高校应根据自身特色确定规划的方法和程序。但对有效的规划进行总结将是有益的。

13. 在我们 1998 年进行的战略规划总结和咨询中，84％的高校认为它们需要一份好的战略规划指南。所以，我们准备了这份报告。

14. 同时，确有不少高校对战略规划指南存在矛盾心理。一方面它们已有了自己行之有效的实践，另一方面担心单一化、模式化。

15. 我们承认任何有效的战略规划并不能从外部强加给学校。在指南里我们说明有效操作的范围及原理，而不是统一的模型。

16. 在指南形成的各个阶段都吸收了高校的参与。指南完成后，我们提供给高校，由各个学校自行决定如何及在多大程度上利用它。

17. 该指南的准备过程中不仅考察了 13 所高校，而且吸收了以往规划工作积累的经验和相关文献研究的成果。

18. 该指南主要提供给学校的领导及其他高层管理人员。我们希望高层管理人员能结合学校实际对指南进行集体讨论。

战略规划循环的总体描述

19. 战略规划是战略管理的一部分，是一个持续的、循环的过程，主要包括以下三个阶段：规划（研究分析战略与规划，产生思路与选择），形成文件，实施与监控。

20. 一些高校在它们的规划循环时间表里把这些过程更加细化。这样严格的过程有助于提高认识并加强交流，但可能会影响创造性思维的产生。战略思路与选择的产生是一个关键阶段。

21. 循环过程的结果包括：含有长期目标和发展战略的战略规划，含有主要举措的年度操作性行动计划，实施规划的具体行动或举措，规划实施的进展监控报告等。

22. 根据高校内、外部环境方面不可预见的变化，学校要对战略规划做出相应的调整。高校不应该在环境条件发生变化时教条地坚持原来的规划。因此，高校要经常进行总结以便及时进行调整。

23. 不可预见的变化并不意味着战略规划就没有用了。战略规划仍然有用，因为它迫使高校对其组织结构和环境条件进行系统分析，并通过设置发展方向和奋斗目标而产生凝聚力。

24. 规划过程中区别以下几点很有益处：明确学校发展方向的十年或更长时间的长期规划，为了实现长期规划的较短时间的（可能 3～5 年）的奋斗目标，用于实现这些目标的操作性行动计划。

25. 战略规划的超前性，使高校能够更加主动地应对高等教育及其环境条件的快速变化，并进一步强化其发展方向的战略选择。战略规划可以使学校在环境变化时避免头疼医头、脚疼医脚。

第二部分　战略规划循环之一——规划

领导

26. 大多数大学校长都认识到他们对规划过程有效进行的领导作用。其他管理人员则根据学校的总体思路在规划过程中发挥具体的领导作用。董事会则希望参与并与校长在重大问题上达成一致。

27. 校长在规划过程中有四项主要任务：提出目标任务和发展思路，听取咨询意见，进行激励和加强沟通交流。

28. 校长通常提出一个明确的长期目标任务与发展思路，以使其他人员在这个范围内决定自己的计划和行动。校长上任时，通常进行战略研究，确定对现状的满意度，提出改革与发展的思路。

29. 听取咨询意见是校长进行管理的基本环节之一。但在战略规划过程中，校长针对规划中的问题在更广泛的范围内听取咨询意见。具体的范围和方法根据学校的实际情况而定。

30. 校长采取各种不同的方法激励管理人员的斗志，如提出管理人员的阶段性目标。很多学校采用年度规划会议的形式来激励来自下面的提议，校长通常会参加此类会议。

31. 校长就战略规划与校内组成人员进行沟通交流。校长在与外界的咨询、交流上发挥主导作用，包括政府、基金组织、工业界、媒体等。

32. 校长在大学管理中实现其战略角色的常见障碍是：缺乏深层次的管理支持（更可能发生在小的学校里）及缺乏足够且及时的管理信息。

33. 规划由四方面组成：扫描、分析、形成思路、保障条件。具体见下表。

扫描	分析	产生思路	保障条件
环境扫描	学校位置分析	新的活动	个人素质
内部资源评价	学科专业状况分析	改进意见	资源
办学目标确认	财政情况分析	停止活动	信息

扫描

34. 扫描是一个观察、分析影响组织特点和变化的过程。它包括审视外部环境，分析内部的优势和弱点及确定学校的办学目标。

35. 环境扫描的目的在于发现可能影响学校发展的周围环境的

变化，包括：政策或政府本身的变化，宏观或微观经济的变化，社会发展（如人口趋势），科学技术进步，社会各界对高校不断增长的期望等。

36. 内部资源评价的目的是要确保规划中所需资源能够获得，包括：人员数据库建设及人力资源和技能的差距分析，房地产等固定资产情况调查及需求分析，管理信息系统的评价及需求分析，适应学校目标的资源配置优化思路等。

37. 办学目标确认的目的在于重新评价学校的办学目标与宗旨，并提醒所有参与规划的人员。

分析

38. 学校进行以下几种分析来为规划工作提供信息，包括：学校位置分析，学科专业状况分析，以及财政情况的定量和比较分析。

39. 学校位置分析的目的是通过各种渠道的数据对学校进行基准分析，确定自己学校与国内外竞争者、拟赶超者的相对位置。

40. 学科专业状况分析的目的在于总结各学科专业发展在人才培养、科学研究、财务运行等方面的经验教训和利弊因素。

41. 学科专业状况分析有助于确保学科专业的高质量、高效益。这种方法也可用于学校的商业运作、海外活动及公共服务等方面。

42. 学科专业状况分析是战略规划的重要方面之一，可以发现学校在学科专业、师资队伍建设等方面的优势和不足。

43. 财政情况分析是规划工作所必须的过程。对学校主要活动方面的财政状况进行定量分析，并与自己学校以前的情况、兄弟高校及全国的情况进行比较分析。

产生思路

44. 产生思路分为以下三种：新的活动，对现有活动进行改进，停止某些活动。

45. 新的活动的确定总是随着规划过程中其他能发现机会的阶段而产生的。例如，环境分析会发现毕业生需求的新领域，资源分析会发现资源没有被充分利用的活动。

46. 在一个成功的组织里，创新是一个有组织的过程而不仅是自发性的行为。对自下而上的规划过程所产生和收集的思路，要进行有组织的评价。

47. 一个有组织的创新过程在考虑新的战略选择的同时必须考虑资源问题，需要学校、院系领导进行深入研究。

48. 内部的分析及与其他学校的比较有助于发现改进系统、过程和产出的方法。识别多余的活动比终止它们更容易，高级管理层需要考虑存在什么障碍及如何对付它们。

保障条件

49. 为了使规划过程有效果，需要有一系列的保障条件。具体见下表。

保障条件	举例说明
态　度	对新思路的积极态度，对做出贡献人员的激励，适度风险的接受，愿意从失败中学习等
能　力	果断决定，对变化的潜在影响的理解等
技　能	定量分析，管理与财会，管理信息系统使用，营销，规划与监控，咨询等
资　源	增收节支举措，对投资变化的财政准备，准备与咨询的时间，信息系统与技术，固定资产，人力资源发展等
信　息	分析用数据，进展报告，财务运行

50. 由于规划过程对综合素质和技能的高要求，多数高校都聘有专职的规划领导。

51. 要使规划过程顺利进行，高级管理者需要有主见、有灵活且积极的态度。必要的时候，高级管理者必须进行果断决策。

第三部分　战略规划循环之二
——形成规划文件

52. 这部分概括了规划过程产生的关键文件的性质和目的。关键文件包括：使命、目标、战略规划、专项规划、财政与资源规划、操作性行动计划。

战略规划的时间跨度

53. 大多数英国高校的战略规划以五年为单位，也有少数学校的战略规划跨越更长的时间，如十年。

使命与目标

54. 几乎所有高校的战略规划都阐述了学校的使命。许多高校在阐述使命时特别强调办学特色或国内外定位。不少学校对使命与目标的表述并没有截然区分。

55. 目标是指简明扼要的中长期目标。一些学校用战略目标、政策或价值观的表述来强化它们的使命与目标。

战略规划

56. 任何组织的战略规划通常包括以下要素：制定规划的目的，学校的使命，中长期发展目标，实现目标的责任落实和时间跨度（制定年度计划的依据），对关键活动与资源的战略安排，可行性分析（含财务等），规划实施过程的监控等。

57. 高校的战略规划一般还要考虑以下要素：如何保持和提高人才培养、科学研究、队伍建设和服务社会的水平，如何增加财政资源与教学资源等。

操作性行动计划

58. 操作性行动计划是为了实现战略规划的中长期目标而制定的短期计划。我们要求高校在每年七月份提交它们的操作性行动计划。

59. 操作性行动计划一般包括具体的任务与目标。大多数学校的操作性行动计划是单独的规划文件，但可以附在战略规划的后边。

60. 好的操作性行动计划通常具有以下特征：任务和目标是有针对性的、可测量的、可达到的、可行的和及时的，实现目标过程中的“里程碑”和时间接点是明确的，各项任务的责任人是落实的。

制定学校的操作性行动计划

61. 高级管理层有责任把学校的战略目标分解成可操作性的活动、目标和任务。可以先由一个高级管理人员或一个规划组起草一份草案。

62. 战略目标的分解具有挑战性和现实性，需要通过自上而下和自下而上的相互作用，使其在学术、行政机构中的分解方案达成一致。

63. 操作性行动计划通常以一年为限。一些高校还包括第二年的粗略计划。

64. 几乎所有高校都至少内部出版它们的战略规划及操作性行动计划。一些高校每年出版操作性行动计划执行的结果。

专项规划

65. 除了战略规划以外，大多数高校还有一系列专项规划，如学科规划、科研规划、教学规划等以学术为基础的专项规划，财政规划、固定资产规划、信息技术规划、人力资源规划等以资源为基础的规划，国际化规划、市场化规划等其他类规划。

66. 制定专项规划的目的是为实现学校的战略规划服务，需要与战略规划进行有机地结合。

67. 专项规划一般作为单独的规划文件。但专项规划应支持战略规划中至少一个目标的实现，或为其实现提供条件。

68. 专项规划的制定一般采用与战略规划制定相似的过程。专项规划一般也应有相应的操作性行动计划。

69. 专项规划制定中常见的问题及其风险见下表。

问 题	风 险
对战略规划考虑不够	不能体现学校的总体战略和重点需求
校级领导参与不够	只体现部门少数人的想法，难以体现学校战略
参与咨询不够广泛	执行过程中难以得到相关人员的理解和支持
对资源的考虑不够	可行性差，难以落实
对相关规划考虑不够	相关的专项规划各自为政，难以协调统一
缺乏操作性行动计划	具体的任务、时间接点和资源配置不明确
缺乏合理的批准程序	与学校的总体战略和重点需求容易脱节

70. 大多数高校都有一个非正式的程序来克服这些问题。专项规划的制定通常是一个在高级管理层和专项规划制定部门之间上

下反复多次的过程，必要时要求财政等相关部门的参与乃至会签。

71. 一些学校要求校内学术和行政单位制定自己的规划，作为对学校战略规划做贡献的基础。

财政与资源规划

72. 制定财政与资源专项规划，将财政和资源因素与战略规划相结合，可以保证资金使用的高效性和灵活性。

73. 年度预算和中期财政预测的时间，与大多数学校的规划完成时间相吻合。参与资源分配的人员通常也参与战略规划的其他部分。

74. 一些学校采用按某种公式模型进行计算的预算模式，另外一些学校则采用根据需求报告进行分配的预算模式。常见的情况是两种模式结合、经过几上几下协商决定。

75. 提高财政、资源与战略规划结合程度的方法包括：明确将年度预算跟操作性行动计划挂钩，确保中期财政预测能反映战略规划、专项规划的需求，确保财政与资源的分配过程公开化。

76. 发现规划需要超过正常水平的额外资源的方法包括：请财务、房地产、信息技术等相关人员参与制定规划，要求财政、资源有关部门的负责人对规划进行会签等。

第四部分　战略规划循环之三
——规划的实施与监控

77. 以下部分是战略规划、专项规划、操作性行动计划实施与监控的主要手段的总结。

实施

78. 落实责任。有效的监控使个人、团体都要对他们成功或失败的原因进行解释，因此必须落实各自的责任。

79. 确立目标。最有效的目标应当是有针对性的、可测量的、可达到的、可行的和及时的。目标应当在战略规划、操作性行动计划、部门计划和个人计划中得到体现。

80. 组织结构。高校的组织结构要适应它们的战略目标。大多数高校定期对其组织结构进行检查，包括校领导的责任分工、学术机构的数量和规模、服务部门的调整等。

81. 管理变革。学校层面上的管理变革需要有共同的目标和战略、具体的计划、合理的资源配置及有效的监控。特别要注意其中人的要素：沟通、咨询、协商、指导、开发和激励。

82. 聘请顾问。很多学校聘请顾问来帮助应对变革。他们能带来客观的观点、额外的帮助和新的技能。通过他们还可以培养“内部顾问”。

83. 项目管理。战略规划中的一些关键目标最好通过具体的项目来落实，如基本建设、综合改革等。高级管理层应当具有项目管理的常识。

84. 承担风险。任何重大改革战略都要承担一定的风险，而且要宽容失败。我们正在与高校共同制定关于风险管理的指南。

监控

85. 有效监控的关键是有关规划执行情况的信息获取。进展报告的频率和规范要预先确定，如月度报告和特别情况报告。进展报告中的关键数据要进行核实，以确保可靠性。

86. 所有的战略规划、专项规划、行动计划都要进行监控。要注意分析风险存在的主要领域，特别要关注建筑工程、软件工程、海外活动等。

监控责任

87. 高级管理层有责任对战略规划的实施情况进行监控，包括对操作性行动计划的执行情况进行定期评估。高级管理层也需要建立专项规划执行进程的报告机制，少数情况下他们可以直接进行监控。

88. 规划实施的监控要在多个层面上进行。具体的监控任务随着学校类型的变化而变化。具体见下表。

监控的层面	监控的任务	监控的责任人	监控的时间
宏观层面	掌握规划执行的总体情况	董事会、校长、高级管理人员	至少每年一次
管理层面	确保各项任务按规划进行	校长、高级管理人员、学校规划人员	一般每月一次
学校财政层面	评估全校规划或项目预算的总体情况	学校财务人员、学校规划人员	每月一次
具体财务层面	评估行动计划或项目预算的具体情况	行动计划或项目负责人	每月一次
资源层面	评估资源使用和人员聘用情况	行动计划或项目负责人	每季度一次
学术质量	评估学术质量	学校学术委员会、评议会、院务委员会	至少每年一次

89. 高层面的监控依赖于基层的监控。每一层面的监控都有不同于其他层面的信息需求，应明确界定。

90. 高级管理层要定期检查评估学校的监控系统。许多学校在监控范围等方面存在不必要的重复。

91. 不必要的重复监控常常发生在高层。高层面的监控常常过于具体、缺乏战略性。

92. 宏观层面的监控需要得到有关重大问题和高风险活动的总结性信息。低层面监控的详细信息可以作为附件。

93. 监控需要有一个支撑系统。有关人员应当要求足够的监控信息并质询、核实信息的可靠性和一致性。

94. 高级管理层获取监控信息的渠道包括：实施某项任务的操作性计划，领导实施某项任务的高级管理人员的口头或书面报告，学校规划部门的口头或书面报告，专题会议等。

95. 有些学校还制定了一系列的绩效考核指标作为监控的辅助手段，这对于董事会等宏观层面的监控尤其有帮助。

96. 对主要战略或项目的实施与监控进行单独评估是有益的。

很多学校都总结规划实施与监控的经验教训，以对未来工作有所启迪。

97. 高级管理层应当定期对操作性行动计划进行检查评估以便对战略规划的实施有一个全面的认识。这样的评估报告一般每年由规划人员或高级管理人员做出。

98. 财政监控应当被看成战略规划监控系统的一部分。负责财政监控的人员不仅需要清楚财政状况，而且必须了解学校资源需要支撑的使命与目标。这就要求财务、规划等职能部门人员的紧密协作。

99. 当监控报告指出值得注意的问题时，必须同时建议解决问题的方案。在财政监控报告中尤其应当如此。

100. 监控报告往往很少提到风险性大小等问题。高校对大多数风险有一定的感性认识，并对高风险的项目或活动进行重点监控。

资料来源

"Strategic Planning in Higher Education", a Guide for Heads of Institutions, Senior Managers and Members of Governing Bodies, Higher Education Funding Council of England, June 2000.

附录：用于高校战略规划过程的自查问题一览表

	自查问题	自查评价
1	学校主要领导在整个规划过程中是如何发挥领导作用的？	
2	学校是否有一个清晰和有特色的战略？	
3	学校的使命描述和战略规划是如何反映学校的办学特色的？	
4	学校的外部环境是如何扫描与监控的？	
5	学校与兄弟院校的相对位置是如何分析确定的？	
6	学校是如何激励教职工为规划与创新做出贡献的？	
7	学校的代表性活动是如何分析与监控的？	
8	学校是如何确保拥有用于规划与监控的必要技能？	

	自查问题	自查评价
9	学校是否考虑公开其行动计划和年度进展报告？公开范围多大？	
10	学校是如何确保其任务与目标被校内相关单位认可和执行的？	
11	学校是否确保将战略规划或专项规划转化为具体行动的过程？ 如果是，需要操作性行动计划吗？同时考虑了资源需求吗？	
12	学校是否协调并认可了专项规划的操作性行动计划？	
13	学校是如何保证专项规划为战略规划服务的？ 学校是否将战略规划与专项规划的财政与资源支撑一并考虑？	
14	学校是否有要求校内单位证明其贯彻学校规划的方法？	
15	专项规划的目标是否直接来自于战略规划的总体目标？	
16	学校在认可专项规划时是否充分考虑了实施规划所需的资源？	
17	学校采取什么措施来保证各个专项规划之间的协调？	
18	学校是如何保证主要的新项目与战略规划相符合的？	
19	学校如何改革管理体系以使操作运行更好地为战略目标服务？	
20	学校如何在高级管理层中落实规划项目的责任分工？	
21	学校是否把操作性行动计划的监控作为一项重要的管理职能？	
22	董事会、高级管理层是否定期进行操作性行动计划的监控？	
23	监控过程是如何反馈回战略规划过程的？	
24	不同管理层面对相应的规划是否都进行了监控？	
25	管理层如何向董事会保证其中短期行动能确保战略目标的实现？	
26	学校如何确保操作性行动计划的任务和目标是有针对性的、可测的、可达到的、可行的和及时的？	
27	操作性行动计划是否将任务、目标和指标落实到个人？如果是，这些任务、目标和指标是否被用于个人考核评价？	
28	是否已建立实现任务与目标的可行的时间表和标志？	
29	是否对各级监控所需的信息进行了明确界定？	
30	监控过程是否包含一定的质疑成分而不是简单的被动接受信息？	
31	是否定期提供操作性行动计划的监控报告给董事会和管理层？	
32	学校如何确保财务监控与战略目标监控的协调？	
33	学校是否制定了关键战略目标的绩效指标？	